千古奇案系列

梦回大清
看奇案

姜正成◎著

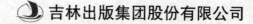吉林出版集团股份有限公司

图书在版编目（CIP）数据

梦回大清看奇案 / 姜正成著 . —长春：吉林出版
集团股份有限公司，2018.7（2022.6 重印）

ISBN 978 - 7 - 5581 - 5547 - 5

Ⅰ . ①梦… Ⅱ . ①姜… Ⅲ . ①中国历史—清代—通俗
读物 Ⅳ . ①K249.09

中国版本图书馆 CIP 数据核字（2018）第 149779 号

梦回大清看奇案

著　者	姜正成	
责任编辑	王　平	
出版统筹	齐　琳	
开　本	710mm×1000mm　1/16	
字　数	230 千	
印　张	16.25	
版　次	2018 年 7 月第 1 版	
印　次	2018 年 7 月第 1 次印刷	
	2022 年 6 月第 2 次印刷	
出　版	吉林出版集团股份有限公司	
电　话	总编办：010 - 63109269	
	发行部：010 - 63109269	
印　刷	北京洲际印刷有限责任公司	

ISBN 978 - 7 - 5581 - 5547 - 5　　　　　　　定价：58.00 元

前　言

　　清朝是我国封建社会的最后一个王朝，前后共有 12 位皇帝。作为距离最近的一个封建朝代，这 12 位皇帝给历史留下了众多谜团，而这些奇案，不光历史学者感兴趣，也成为平民百姓茶余饭后的谈资。拂去历史的尘埃，我们能否还原一个真实的清朝呢？

　　说到皇太极，不得不说著名的庄妃。庄妃绝顶聪明，但并不是皇太极的最爱，皇太极最爱庄妃的亲姐姐海兰珠，而庄妃也和多尔衮有着说不清道不明的关系。这一切是否跟皇太极之死有关呢？

　　九龙夺嫡是清朝历史最精彩的片段之一，被无数小说家和编剧演绎成各种版本。在众多皇子中，不乏资历深厚的二阿哥、贤明著称的八阿哥，而一向默默无闻的四阿哥最终却成了皇帝，这中间到底有什么样的故事呢？而历经艰辛夺得皇位的雍正，最终又为何死于圆明园？

　　乾隆是清朝历史上一位非常有名的皇帝，而这位皇帝也传出过身世之谜，有人说他的母亲是汉人，也有人说他是海宁陈家之后，还有人说其生母是宫女李佳氏……难道清朝皇室真的乱了血统，让一个汉人当了

皇帝？

以乾隆为转折点，清朝开始从繁荣走向衰败，一方面是因为统治者的昏庸腐败，另一方面是因为西方列强的不断入侵。眼看大清帝国开始陨落，作为统治者，那些皇帝难辞其咎。

道光帝是一位资质平平的皇帝，历经风波夺得了皇位。虽然他也曾奋发图强，但最终还是力不从心，挽救不了清朝的颓势。

同治帝是慈禧太后的亲儿子，却英年早逝，这其中有着什么不为人知的秘闻？他是死于天花还是梅毒，抑或是被母亲折磨至死？短命的同治帝的死因至今难以被揭开。

光绪帝是历史上著名的傀儡皇帝，但是他确实有改革图强的想法，支持了戊戌变法，只是最终无奈被保守势力打压下去。在这个过程中，他曾经发出过两封密诏，而就是这两封密诏惹恼了慈禧太后，最终被囚禁瀛台。那这两封密诏到底写了些什么内容呢？是什么让慈禧太后如此震怒？

日薄西山的清朝留给历史众多谜团。翻开这本书，让我们一起看看权力塔尖上的皇帝们的悲喜人生，还原一个真实鲜活的没落帝国。

上篇 帝王的离奇谜案

清朝是中国历史上大一统的王朝之一。在这一时期出现了众多有才能、有魄力的皇帝,他们使国家变得强盛,让百姓安居乐业,然而,这些伟大的帝王们却有着不为人知的离奇传说。他们的生死背后藏着不可告人的秘密。

清太宗皇太极:争权篡位还是推举得汗

皇太极之死:被刺遇害还是圣躬违和

下篇 帝国陨落的阴谋

　　清朝帝国曾辉煌一时，然而过份安逸的生活终使满人从骑射民族的勤俭朴实变为奢华靡费，可用于国事之人越来越少。随着国力日衰，清政府开始荒于政事，这期间发生了数不清的谜案。

细说乾隆：爱新觉罗·弘历身世探秘

嫡子即位话道光：旻宁入继大统之谜

上篇

帝王的离奇谜案

　　清朝是中国历史上大一统的王朝之一。在这一时期出现了众多有才能、有魄力的皇帝,他们使国家变得强盛,让百姓安居乐业,然而,这些伟大的帝王们却有着不为人知的离奇传说。他们的生死背后藏着不可告人的秘密。

清太宗皇太极：争权篡位还是推举得汗

在历史上，皇太极登基称帝，堪称满清历史上最大的悬疑。皇太极有众多兄弟，不乏备受重用之人，他凭什么当上皇帝？有传说努尔哈赤临死之前有遗命，将大汗之位传于精灵古怪的多尔衮；还有人说努尔哈赤死前，留下来的遗嘱是实行八和硕贝勒共议制。那历史到底是什么样子的呢？

 ## 从诸子争夺到八家同理政

在努尔哈赤临终前的数年间，关于他立嗣的问题众说纷纭，其中有"谓贵永介曰：'九王子当立而年幼，汝可摄位，后传于九王。'"根据这一记载，近年来诸多著作皆认定此为事实，也有的著作持完全否定意见。那么到底是怎么回事呢？

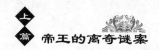

大贝勒失政

天命四年（1619年，万历四十七年），在萨尔浒大战取得决定性胜利之后，四月初三，努尔哈赤决定移兵于明朝边境驻扎，在界凡山筑城。经过两个月的施工，于当年六月初十，将都城暂时迁到界凡城。然而，尽管天命五年三月，有大福晋事件冲击，努尔哈赤对大贝勒代善不满，却"不欲加罪其子"，便借"大福晋窃藏绸帛、蟒缎、金银甚多为辞，定其罪"，休废于另室，代善便躲过了罪责。当然，从根本上说，代善没有什么过错。而当时的努尔哈赤一心只想"得辽而后生"，认为若不进入辽沈地区，将无法生活，继嗣问题也不再提起。因统一事业发展很快，当年十月努尔哈赤又决定临时迁都。代善作为合法汗父嗣位人，应当胸中有数。然而，他在住房问题上却弄得很复杂。先是他看到长子岳建的宅院比自己的宽敞，想要移入。本来父子之间可以自行协商，但他却以关心汗父姿态，希望汗父移出自建的狭小院庭，移进自己宅院。努尔哈赤很是高兴，认为"果较其欲居住之地颇为宽大"，于是宣布："大贝勒住我整修之住地，我居大贝勒整修之地。"而代善没有看上汗父宅院，认为太狭窄，不便装修。暗指拨岳宅院给自己。诸贝勒不知道他葫芦里卖的什么药，他又不明说。大家都成了丈二的和尚，摸不着头脑。莽古尔泰没有与诸贝勒商议，请示汗父派工千余人给代善重新建筑宅院。新宅院完工后，代善仍不满意，提出"该地优佳，请汗居住"。努尔哈赤前往观看后，决定进驻，并将代善原先建筑的宅院作为诸贝勒会议大衙门，将自己初建的房屋仍赐给代善。代善没有达到愿望，指使阿敏再次请命。努尔哈赤只好从新建的"优佳"宅院搬出，回到自己初建的宅院中。

代善是努尔哈赤诸子中最勇敢善战的将领，功勋赫赫。做出如上蠢事，实在令人失望。他目光短浅、心胸狭隘、不识大体且相当自私。同时，他还怕老婆。继妇虐待次子硕托，肆行无忌。致使硕托无法生活，

造成极坏影响。阿敏、莽古尔泰、皇太极、达尔汉虾等都曾劝告，他竟迟迟不能改悔。早年李朝使者曾赞扬他宽宏、能得众心，将来必然承继汗位。而今天却批评他"特寻常一庸夫"。天命五年五月二十八日，他发誓说："我不恪守汗父教导之善言，不听三位弟弟、一位虾阿哥之言，而听信妻言，以致丧失汗父委托于我指挥之大政。我乃杀掉我的妻子，手刃我之过恶，日后若仍以是为非，以恶为善，怀抱怨恨和敌意，我愿受天谴责，不得善终。"这段誓词，如同认罪书。事实不难看出，在努尔哈赤的心目中，代善已黯然失色。

兄弟间相逼

从天命四年至天命六年的三年中，后金政权围绕李朝问题，内部发生较大争论。主要是争论两个问题，即对待李朝战俘和出兵李朝。萨尔浒大战结束后，李朝都元帅姜宏烈率领 3000 兵投降。代善与姜宏烈在战场上共同盟誓讲和。代善想先移兵都城，令姜宏烈等朝见努尔哈赤后，将李朝官兵再释放回国。而努尔哈赤知道这批官兵有很强的战斗力，将对后金构成威胁，除非采取分散办法，将一部分分到村庄外，借口杀掉数百人。代善认为双方已讲和，"阵上之约不可负"。同时，他鉴于后金"四面受敌，仇怨甚多"，大非自保之策，对于李朝"极力主和"，坚决反对杀害李朝官兵，丧失信誉。皇太极和莽古尔泰等主张屠杀投降官兵，并主张出兵李朝，然后再进攻辽东。因此，在李朝问题上两个代表人物代善与皇太极"和战异议，所见相左"，争论十分激烈。兄弟争论最终裁判自然是汗父。从正常人情道理说，真理是在代善一边，但努尔哈赤无奈，只得向皇太极表态说："好！好！当从汝言。"而皇太极和莽古尔泰早就摸清汗父心思。因此，这场军事路线的大争论，也是努尔哈赤对代善嗣位动摇的重要原因之一。

经过两年争论，转眼之间已是天命六年（1621 年），嗣位问题已成了烫手山芋，想拿拿不得，想放放不下。九月初十，努尔哈赤遇到叔兄弟阿敦，闲聊起来。这位阿敦是一位"勇而多智"的人物，在后金将领中"超出诸将之右"，往昔各次战阵几乎"皆其功也"，现任镶黄旗满洲固山额真，是努尔哈赤身边的智囊人物。努尔哈赤遇事一向独断专行，而在嗣子问题上却听阿敦意见。他开口便问："诸子中谁可以代我？"智慧的阿敦听到这样的敏感话题，哪敢轻易插言，巧妙地说："知子莫如父，谁可有言？"努尔哈赤告诉他说说无妨。阿敦仍不肯直接点出名字，只说："智勇双全，人皆称道者。"努尔哈赤明白他所指的就是皇太极。可见，努尔哈赤已放弃代善嗣位，有意于皇太极，从"人皆称道"这句话可知，皇太极在官民中的口碑不错。

然而，阿敦对待这样的严肃问题，却不采取严肃态度，他将与努尔哈赤的谈话内容告诉代善，使代善心情不安而怨恨。皇太极摸到汗父脉搏，便同莽古尔泰、阿巴泰等频繁秘密交往。阿敦洞察到其中隐情，便悄悄地警告代善：皇太极、莽古尔泰等"将欲图汝，事机在迫"，你要做好准备。阿敦本是好心，让他提防，可哪里想到代善竟跑到父亲跟前哭了起来。努尔哈赤十分愕然，问清缘由，原来是阿敦从中有话。为弄清真相，努尔哈赤将皇太极等招来盘问，而他们都矢口否认。结果阿敦以在诸子中"交媾两间"罪被幽禁，籍没家产。从实而论，尽管代善经过种种挫折，嗣位已基本丧失，而皇太极仍不放心，对兄长落井下石，已形成一种氛围，连李朝使者都已洞察到，他们"兄弟位次相逼"，指出皇太极"恃其父之偏爱""潜怀弑兄之计"。当然，阿敦在爱新觉罗家族中是智谋高远的人物，努尔哈赤在嗣子问题上，不顾任何人的意见，偏偏征求他的看法，说明他已引起努尔哈赤的特殊担心。然而，他一时不慎，给努尔哈赤抓到把柄，借机将他杀掉，防止身后乱政。这就是政治斗争的残酷性，李朝使者对此惋惜地说，努尔哈赤"是自坏其长

城也"。

八家同理政

自从褚英被杀，努尔哈赤经过7年努力，解决嗣子问题宣告失败，诸子相争，愈演愈烈。于是他在剩下的5年中，无可奈何地实施八和硕贝勒共同治理国政方略。这个方略的提出和实施共有四个问题。

其一，总结历史教训。努尔哈赤在训诫诸王时，说他的思想来自祖宗六王时代，即"我祖六人及东郭（栋鄂）、王佳（完颜）、哈达、夜黑、兀喇、辉发、蒙古俱贪财货，尚私曲，不尚公直，昆弟中自相争夺、杀害，乃至于败亡"。从这段历史教训中他得出结论，我"以彼为前鉴，预定八家"。实际上，他也是吸取自己的历史教训，因为他为争权夺势及政见分歧，竟杀弟、屠子，当他进入64岁高龄时，反悔过去，展望未来，不寒而栗。所以，天命六年正月十二日，他教训诸子："吾子孙中纵有不善者，天可灭之，勿令刑伤，以开杀戮之端。"实际上，开杀戮之端者、不善者正是他自己，今天他只是希望诸子不要重蹈覆辙。事实证明，努尔哈赤晚年推行的治国方略，与吸取历史教训大有关系。

其二，八和硕贝勒共治国政的经济内容是要求"重义轻财"，凡得财务，八家平分；政治上，从诸贝勒中推选出一人为君。要求君主善良、贤能、受谏、有才、有德、有威望，反对"恃力自恣"者；有事八家同议，未经同议不准私行。诸贝勒朝见君主须同往，共商国事、举贤良、退谗佞，不可一二人至君前；君主"若不纳谏，所行非善"，可以共同计议更换；如果被更换的君主不悦，则"强行易之"。同时，要求严法度，信赏必罚，加强法制管理。

其三，奉行儒家忠孝思想，主张社会和谐，提出"人君无野处露宿之理，故筑城也。君明乃国成，国治乃成君。至于君之下有王，王

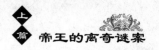

安即民安，民安即王安。故天作之君，君恩臣，臣敬君礼也。至于王宜爱民，民宜尊王；为主者宜怜仆，仆宜为其主。仆所事之农业与主共食，而主所获之财及所畋之物亦当与仆共之。如是，天欣人爱，岂不各成欢庆哉"。很显然，他要求从君主到奴仆上下都要"互相关切"，使社会达到"天欣人爱"境界。如何达到这个目标，需要一种统治思想，那就是儒家思想。天命十年（1625 年，天启五年）四月二十三日，他在诸贝勒欢宴上正式引用《论语》说："其为人也孝悌而好作乱者未之有也，吾世世子孙当孝于亲，悌于长。其在礼法之地勿失恭敬之仪。至于燕闲之时，长者宜合洽其子弟，俾翕如欢聚。"并指出，作为君主凡是"除夕谒堂子拜神主后，先由国君亲自拜众叔、诸兄，然后坐汗位。汗与受汗叩拜之众叔、兄，皆并坐于一列，受国人叩拜"。为了给诸子和国人做出榜样，当年正月初七，他把过去在统一战争中受到冲击、对自己大为不满的建州本部叔父、伯父、叶赫部的诸媪、额驸之母，包括乌拉部岳母都都祜等都请到自己家中，坐在西炕上，令自己的三位福晋以儿媳之礼，"叩拜二伯父及四媪"，自己也捧酒跪饮。同时，在民族政策方面，遵循儒家思想，主张改变往昔政策，认为"昔我国满洲与蒙古、汉人国别俗殊，今共处一城，如同室然。为和洽，乃各得其所"。

其四，推行监督机制。天命八年二月初七日，决定八旗设都堂 8 员，满洲每旗设审事官 2 员，蒙古、汉人各设审事官 8 员。而对各贝勒特别设立"卦文启示者"，随时提醒贝勒遵循将汗的教诲之言，给予严格监督。

八和硕贝勒共治国政，实质上是重新确立政治体制，将正在过渡和完善的君主制，退回到贵族共和制，是一种倒退政策，没有前途。这在一定程度上提高了诸位小贝勒的地位，并对争权夺势的大贝勒是个有力

的牵制，在一定程度上缓解了激烈的嗣位之争。同时，也不难看出，所谓"九王当立而年幼"，令代善摄位，将来"传于九王"的传闻，决不会是这种体制下的产物，而是努尔哈赤在实施此制之后，对嗣君的一个适时的思考方案。

多尔衮当立嗣是否捕风捉影

朝鲜李朝使臣传出多尔衮当立嗣，代善暂摄政一事，后世史家常常一言以蔽之，"望风扑影"。就算如此，影子是什么？也需要史家认真追踪。现从四个方面看看当时的具体情况。

其一，多尔衮为贝勒，不代表八家。努尔哈赤在世时，他在诸贝勒中处于什么位置，我们从头说起。早在天命四年（1619年，万历四十七年）李朝官员李民寏提到代善、皇太极、莽古尔泰之后说"余三子幼"，当时阿济格15岁、多尔衮8岁、多铎6岁。这里指的是受重视、有地位的六个儿子。其中这三位幼子，在李朝人的笔下只是"余"子，并无明显社会影响。第二年九月二十八日，努尔哈赤因代善的"过恶"，废除其执政地位，宣布八家的列名是："阿敏、莽古尔泰、皇太极、岳托、济尔哈朗、阿济格阿哥、多铎、多尔衮八贝勒为和硕额真。"从此，9岁的多尔衮由一名闲散贝勒成为正式和硕额真。但在八家中只是与7岁之弟多铎合为一家，且在多铎之后。天命六年（1621年，天启元年）十二月一日，召开八家会议时，有代善、阿敏、莽古尔泰、皇太极、多铎（8岁）、岳托参加。天命八年（1623年，天启三年）五月初五，在八角殿审事时，出席的是代善、阿敏、皇太极、多铎（10岁）、阿济格等。天命九年（1624年，天启四年）元旦出席八角殿叩拜的是代善、阿敏、莽古尔泰、皇太极、阿济格、多铎等贝勒。初三日，参加与蒙古恩格德

尔盟誓的是代善、阿敏、莽古尔泰、皇太极、阿巴泰、德格类、斋桑古、济尔哈朗、阿济格、多铎、岳托、硕托、萨哈廉。如上的情况直至努尔哈赤时代，不曾有变化。事实证明，多尔衮既是八家成员，又不代表八家，准确的定位是闲散贝勒、和硕额真。

其二，多尔衮不主旗。努尔哈赤三位幼子分旗当在天命五年（1620年，万历四十八年）九月二十八日分析八家时。当时两黄旗 60 牛录，分成四份，努尔哈赤与三位幼子各分 15 牛录。总管自然是汗。多铎掌正黄旗，多尔衮附之，具体管旗大臣是达尔汉虾，包括巴克什额尔德尼都在此旗。阿济格掌管镶黄旗，汗的 15 牛录当属此旗。具体管旗大臣是阿敦阿哥。多铎作为旗主贝勒，除上述旗主贝勒聚会出席外，军事行动自然是他出面。所以，天命九年（1624 年，天启四年）正月初六日，努尔哈赤派八旗每牛录出 10 名甲兵往取复州户口时，出兵的贝勒是代善、阿敏、莽古尔泰、四贝勒、阿巴泰、岳托、阿济格、斋桑古、济尔哈朗、多铎。代表两黄旗的贝勒是阿济格和多铎。十一日，出兵取恩格德尔额驸户口时，是代善、阿敏、莽古尔泰、四贝勒、阿巴泰、德格类、阿济格、斋桑古、济尔哈朗、多铎、岳托。代表两黄旗的仍是阿济格和多铎。事实说明，多尔衮虽属正黄旗，并有 15 牛录而不主旗。

其三，多尔衮尚未分居。理由之一是天命五年（1620 年，万历四十八年）五月，查抄大福晋藏隐财产时，从阿济格家中抄出"二个柜，内藏有绸缎三百匹"，证明阿济格此前已分居另过。理由之二是天命九年（1624 年，天启四年）四月二十二日，努尔哈赤命令"多铎阿哥，将尼堪阿哥财产诸物合于尔处"，并指出"尔家"作为"八家"不得"挥霍"尼堪财物。证明多铎作为八家也有自己的家。多尔衮所属 15 牛录虽然附于多铎的正黄旗，但兄弟之间不属于同一个家。一个月后，多尔衮娶妻子，也不曾涉及自己的家和财产问题。大半是多尔衮同努尔哈赤仍然住

在一起，多尔衮并未分得家产。此事有先例为证，早在褚英兄弟首次分家产时，德格类有份，而莽古尔泰无份，可能是重视幼子习俗所致。

其四，多尔衮与父亲的亲密关系。一则多尔衮住在汗父身边，不曾分居；二则多尔衮与鲁莽粗俗的阿济格、文雅但好色贪玩的多铎不同，他为人聪明多智，工于心计，善于洞察时势，能够随机应变，在某些公开场合必得汗父特殊青睐，为外人所洞知。同时，不能完全排除努尔哈赤在私密情况下倾听大妃阿巴亥要求令多尔衮承袭之想。无风不起浪，李朝消息多来自"六镇藩胡"，所谓六镇藩胡是指朝鲜会宁、稳城、钟城等图们江东六城居住的女真人，随着万历二十三年（1595年）大酋长罗屯等全部归降，多数迁入建州（后金）。这些所谓"藩胡"曾在李朝领有职名帖，受到虚封官衔，对李朝很有感情。天命四年（1619年，万历四十七年）三月初八日，有一名"藩胡"叫仁必，就有如上身份，他乘在后金充侍卫之机，将见到的事情，悄悄地告诉李朝官员，即所谓"凡虏中所为，尽情密言"。多尔衮嗣位问题就是这些人通报的消息，引起诸多猜测。多尔衮嗣位之说在正常情况下，不合逻辑。但是对大权独揽的努尔哈赤来说，私下曾与大妃密议，亦难排除。

太祖是否有传位遗命

努尔哈赤"未尝定建储继立之议"是历史事实。但清军入关后，多尔衮恶狠狠地指责皇太极的汗位"原系夺立"，反映出当时 15 岁的多尔衮对此事刻骨铭心。其母大妃与皇太极为两个轴心所发生的激烈争斗，他必有所洞知。汗父死前争夺嗣君的两股暗流迅速形成，即大妃的幼子势力与皇太极势力，现分别加以分析。

阿巴亥被休废一年后，八旗兵一举攻占辽沈等广大地区。天命六年（1621 年，天启元年）四月初三，汗怀着兴奋心情派 8 位 5 牛录额真，带领 200 多名八旗战士"往迎众福晋"。初五日，众福晋到达新都城辽阳。在众福晋中，就有"汗之大福晋"，受到汗与诸贝勒、大臣的热烈欢迎，众军士在街道两旁列队迎接，从城内至汗宫地下铺上白席，"上敷红毡，众福晋履其上进见汗"。可见，阿巴亥已恢复大福晋地位，并同汗恢复正常关系。此后的一段时期，阿巴亥一直同主旗贝勒幼子多铎住在一起。因天命九年（1624 年，天启四年）四月二十二日，汗曾指令"多铎阿哥之母，尔当以原本之礼，恭养尼堪阿哥之母"，即长子褚英之妻，一定要平等对待她，同时要求"多铎阿哥，将尼堪阿哥财产诸物合于尔处"。就是说，褚英第三子尼堪带他的母亲和家产，住进正黄旗旗主贝勒多铎家里，而这个家中的主要责任人是阿巴亥。可见，努尔哈赤与阿巴亥仍然分居。不难看出，阿巴亥恢复名誉是其势力形成的前提，而同时

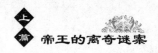

证明多尔衮确实与汗父住在一起。

阿巴亥的主要参谋是其亲弟阿布泰。阿布泰是乌拉贝勒满泰的第三子，天命四年（1619年，万历四十七年），叶赫部灭亡前夕，阿布泰归附后金，母亲都都祜等都在后金得以团圆，可谓乌拉那拉氏势力的集结。阿布泰作为国舅，受到汗特殊重视，当年正月在莽古尔泰带领下，舅舅阿布泰排在总兵官巴管理之前，共同带兵6000人，攻克旅顺口。天命六年（1621年，天启元年）十一月二十八日，他亲自带兵戍守蒙古边境。因功勋卓著，汗"以己所着镶貂皮白袄"赐给阿布泰。天命十年（1625年，天启五年）八月十四日，阿布泰带领大将杨古利、巴管理等往取挂勒察部胜利回师，汗带领诸贝勒出城五里外，大宴迎接。可见，阿布泰已成为后金著名高级将领。阿布泰归附后，官职升迁很快，天命七年（1622年，天启二年）正月十三日已与16名都堂总兵官汤古岱阿哥等并驾齐驱。当年三月在八大都堂中，地位仅次于哈达部猛古孛罗之子额驸乌尔古岱。当月，乌尔古岱被革职，阿布泰舅舅、额驸升为第一名都堂兼任正黄旗固山之职。

努尔哈赤死时，两黄旗60牛录，实力同代善的两红旗相当，比皇太极、阿敏、莽古尔泰占有优势，加之国母阿巴亥"机变"能力很强，有一定的竞争力。但弱点是两位主旗贝勒阿济格（21岁）、多铎（12岁）年龄小，威不重，对两黄旗大臣凝聚作用不足。是时，阿巴亥姐弟俩十分清醒地知道，他们的竞争对手是具有狡斗之智的皇太极。于是，在汗前往汤泉养病期间，他们曾"合谋"，欲置皇太极于死地，所谓"欲诒太宗，阴行奸恶"，已磨刀霍霍。那么，成功之后将立何人为君？郑亲王济尔哈朗回忆说："墨勒根王之母及阿布泰夫妇诒太宗所行诸恶事，臣等尽知。"其阴谋计划，即是以多尔衮"欲成其前谋"，就是"立墨尔根王"。可见，阿巴亥胸有成谋，甚至与汗夫计较过。所谓汗"为国事、子

孙，早有明训"，但多尔衮说：皇太极汗位"原系夺立"，大半讲的是这件事。

清代史书既说努尔哈赤"未尝定建储、继立之议"，又称他"为国事、子孙，早有明训，临终遂不言及"。合理的解释是主张八家共同治国，汗位需要公举。但事实上诸子争位，各有打算。皇太极在这个问题上，一直是弓在弦上。他有三大优势。其一，他一向受到汗父"偏爱"，视之如"眸子"。宠而必骄，嗣位对他来说，当仁不让，志在必得。其二，皇太极"勇力绝伦，颇有战功"，为社会所公认，所谓"人皆称道者"便是证明，在诸贝勒中能与之相比者罕有。天命六年（1621 年，天启元年）九月，叔父阿敦已捅破汗心灵之窗，在某种程度上是默认。其三，阿巴亥藏财事件后，汗将"绸缎各三楼"，送到皇太极库；皇太极述说"命贮于朕库"。可见，努尔哈赤对皇太极抱有特殊的信任感。努尔哈赤在嗣位问题上，曾属意于皇太极，并非没有根据。

事实不难断定，代善嗣位失败后，汗曾属意于皇太极。但有两大障碍，令他难于决定。其一，他提出八贝勒共理国政思想，本身应当不再坚持长子继承制。但在他的观念中，没有从根本上解决问题。天命八年（1623 年，天启三年）六月，他在批评皇太极时说："独以汝诚而越他人，岂置诸兄于不顾，而欲汝坐汗位乎。"反映出他思想有顾虑。其二，努尔哈赤对皇太极很不放心，认为他"贤德聪明"，度欠缺。天命六年（1621 年，天启元年）阿敦揭露出的同室操戈事件，尽管皇太极等人矢口否认，但汗不能不深思。在第二年宣布的八家共理国政谈话中，强调"吾子孙中纵有不善者，天可灭之，勿令刑伤，以开杀戮之端；如有残忍之人，不待天诛，遽兴操戈之念，天地岂不知之，若此者亦当夺其算"。此话必有针对性。同时一再批评"强势者"、不"公平宽宏"者，甚至当面批评皇太极"愚昧"，其恨铁不成钢的心情溢于言表。汗虽最终未立皇

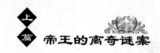

太极为嗣，但似有属意，便是造成多尔衮终身衔恨的根源之一。

天命十一年（1626年，天启六年），多尔衮才刚15岁，终生的不幸就向他走来。七月二十三日，汗父身感不适，带领卫兵三千前往清河温泉疗养。半个月后的八月初十夜，受到毛文龙部下官兵至狗儿岭相威胁，于十一日晨，乘坐轻舟沿代子河转回都城。传话请阿巴亥前往。夫妻相遇于距离沈阳40里的叆鸡堡。当日，努尔哈赤与世长辞，享年68岁。

努尔哈赤在关键时刻，除阿敏陪伴外，只请大妃前去，必有大事交代，说些什么，无人知晓。但正在此时，后金政局却发生历史性震动。这种震动受几个条件影响。其一，皇太极长期笼络诸位小贝勒发生了效应。早在代善被废，宣布八贝勒共理国政时，皇太极就同岳、济尔哈朗、德格类等结缘，每当诸贝勒会议结束时，这些小贝勒都不约而同地送皇太极回府。为此，汗父曾批评皇太极等人"皆谗恶罢了，有何益哉"。但正是这些小贝勒，在皇太极需要时，起了大作用。汗父死讯传来后，代善长子岳、三子萨哈廉首先说服父亲推戴皇太极为汗。代善失政后，佩服皇太极，认为"汝智勇胜于我，汝须代立"。这意味着两红旗站到了皇太极一边。众所周知，三贝勒莽古尔泰早年生活所需都是皇太极供养；在先攻击李朝后征辽东问题上，附和皇太极意见；阿敦事件中同样是皇太极的帮凶；同时，其弟德格类早就是皇太极争夺汗位的附和分子。自然，正蓝旗，在代善稍加说服后，也站了过去。另外，二贝勒阿敏是有条件的支持。这样，皇太极在八旗中占了绝对优势。其二，在关键时刻，汗父将大妃调离京城，使两黄旗群龙无首，皇太极势力得以从容谋划。所谓汗父遗书等尽皆准备就绪。十一日晚间，阿巴亥怀着悲痛心情陪同灵柩归来，尚未得到喘息之机，第二天早晨代善等便向她宣布"遗言"，指责她"心怀嫉妒，每致帝不悦，虽有机变，终为帝之明所制。留之恐

后为国乱"，假称"预遗言于诸王曰：'俟吾终，必令殉之'"。并逼迫说："先帝有命，虽欲不从，不可得也。"受代善等强大势力威胁，阿巴亥叫天天不应，呼地地不灵，只能哀痛地提出最低要求：将他的两个幼子多尔衮、多铎相托付，希望诸位贝勒"恩养之"。于是，当日辰时，自尽陪殉，享年37岁。她留下的最大悬念，是在暖鸡堡汗临终时究竟说了些什么，多尔衮发出皇太极汗位是"原系夺立"声音，与此不无关系，故有人相信："太祖有传位之遗命。"

从上述事实中不难看出三个问题。其一，16世纪90年代至17世纪30年代，是中国封建社会大变革时代，满洲贵族揭开了这场大变革的序幕，作为时代人物，多尔衮不得不接受这暴风雨的洗礼。其二，爱新觉罗氏以少数民族身份欲担当起这历史的重任，兄弟父子之间相残意味着他们必须选择家族中最优秀的分子，完成历史所赋予的使命。努尔哈赤已做出榜样，而皇太极无论从哪一方面都优于多尔衮，他登上历史舞台十分正常。其三，历史有时就是不公平，在充满血腥味的权力争夺中，让刚满15岁的多尔衮从高贵的贵族子弟，充满温馨的家庭生活中，陡然堕入失去双亲的孤弱境地，并亲临慈母被逼的惨烈情景，智慧而工于心计的多尔衮对皇太极等人能无恨吗？这导致了此后围绕多尔衮掀起的一系列风波。

皇太极千刀万剐姐姐莽古济

今沈阳大南门里路东一角，清初是努尔哈赤第三子莽古尔泰王府所在地。莽古尔泰曾经在这里与弟弟德格类、姐姐莽古济密谋设"鸿门宴"，谋害皇太极夺取皇位。可是不知为何，这项夺权方案确定不久，莽古尔泰与德格类先后暴亡。"鸿门宴"事件被揭发后，莽古济及其党羽一千多人被处决。这件事成为沈阳乃至清史上一桩最大、最残酷的奇案。

莽古尔泰是努尔哈赤的嫡子，母亲是富察氏，生于明万历十六年。身任正蓝旗旗主，三大贝勒。论出身、地位本来都在皇太极之上，只因其母与大贝勒代善关系暧昧，努尔哈赤不忍心将其杀害，仅以私藏财物为名把她休了。而莽古尔泰为取悦于父汗，竟残忍地把母亲杀了。这种禽兽般的行为使得莽古尔泰在后金国的地位、影响大大降低。以至于天命十一年在推举汗位继承人时竟无人提名于他。

皇太极继位时，莽古尔泰虽然依附众议，不得不附和他，但内心却并不平衡。久之，与皇太极矛盾日深。最终"御前露刃"事件使两人矛盾达到白热化。

那是天聪五年，明朝大将祖大寿复修大凌河城。皇太极对明军进逼后金感到不安，决心要拔掉这颗"钉子"。比年8月，皇太极统帅八旗劲旅围攻大凌河城。八旗军各按方位围城，莽古尔泰与其弟德格类率正蓝旗攻击城的正南面，由于这里是明军炮火最集中的地区，明军给莽古尔

泰军卒以很大杀伤，莽古尔泰见状及时下令撤退。尔后，莽古尔泰来到皇太极御帐，请求皇太极将出哨的正蓝旗护军调回，补充军力，以利再战。这本来是合理要求，可皇太极不等莽古尔泰奏请完毕，就下令护卫备马，说是有要事要办。

莽古尔泰本来性情鲁莽，见此情形大为恼怒。大声地说："皇上对我有何成见请公开宣谕，不要这样为难我，我对皇上一直是处处顺承，可是我这样尽心竭力皇上还是不满，皇上是不是要往死路逼我？"

莽古尔泰边说边把手放到了刀柄上。站在他身边的德格类看到这种情形，急步上前给了莽古尔泰一拳，提醒他莫干"傻事"。莽古尔泰挨了一拳，更加怒不可遏，随手将刀拔出五寸许。德格类大惊失色，赶忙将其手按住，并用力把他推出御帐之外。皇太极见到这种情形，大骂身边的侍卫们说："他们露刃犯朕，你们为何不赶紧拔刀挡在朕前？古人说操刀必割，执斧必伐。他们露刃的目的你们不明白吗，怎么敢坐视不动？"

当天晚上，莽古尔泰在弟弟德格类的劝说下，以自已饮酒过量，导致狂言失态为借口，来到皇太极御帐前向皇太极陪罪，但被皇太极拒之帐外。

大凌河之战胜利结束，八旗大军从前线撤回盛京。法司开始处理莽古尔泰"御前露刃"事件，审理后向皇太极报批，莽古尔泰被判革除大贝勒名号，夺5牛录人口，罚银一万两。

莽古尔泰对这个判决结果并不在乎，他在乎的是彻底得罪了皇太极，给自已的前景蒙上了阴影，所以内心十分懊丧，甚至经常独坐而哭。姐姐莽古济、姐夫琐诺木对弟弟的遭遇甚感同情，特地从开原赶来相劝。

酒过三巡之后，莽古尔泰借着酒兴，把一直深藏在内心的想法坦露出来。他说："我现在把皇太极彻底得罪了，今后恐怕也没什么好果子吃，干脆，一不做二不休，找机会把他除掉，夺取汗位。如果这招失败，我们就退到开原，开原城大坚固，在那自立为王。"野史笔记上说，莽古尔泰的计划是，在家里摆"鸿门宴"，宴请皇太极，用药酒将其"鸩杀"。弟弟德格类、姐姐莽古济以及姐夫琐诺木听到这个计划深感震惊，劝莽古尔泰不可莽撞行事。莽古尔泰却说："我不杀他，他必杀我，我已经没有退路了。"见莽古尔泰如此坚决，姐弟三人最后同意了莽古尔泰的计划。

第二天，莽古尔泰将正蓝旗两位亲信主将屯布禄、爱巴礼，还有莽古济的亲信冷僧机一块请入密室。三个亲信听罢莽古尔泰的决定，都毫不迟疑地表示唯主子之命是从，上刀山下火海在所不辞。

商议已定，七个人开始歃血盟誓。莽古尔泰立誓说："我莽古尔泰已结怨于皇上，尔等助我，事济之后，如视尔等不如我身者天地鉴之。"琐诺木和莽古济立誓说："我等阳事皇上阴助尔，如不践言，天地鉴之。"其他几人也都立下誓言。然后将誓书在佛前焚烧，按计划分头准备。

莽古济与皇太极是同父异母的姐弟，皇太极之子豪格娶了琐诺木前房所生的女儿为妻，所以，莽古济既是豪格的姑姑，又是他的丈母娘。

天聪九年，皇太极打败蒙古共主林丹汗，获得林丹汗八大福晋。皇太极自己娶了两位，又将其中长得最为俏丽的伯奇福晋赐给了儿子豪格，其他五位美妇也都给了几位王爷。

莽古济听说此事后大为不满，她当即找到皇太极，当着众人面质问皇太极："你给豪格娶妻，我的女儿怎么办？"皇太极好言相劝，莽古济根本不听，一脚踢开营帐门，上马就奔开原方向跑去。

大贝勒代善此时也在营帐中，见妹妹生气，也没多想，急忙乘马就追。追到莽古济后，代善把莽古济请到自己营帐内，设宴招待，临走时

还送给妹妹许多礼物。

皇太极听说后，说："代善与莽古济的关系本来并不和睦，可是，当我与莽古济生气出现矛盾时，他却把莽古济请到家里，又是请吃，又是送礼，他想干什么？"又说："你们如果如此悖乱，推举别人为汗，替代我好了！"

皇太极随即拔营而走，先行回到盛京，连续八天关闭宫门不理朝政。

莽古济根本不知道皇太极的滔天怒火来自哪里，仍愤愤地说："我是你的姐姐，就是说了些过头的话，还至于你生这么大的气吗？"

"鸿门宴"案被揭发后，刑部奉命侦办。由于此案涉案人员过多，仅靠刑部侦办人员不敷应用，经请旨，从正、镶两黄旗各牛录抽调一大批人马协助办案。

刑部首先派一队人马，星夜赶赴开原公主府，将公主莽古济和额驸琐诺木拘捕到案。又派几路甲兵分别将莽古尔泰王府、德格类王府以及正蓝旗主将屯布禄、爱巴礼等人家宅包围，将其所有家人全部捕获，押入大牢。由于犯人过多，盛京城监狱一时人满为患。

刑部在莽古尔泰王府搜出木牌印十六面，上面刻着："金国皇帝之印"，认定为谋反的重要证据。主要案犯莽古济、琐诺木、屯布禄、爱巴礼也全都供认不讳，"谋危社稷"、"逆迹彰著"等罪名成立。

行刑前，皇太极派人前往福陵，向努尔哈赤灵位报告此事，又到九门附近的"先汗宫"向先汗的两位遗妃报告。

最后的结果是，皇太极将自己的姐姐莽古济公主凌迟处决，莽古尔泰长子额必伦处死，其余五子黜为庶人，给其他王爷为奴使唤。屯布禄、爱巴礼两人及其所有亲支兄弟、子侄全部被凌迟。一连多日，盛京刑场惨叫声不断，闻者心惊肉跳。

额驸琐诺木，因为事先向皇太极暗示，等于告发，所以免罪恩养。

冷僧机因举报有功，皇太极将屯布禄、爱巴礼两家全部家产给了他作为奖励，并给予他三等甲喇章京的世职，世袭罔替，又给予他免去各种贡赋的特权。

同时，正蓝旗建制被取消，属员被分别编入正、镶两黄旗，"八旗"一时成了"七旗"。但时隔不久，皇太极又将正蓝旗恢复，只不过恢复后的正蓝旗已今非昔比。

崇德元年正月，工部平毁了莽古尔泰与德格类的坟墓，"将已寒之骸骨，复行抛弃"，墓内所有随葬金、银器物统统收缴入库。皇太极闻知后，命令工部将其墓按原样修复。

史料记载，此案共处决涉案人员一千余人。

姓名之谜和生母之辩

姓名之谜

清太祖努尔哈赤是满族人，他给儿子们取的名字当然也是满族名字，各有含义，如十二子阿济格意为"小儿子"，十四子多尔衮意为"獾子"，十五子多铎意为"胎儿"，十六子费扬古意为"最小的儿子"，译名清楚明白。

唯独他的第8子，名皇太极，保皇党献媚说努尔哈赤起这个名字就代表传位于这个儿子的厚望。"太祖名上为皇太极者，殆天意笃生，统丕业而福兆民者也。"《清史稿》译名道"后知汉称储君曰'皇太子'，蒙古嗣位者曰'王台吉'，音并暗合。及即位，咸以为有天意焉。"

事实上，"皇太极"并非他的本名，而是满语音译，早期明清文献将其译作"黄台鸡"、"洪佗始"、"洪太氏"、"洪他时"、"红歹是"、"黑还勃烈"、"黄台吉"……按今日音译是"洪台吉"。直到他死后百年，乾隆才给他改定译名"皇太极"。也就是说，努尔哈赤和他本人都不知道"皇太极"。"台吉"是满蒙贵族的常见称呼，类似"阿哥"，在满蒙史籍中捭手即是。如《实录》书"俾吾子孙大王、二王、三王、四王、阿布太台言、得格垒台吉、戒桑孤台吉、迹儿哈朗台吉、阿吉格台吉、都督台吉、姚托台吉、芶托台吉、沙哈量台吉、恩格得里台吉等，命得延长，永享荣昌"。蒙古人常在"台吉"前加上"红"、"黄"等词，与

蒙古嗣位者无关，与汉人储君"皇太子"更无关。"洪台吉"，这实在是个最普通不过的满族名字。

生母之辩

努尔哈赤的第一任正妻是佟佳氏，1577 年嫁娶，生卒年不详，她最后一次生育是 1583 年生代善。第二任正妻富察氏衮代，1585 年嫁娶。清史有一个流行说法：衮代得罪努尔哈赤，其子莽古尔泰为邀宠弑母，从而失去了继位的资格。

考诸历史，弑母并无直接记载，皆源自皇太极的一句话。《老档》载皇太极骂莽古尔泰："尔年幼时，汗父曾与我一体养育乎？并未授以产业！尔之衣食，均我所剩，得倚我为生！后因尔弑生母，邀功于父，汗父遂令附养于末生子德格类家。众岂不知乎？尔何得砍我？尔原系肌瘦将死之人！"

这话有两种解释：一种是弑母后，努尔哈赤令莽古尔泰在德格类家"附养"；另一种是弑母后，努尔哈赤令其母在德格类家"附养"。

终太祖一世，有代善、皇太极获罪被责记录，却无莽古尔泰被罚记录。莽古尔泰始终位居四大和硕贝勒的三贝勒，无论是位次排名还是正蓝旗拥有的 21 牛录数，都高于 18 牛录的正白旗四贝勒皇太极。作为正室嫡子，堂堂三贝勒，既不至于靠异母弟皇太极的剩饭剩衣养活长大，也不至于靠同母弟德格类附养。只有第 2 种解释合理，即努尔哈赤令其母在德格类家附养。如此则衮代未死，非常明确。成书时间晚于《老档》的《满洲实录》叙此事为："彼潜弑其生母，幸事未彰闻，彼复希宠于皇考。"皇太极骂架粗口爆出莽古尔泰弑母，在场的没人当真，但写入史书，却是皇上金口，很多当时人还健在，弑母天大的事，不能凭空捏造。《实录》要为金口圆场，就改成"他是偷偷杀人，运气好没传扬出去，所以你们大家都不知道，这个秘密只有皇上我一人知道。"将弑母

坐实的同时，也说明了一个事实，那就是当时世人都没听说过此事。无论有没有实际行动，"莽古尔泰因弑母而声名狼藉"的说法都是不成立的。努尔哈赤曾让诸贝勒检讨，莽古尔泰自称："我既无所长，亦不为非作歹。"可见其为人，是一个才能平庸，不过不失的老实人。皇太极愤极诬谤，十分不厚道，不可轻信。

究其实情，大抵是衮代失宠于太祖，令其出宫寄居长子莽古尔泰家，衮代与长子不和，遂到小儿子德格类家居住。皇太极欲陷杀兄长，添油加醋，安上个弑母罪名。后世从而信之，见史无别载，便以《老档》天命五年大福晋休废一事附会，误会该大福晋为衮代。实则天命五年，50岁的衮代不可能和37岁的代善暧昧，也没幼子需要照顾，更不会把财物藏到阿济格家里。

皇太极生母身份，清亡后不断产生质疑。民国中外学者参考美国国会图书馆藏书编撰的《清代名人传略》即称他"追尊生前地位本来是妾的生母为孝慈皇后。"皇太极忌讳其母的侧室身份，想尽办法掩盖，可总是欲盖弥彰。《实录》称"太祖未即位时，先娶之后生长子褚英，次子代善。继娶后所生莽古尔泰、德格类。中宫皇后生皇太极，即天聪皇帝也。继立之后生阿济格、多尔衮、多铎。"似乎四位皇后是依次而立。然皇太极母孟古于1588年嫁娶，史载1593年九部来攻时，太祖身边的是"衮代皇后"。那是否此后改立孟古为后衮代卒年不详，但据前皇太极自己所露信息，她失宠于二子成家后。孟古1603年去世，其时八阿哥皇太极11岁，十阿哥德格类年仅7岁，不可能成家立业，更不可能赡养母亲。德格类生于万历二十四年（1596年），娶妻万历四十二年（1614年）。也就是说，至迟1614年衮代仍在宫中，根本没有让孟古继立的机会。又按《实录》孟古死后阿巴亥继立，则时年14岁的阿巴亥就领导她45岁丈夫的妻妾们。阿巴亥14岁扶正的可信度堪比皇太极7岁管

家——前清两大奇葩。

孟古终其一生也没当上大福晋。阿巴亥接替衮代之时，孟古早死去十余年。要说与衮代有争位纠纷的也只能是阿巴亥，因为皇太极时衮代仍得合葬福陵，恰是多尔衮"以其先尝得罪太祖，改葬之于福陵外"。

关于后金习俗，还有一说是实行一夫多妻多妾制：大福晋和侧福晋都是妻，统称福晋，地位平等，只有庶福晋才是妾。《老档》载："大福晋率众福晋叩见汗，曰：'汗蒙天眷，乃得广宁城。'再，众贝勒之妻在殿外三叩首而退。"大福晋地位显然高于众福晋。即《清史稿》，亦是"孝慈皇后崩，立为大妃"。可见大福晋是要"立"的。若地位相等，就不需要"立"了。

满制，侧福晋地位高于庶福晋。庶福晋出身低微，如努尔哈赤庶妃诸子，皆地位低下，没有一个当上贝勒。入关后，顺治、康熙朝也延续这种制度，皇后及众妃为内廷主位，以下称庶妃。由于顺治的内廷主位们只有董鄂妃生下早夭子，其余子女皆庶妃所生，孝庄太后只能选择庶妃佟氏之子康熙为帝。雍正以降后宫等级细化，取消庶妃之称，主位为皇后及有封有印的妃嫔，贵人以下即庶妃。王公正妻称嫡福晋，侧室称侧福晋，庶妃称格格。但没有哪个时代，大福晋（皇后）与侧福晋（侧妃）地位能平等的。其实汉人制度，妾亦有贵贱之分，但地位再高的侧室、贵妾，也仍是妾。

作为侧福晋之子，七阿哥阿巴泰与皇太极出身相当。阿巴泰在太祖朝地位高于庶妃子，但不如三房嫡子。他后来向诸贝勒争名份，可能正因见皇太极同样庶出之子却破格高升，才心有不甘。

其实能成为侧福晋的女人，出身都相当，之所以能立大福晋，归根结底是汗夫的宠爱。《清实录》对孟古照抄了所有圣母的套词，却不能改变孟古14岁结婚到29岁死亡只有一次生育的事实。而衮代只比孟古

先嫁过来三年，却生三个孩子，谁更受宠，一目了然。

天命元年（1616 年）努尔哈赤称汗，立国后金。此时阿巴亥为大福晋，故后金唯一国母，只有阿巴亥。阿巴亥之母，努尔哈赤称外姑（满语岳母），率群臣行孝悌之礼；阿巴亥之弟，包括皇太极在内的年长贝勒皆称舅舅。实录不实，《太祖实录》经皇太极、多尔衮、顺治、乾隆诸朝一再篡改，早已失去本来面目。最初版本佟氏、衮代、阿巴亥仍称"皇后"，至乾隆修订的最后一版，已成"元妃"、"继妃"、"大妃"了。而终身为侧福晋的孟古，却成了"中宫高皇后"。

不管怎样，皇太极最终打败了各个兄弟，成为皇位获得者。而且皇太极在位的 17 年里，南征北战、兢兢业业，征服众多部落，大大扩充了大清的版图。在中国历史上，他也算是一位有建树的皇帝。

皇太极之死：被刺遇害还是圣躬违和

历史上任何一个突然离世的帝王都会留下不同版本的千古之谜。于是，几百年来，关于皇太极暴死之谜被后人作出了无数的猜想。有人说，皇太极是因为思念爱妃海兰珠导致内心郁结而死，还有人说皇太极死于谋杀，而这场离奇香艳的谋杀案的主角便是与之有着爱恨纠葛的多尔衮和庄妃。民间还有传言，皇太极曾被袁崇焕之子袁承志刺杀，但未成功。让我们揭开迷雾，探寻历史的真相吧。

 皇太极与海兰珠的生死之恋

历史上痴情的皇帝不少，但因为爱妃之死而郁郁而终的恐怕没有几个。而皇太极之死，后人却将其与一个叫海兰珠的妃子联系在一起。那么海兰珠到底是谁？缘何有这么大的魅力？这还要从当时的"崇德五宫"

说起。

皇太极时的沈阳故宫中，有所谓"崇德五宫"后妃，这五宫为中宫清宁宫、东宫关雎宫宸妃、西宫麟趾宫贵妃、次东宫衍庆宫淑妃、次西宫永福宫庄妃。崇德五宫后妃的地位远高于其他妃子，皇太极封宸妃为"东宫大福晋"，仅次于皇后，位居四妃之首，东宫也赐名为"关雎宫"。自小追随、屡屡立功的庄妃仅居五宫之末。皇太极的后妃见于史籍者计有 15 人，史籍之外的更有多人。皇太极独钟爱宸妃海兰珠，在她的身上倾注了夫妻间的全部感情。曾说如不是发过誓"永不抛弃哲哲"，他真想立海兰珠为皇后。

宸妃是蒙古科尔沁贝勒寨桑之女，姓博尔济吉特，名海兰珠。她是孝端皇后的侄女，庄妃 (孝庄文皇后) 的姐姐。海兰珠生于万历三十七年 (1609 年)，比庄妃大 4 岁。天聪八年 (1634 年)，其兄吴克善亲送海兰珠到盛京，与皇太极成婚，当时海兰珠已 26 岁，虽然已过妙龄，但倍受皇太极的宠爱。崇德元年，皇太极以古代名妃常用的封号，封海兰珠为"宸妃"。以《诗经》中像征爱情的诗句"关关雎鸠，在河之洲，窈窕淑女，君子好逑"，将宸妃居住的寝宫命名为"关雎宫"。在宫中的地位远远超过比她年轻五岁、早嫁九年的亲妹妹庄妃，仅次于姑母皇后哲哲。

崇德二年 （1637)，海兰珠诞育皇子，这是皇太极的第八个儿子。皇太极十分喜悦，遂创大清以来之先例，特意在大政殿举行隆重的仪式，向中外颁诏宣布这一重要事件，并举行宴会和演百戏，万民同贺，大会群臣，盛筵宾客，同时颁发大赦令，释放了许多囚犯。他的理论根据是"自古以来人君有诞子之庆，必颁大赦于国中，此古帝王之隆规"。然而，前 7 个皇子诞生时，并未举行什么大型庆典活动，也未大赦。之后，庄妃生第 9 子，麟趾宫贵妃又生下第 11 子，也未如此隆重地办理。由此可见，皇太极是将宸妃生的皇八子作为"储君"来对待的。因爱宸妃而宠

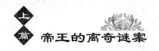

皇八子，也算是"爱屋及乌"吧。

皇八子诞生之庆典，八方朝贺。蒙古各部落的首领均来供奉大量贺礼，朝鲜国王在元旦日上皇帝皇后贺表、敬献方物的同时，还上了皇太子贺表，并进献皇太子礼品，一时间，盛京（今沈阳）城内热闹无比。皇太极为表庆贺数次大宴宾客于崇政殿、清宁宫，盛况空前。此时的皇太极，开疆拓土，称雄于东北，加之娇妻产子，诸事顺遂，可谓春风得意，踌躇满志。宸妃更是看在眼里，美在心头，喜上眉梢，可真应了"好景不长"这句俗语，倍受娇宠的皇八子不到 1 岁便夭折了。痛失爱子，皇太极十分悲痛，但他毕竟是一国之君，还有其余 7 个儿子，几月后庄妃又给他生了第九个皇子。爱子的死，给皇太极和宸妃以沉重的精神打击。痛失爱子对宸妃的打击可想而知，从此，宸妃郁郁成疾。皇太极除多方安慰开导外，又厚赐宸妃财物仪仗，但这一切都无法医治她失子的心病。

崇德六年（1641）九月，皇太极御驾亲征辽西攻打明朝死守的军事要地松山、锦州。九日率军扎宫在松山城西北十里处。十二日，从盛京来到的官员向皇上奏言关雎宫宸妃得病。时值两军对垒的严重时刻，皇太极却毫不犹豫地立刻召集诸王、贝勒、贝子、公及各固山额真，命他们固守杏山、高桥，随后，十三日一大早，皇太极就车驾起行，昼夜兼程赶回盛京，十七日抵达旧边界驻跸。当夜一更时分，盛京遣使来奏报宸妃病危，皇太极闻讯立即拔营，连夜赶奔，并遣大学士希福、刚林及冷僧机、索尼等急驰前往候问病势来报。尚未入城宸妃殡天的噩耗即传来，年仅 33 岁。皇太极疾驰入宫，在爱妃的遗体前声泪俱下，悲痛欲绝。他为了宸妃之死日夜哭泣，六天六夜不吃不喝，几次哭晕过去。皇太极与宸妃情深意笃，宸妃之死，对皇太极精神打击极大，其"饮食顿减，圣躬违和"甚至"言语无绪"，以致害了一场大病，自此后再没有重

返松锦战场，结束了他 40 余年的戎马生涯。

此后，皇太极亲自主持举行宸妃的葬礼，在太宗的坚持下，丧殓仪式从厚举行。宸妃的殡所设在盛京城地载门外五里，皇太极频繁地率众王及后宫女眷至此祭祀，每次祭祀太宗都亲自在灵前奠酒，回到宫中，皇太极坚持不入宫，而在临时的御幄中居住，以表示对宸妃的哀悼和怀念。在频繁举行的祭祀中，皇太极长时间沉浸在痛失爱妃的悲痛之中，每次祭祀必"恸哭莫酒"，很长的时间里茶饭不思，甚至几次昏迷过去。朝中的大臣见此无不忧心如焚，清初的言臣祖可法、张存仁进劝说，皇上如此悲伤，于情可以理解，于理却未免太过了。皇上乃万乘之身，负有底定天下、抚育万民的责任，皇上一身关系重大。现在与明朝的交战正在进行，皇上不能过分沉湎于悲痛之中，应该以江山社稷为重，尽快从悲痛中解脱出来，这才是举朝上下想看到的。

宸妃葬于盛京城北十里的蒲河边上，皇太极每次巡猎途中都要到墓地祭祀。他追封宸妃为"敏惠恭和元妃"，举行了隆重的追封礼。这是清代妃子谥号中字数最多的。宸妃之丧被视为国丧，皇太极特下诏，崇德七年（1642）元旦大典，由于宸妃丧而停止，举国停止筵宴。在宸妃丧期内作乐的官吏和宗室，都召来皇太极的暴怒，被一一革职禁锢。这已经成为事实上的国丧，连外藩蒙古、朝鲜等都遣专使来朝吊祭。皇太极亲自撰写的祭祀宸妃的祭文情真意切，催人泪下，真情绵绵。昭陵妃园寝建成后，宸妃改葬于园寝内。

对宸妃的魂牵梦萦，使皇太极难以自拔。自宸妃死后，皇太极频繁举行祭典，并请僧道人等为宸妃布道诵经，超度亡魂。他每次出猎，必过宸妃墓地下马伫立，长时间地凭吊默哀，以茶酒奠祭，痛哭不止。大祭、小祭、月祭、冬至节令祭、岁暮祭，年祭。无论怎样的祭奠都无法抹平他心中的悲伤，反而加重了心伤。松锦大战捷报频奏，关外四座重镇尽归清朝，

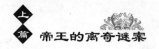

关外障碍既除，挥师入关逐鹿中原指日可待。然而，战争胜利的喜悦，也不能冲淡皇太极的悲伤。对宸妃的思念与难解的忧伤，严重损害了皇太极的健康，他甚至连日常朝政也"难以躬亲办理"。在宸妃去世两年之后，皇太极也逝于清宁宫，灵魂追寻宸妃而去，享年 52 岁。

庄妃谋杀还是圣躬违和

皇太极从小身体很好，中年以后身体发福，有些偏胖，史书从未记载过他有任何病史，而后有关的清朝官修史书几乎都记载皇太极死时是"无疾而终"。后世野史更将皇太极之死说成是被多尔衮或多尔衮与庄妃谋害，将其演绎成了一起香艳离奇的谋杀事件。金庸的《碧血剑》中更是活灵活现地写道，是袁承志亲眼见到皇太极赶到庄妃的寝宫，被正在和庄妃幽会来不及逃走的多尔衮行刺而死。但事实究竟是什么样的呢？

圣躬违和导致无疾而终

皇太极死时，顺治年幼，皇太极的几个兄弟手握兵权，对皇位虎视眈眈。据传言，孝庄皇后为了保全顺治的皇位，下嫁给实力最强的多尔衮，并封多尔衮为摄政王。得到多尔衮的帮助后，顺治的皇位得到了保证，顺利成为第一个入关进京登上帝位的清朝皇帝。而多尔衮一直到死，都没有对皇位产生不轨的念头，可以说孝庄皇后的下嫁功不可没。

可见，皇太极是被多尔衮或多尔衮与庄妃合谋害死的传说是毫无根据的。

从崇德五年开始，清史的记载中屡次出现"圣躬违和"或"圣躬不豫"的字样。

第一次圣躬违和，记载于崇德五年农历七月二十七日，皇太极第一次"圣躬违和"，到安山（今鞍山）温泉疗养。

　　第二次圣躬违和，记载于崇德六年农历八月，松山大战前夕，明十三万大军来势汹汹，前线告急。皇太极调集各路人马，决定亲自前往前线坐镇指挥。本来定于农历八月十一日出发，不巧他患上鼻衄（即鼻出血），血流不止，不得不将出发的日期一拖再拖。八月十四日，出血仍未缓解，而前线军情告急。皇太极抱病出征，一路急行，三天后，病情才有好转。

　　第三次圣躬违和，记载于崇德七年（1642年）农历十月二十日，"圣躬违和，肆大赦。凡重辟及械系人犯，俱令集大清门外，悉予宽释。"显然皇太极这次病得相当重，不但用大赦的方式向上天祈求康复，而且都察院的官员们还上疏建议，皇上不必事必躬亲，可让各旗、六部诸大臣处理一些日常事务，至军国大事再向皇太极奏闻，以减轻政事活动，得以静心休养。

　　明显感觉力不从心的皇太极不得不同意了这份奏疏的建议，决定以后的政事由和硕郑亲王代善、和硕睿亲王多尔衮、和硕肃亲王豪格、多罗武英郡王阿济格合议处理。

　　这是一次重大的行政体制的变革。通过这次变革，皇太极基本上交出了处理日常行政事务的大权。这证明他确实病得不轻，或者是宸妃的死，促使他重新掂量生命中的轻与重。当明白死亡正在逼近之时，对生命的依恋之情就会油然而生。

　　第四次圣躬违和，记载于同年农历十二月，皇太极率众往叶赫出猎，到达一个叫开库尔的地方时，又"圣躬违和"了，随同前往的诸王、贝勒、大臣都请求停止行猎返回盛京，但皇太极因为此行没有收获，不愿空手而归。就在大家左右为难的时候，年仅5岁的皇九子福临射中一狍，当年一箭可射穿两只黄羊的皇太极见状，心中大喜，这才与众人启驾还宫。

第五次圣躬违和，记载于崇德八年正月初一，因皇太极"圣躬违和"，免群臣的新春朝贺礼。命令和硕亲王以下副都统以上诸人前往堂子，代替自己向上天和历代祖先行礼祈祷。

第六次圣躬违和，记载于农历三月十七日，因"圣躬违和"大赦，死刑犯以下的人都得到了赦免。

第七次圣躬违和：农历四月初一日，"圣躬违和"，连续两天向盛京城及境内各地的寺庙祷告，施白金。

农历四月初六，皇太极遣人至李氏朝鲜世子馆中，要求朝鲜方面进贡一种名为竹沥的药材，并且选派名医前来会诊。而据李氏朝鲜方面的史书记载，皇太极所遣传谕诏令的人曾经告诉李朝世子说皇太极患有风眩之病。

竹沥是竹子中的汁液，入药可镇咳，祛痰。从崇德七年开始，明清处于最后争夺的关键时期，事务繁多，皇太极夙兴夜寐，宵衣旰食，加逢丧妃之痛，难免痰火上升而头晕目眩，病情加重。如果李氏朝鲜方面的史书记载无误的话，那么皇太极很可能死于"痰疾"。

崇德八年开始，皇太极"圣躬违和"的次数越来越频繁，这说明皇太极的病已开始连续发作。但是从四月开始，这种情况似乎得到了缓解，皇太极的身体状况相对平稳，所以官方史书才会有"无疾而终"的说法。

孝庄皇后死后为何不与皇太极合葬

众所周知，按照中国历朝历代的规定，皇帝与皇后死后一般都是葬在一起的，很少会出现例外的情况。在长达几千年的封建王朝更迭过程中，清朝孝庄皇后的陵墓却与众不同，因为它并没有与皇太极的陵墓在一起。这究竟是怎么回事呢？这其中又隐藏着怎样的政治玄机呢？

孝庄太后名为博尔济吉特·庄妃，又名大玉儿，蒙古科尔沁部贝勒寨桑之次女，是清太宗皇太极的妃子，史称孝庄太后。与萧太后一样，孝

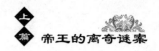
庄太后也是中国少数民族政权中少数几个最为精明能干的皇太后之一。她历经了清朝初年的皇太极、顺治以及康熙统治下的三个朝代，见证了大清王朝逐渐由弱到强的整个过程，更为大清王朝的稳固和发展呕心沥血，奉献了毕生的心血和精力。按理说，一个为大清王朝的繁荣昌盛建立了不世之功的皇后，理应受到上至王公贵族下至普通百姓的尊敬和爱戴，在她死后理应享受除皇帝外最高级别的葬礼。但令人惊奇的是，孝庄死后并没有得到她应得的礼遇，甚至连最基本的与皇帝葬在一起的礼遇都不能享有，因为孝庄太后并没有像其他葬于清东陵的皇帝、后妃们一样葬在风水墙的内侧，而是被葬在了风水墙的外边。这究竟是怎么回事呢？孝庄皇太后为什么不肯葬在皇太极的身边，而心甘情愿葬在风水墙的外边呢？这里面究竟含有怎样的政治玄机。

孝庄皇后陵墓这种奇怪的布局引起了后世的广泛争论，历史学家们为了弄清孝庄太后反常的陵墓布局背后的真实原因，可谓费尽了心思。最终，史学界形成了两种截然对立的观点。

一种观点认为，孝庄太后之所以不愿意回关外与皇太极合葬就是因为曾经下嫁多尔衮，无颜相见于地下的先皇皇太极。持这种观点的学者主要有以下几点理由：其一，根据当时满族的风俗来看，兄终弟娶其妻也并不违反祖制，这为孝庄下嫁多尔衮创造了良好的外部条件。其二，从当时的形势来看，孝庄皇太后下嫁多尔衮，从而利用多尔衮的势力来稳固其儿子（也就是顺治帝）的政权也是合情合理的。因为当时多尔衮在入关之后权势极大，击败大顺，攻下南明，总揽朝纲，控制军队，可以说，当时多尔衮的势力远大于顺治皇帝，是朝廷实际的控制者。在这种情况下，如果孝庄能够下嫁于多尔衮，一来可以防止多尔衮篡位自立，二来可以借助多尔衮的势力排除异己。聪明的孝庄皇太后不可能想不到这一点。其三，后来顺治皇帝之所以加封多尔衮为"皇父摄政王"，就是

因为有了其母亲下嫁于他的事实，不得已而为之。其四，考古学家们从南明遗民张煌言的一首叫《建夷宫词》的诗歌中找到了孝庄皇太后曾经下嫁多尔衮的蛛丝马迹。张煌言在诗中写道："上寿觞为合卺尊，慈宁宫里烂盈门，春宫昨进新仪注，大礼恭逢太后婚。"张煌言是与多尔衮同一时代的人，他所写的诗歌的可信度是很高的。

但是，赞成孝庄皇太后曾经下嫁于多尔衮的学者并不能完全说服反对者，反对者根据赞同者所提供的证据来进行反驳。他们认为，满足有"兄终弟可以纳其妻"的风俗，并不一定代表孝庄就会按照这一风俗来行事；张煌言当时的身份是反清人士，完全有可能通过写诗来刻意丑化孝庄皇太后，加之他本人又居住在江南，根本不可能知道清宫里究竟发生了何事，更何况诗歌本身只是一种文学体裁，本身含有很大的夸张成分，不可以直接用来做历史证据；在中国古代的历史上，称大臣为"父"的先例早已有之，比如秦始皇年幼时称吕不韦为"仲父"，由此可见，顺治帝封多尔衮为"皇父摄政王"顶多只是对他丰功伟绩的一种肯定，并不能证明任何事情；如果孝庄皇太后真下嫁于多尔衮的话，那么顺治皇帝在多尔衮死后便不会以多尔衮生前曾经意图谋反为名下令削去多尔衮的爵位，并撤出其宗庙，开出其宗室名分，籍没家产人口入官，平毁陵墓。因此，这些学者认为，孝庄皇太后曾下嫁于多尔衮是不可信的，纯属野史的虚构。

孝庄皇太后陵墓反常背后所引发的直接政治玄机，便是其是否曾经以太后身份下嫁于多尔衮。关于这一点，史学界一直存有不同的观点，肯定者有之，反对者亦有之，两种观点针锋相对，谁也无法说服对方。至于各种影视文学作品中的历史情节，很多都是根据野史编造出来的戏说之词，不能当成正宗的历史事实来看待。看来，要解开孝庄太后留给后世的这个谜团，还有待历史学家和考古学家们进一步研究和探寻。

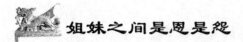

姐妹之间是恩是怨

皇太极之死牵扯到两个女人，一个是他终生最爱的海兰珠，一个是声名赫赫的庄妃，而这两人还恰恰是亲姐妹。姐妹同侍一夫，她们之间是否像传言那样互相竞争呢？

1625 年，庄妃 12 岁的时候，嫁给了皇太极。为了完成科尔沁蒙古的秘密使命，她和她的姑姑哲哲、姐姐海兰珠，先后嫁给了同一个男人——皇太极。1636 年，庄妃的丈夫皇太极正式称帝，建立大清政权。这个时候，大清王朝的皇帝皇太极在盛京广蓄后宫，其中比较重要的就是他的"一后四妃"。

而让人感觉到非常奇怪、非常令人不解的是，在这来自同一个民族——蒙古族、来自同一个姓氏——博尔济吉特氏，只不过是分属于蒙古科尔沁部和察哈尔部而已的"一后四妃"中，庄妃却屈居最后一位。这是为什么呢？难道真的像《孝庄秘史》这部电视连续剧中描写的那样，是遭到了她的亲姐姐海兰珠的排挤吗？

庄妃地位下降之谜

其实，皇太极娶了这五位出身相近的后妃，我们非常容易理解，这主要是出于笼络蒙古民族的政治考虑。皇太极知道，只有笼络住了蒙古族各部，大清王朝才有可能问鼎中原，完成中国的统一！

问题在于，为什么在这"一后四妃"当中，庄妃的地位下降了？

通过前面的讲述，我们知道，在皇太极的这"一后四妃"当中，庄妃是第二个入宫的——仅次于她的姑姑、皇太极的皇后博尔济吉特氏。可是在1636年皇太极册封这"一后四妃"的时候，为什么庄妃的位置却落到了最后一位呢？

在回答这个问题之前，我们首先要了解一下皇太极的这"一后四妃"。

皇后博尔济吉特氏，她在娘家的名字叫作哲哲，是蒙古科尔沁贝勒莽古思的女儿。1614年他们成婚，皇太极22岁，博尔济吉特氏14岁。皇太极继位后，博尔济吉特氏成为后金第一夫人，称中宫——清宁宫大福晋。1636年，皇太极登上皇帝宝座后，妻以夫贵，博尔济吉特氏就成为中宫皇后。

之外，皇太极宠爱的还有四位皇妃。

第一位是关雎宫（东宫）宸妃，博尔济吉特氏，她在娘家的名字叫作海兰珠，是中宫皇后的侄女，也是永福宫庄妃博尔济吉特氏的姐姐，1634年同皇太极结婚。他们结婚的时候，海兰珠25岁，皇太极42岁。

第二位是麟趾宫（西宫）贵妃，她在娘家的名字叫作那木钟，为蒙古阿霸垓郡王额齐格诺颜之女。她原是蒙古林丹汗囊囊福晋，林丹汗死后，投顺后金。同年，皇太极娶囊囊福晋为妻。那木钟贵妃后生下一子名博穆博果尔，和一女。她的儿子博穆博果尔及其王妃，日后还演绎出了一段生动离奇的故事。

第三位是衍庆宫（次东宫）淑妃，她在娘家的名字叫作巴特马·璪，原是蒙古察哈尔林丹汗的窦土门福晋。林丹汗死后，她携部众降金，不久被皇太极纳娶。她抚养蒙古一女，皇太极"命睿亲王多尔衮娶焉"。

第四位是永福宫（次西宫）庄妃，俗称大庄妃，名庄妃，是科尔沁贝勒赛桑之女，又是中宫皇后博尔济吉特氏的侄女，关雎宫宸妃的亲妹

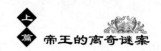

妹。庄妃 12 岁嫁给皇太极，这一年皇太极 33 岁。皇太极继皇帝位后，封她为永福宫庄妃。庄妃作为一个女人，人生中最大的事，就是为皇太极生下了一个儿子——爱新觉罗·福临，即后来的顺治皇帝。

此外，皇太极为了联络蒙古，还以次女下嫁林丹汗之子额哲，命济尔哈朗娶林丹汗遗孀苏泰太后为福晋，长子豪格及二兄代善、七兄阿巴泰分别同察哈尔部联姻，从而构成错综复杂的姻盟。

皇太极的很多做法我们都能够理解，但是让我们不解的是，皇太极为什么把后娶的、庄妃的姐姐海兰珠的位置放在了庄妃本人的前面呢？难道真的是像电视连续剧《孝庄秘史》说的那样，存在姐妹恩怨吗？

姐妹恩怨的真相

在正史当中，海兰珠与庄妃这姐妹俩，再加上她们的姑姑哲哲——三个人团结如一体。

也就是说，海兰珠与庄妃这姐妹俩应该是非常和睦的。因为她们有一个共同的目标：改造满清皇室的后代！一定要让满清皇室的后代世世代代拥有我们蒙古人的血统！

从我们前面的讲述中可以感觉到哲哲、庄妃与海兰珠她们三个人颇有一点前仆后继的意思。一个没生孩子，咱们再来一个，再来一个还没生，科尔沁蒙古有的是美女，一定要让我们科尔沁蒙古人给大清皇室生出一个有蒙古血统的后代，让他来继承日后的大清江山，来完成我们借满大皇室人之手，复兴蒙古帝国大业的任务！

因此，我们可以说，庄妃与海兰珠她们姐妹俩之间的恩怨是从来没有发生过的。

但是，问题又出现了。既然庄妃与海兰珠之间从来没有过恩怨，那为什么在 1636 年皇太极册封"一后四妃"的时候，第二个入宫的庄妃的位置却落到了最后一位了呢？

其实原因很简单，这是妥协的产物！

皇后博尔济吉特·哲哲是最早入宫的，一开始就是皇太极的正房大福晋，到1636年皇太极称帝的时候，他们两个人已经共同生活了22年了，俗话说"一日夫妻百日恩、百日夫妻似海深！"22年的感情，不能因为她没有给皇太极生养孩子就废掉？何况她还是皇太极的另外两位妃子——海兰珠和庄妃二人的亲姑姑。不仅如此，更为重要的是，她们姑姪三人还来自蒙古族的同一个部落，大清王朝最为重要的支持者——科尔沁部！

1634年，同皇太极结婚的海兰珠，虽然与皇太极共同生活的时间比较短，但是海兰珠毕竟是庄妃的姐姐，而且她在这个时候还刚刚怀了孕——这个还没有生下来的孩子经过医生查看证明是个男孩——这就意味着满洲皇室终于有了一个满洲皇室和蒙古科尔沁部的男性后代——而这对于巩固满蒙联盟是非常重要的。

从这点来说，虽然这个时候的庄妃已经与皇太极共同生活了11年了，但是这11年来，在皇太极的眼中，庄妃基本上是一个小孩子而已，两个人谈不上有什么共同语言。更为重要的是，这11年来，庄妃并没有给皇太极生过儿子，只是连续给皇太极生了三个女儿：1629年生皇四女，1632年生皇五女，1633年又生下皇七女。这样，就算不上什么母以子贵了！

我们再说麟趾宫（西宫）贵妃那木钟和衍庆宫（次东宫）淑妃巴特马·璪，她们两个人原来都是蒙古察哈尔林丹汗的福晋。而蒙古察哈尔部一直都是满洲皇室的劲敌，而让来自蒙古察哈尔部林丹汗的福晋作为自己的福晋，则会被蒙古族人认为是很好地照顾了蒙古察哈尔部林丹汗的家室，这对于提高满洲皇室的威望是非常重要的。

在这种情况下，永福宫（次西宫）庄妃的地位处在最后一位就很正

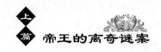

常了。

读者读到这里的时候，很自然地会想到下面这个问题：你说的是不错，但问题在于，如果庄妃与海兰珠她们姐妹俩都给皇太极生了儿子的话，那么自然就会出现下面的问题：我们的这两个儿子，谁才能够继承日后的大清江山，完成科尔沁蒙古人借大清皇室人的手，复兴蒙古帝国大业的任务呢？

如果我们承认了上述的推断是正确的话，就会很自然的同意电视连续剧《孝庄秘史》中的另外一段描述……

海兰珠与庄妃这姐妹俩都给皇太极生了儿子，海兰珠的儿子先出生了，之后福临出生，然后海兰珠的儿子就因病死了，于是海兰珠与庄妃两个人的恩怨越来越重。

历史是这样发展的吗？

历史不是这样发展的！完全不是这样发展的！

真实的历史应该是这样的。海兰珠的儿子出生了，然后庄妃才怀孕。这一年的正月二十八（1638 年的 3 月 13 日）这一天，海兰珠的儿子病死了，夭折了。正是因为海兰珠的儿子夭折了，所以历史上就只记载了他夭折的那一天而没有详细记载他出生的那一天。因此，后人只知道海兰珠的儿子是在一周岁左右夭折的了。

但是，奇怪的事情很快就发生了。就在海兰珠的儿子夭折的时候，就在皇太极伤心欲绝的时候，1638 年的 3 月 15 日（也就是正月三十），庄妃便给皇太极生了一个儿子！这个儿子就是爱新觉罗·福临。这个爱新觉罗·福临的名字是皇太极亲自给起的——灾难过后大福降临的意思。

的确有人说爱新觉罗·福临这个孩子命硬。正是因为认为爱新觉罗·福临命硬，最后我们可以看到，在皇太极死了以后，在未来的皇位竞争中，才会有爱新觉罗·福临的出场并且取胜。

　　可以说，庄妃和姐姐海兰珠之间并没有实质性的竞争关系，相反，她们有着共同的目的，就是要巩固蒙古族对清朝的影响，维护蒙古族的利益。

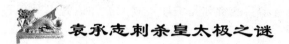
袁承志刺杀皇太极之谜

金庸先生的著作《碧血剑》广为流传，写的就是袁崇焕之子袁承志为父报仇，刺杀皇太极的事情。经过民间流传，这件看似离奇的事件被描绘的更加扑朔迷离。那么，皇太极之死到底和袁承志有没有关系？说到这，我们先要来讲一下皇太极如何用反间计杀害袁崇焕的。

袁崇焕，字元素，号自如，原籍广东东莞，万历四十七年进士，授邵武知县。天启二年，出任兵部主事。天启四年，以五防叙劳，进兵备副使，再进右参政，十二月进按察使。天启六年正月二十三日，清太祖努尔哈赤率十三万大军围攻宁远，为袁崇焕所败。

努尔哈赤重伤死去以后，袁崇焕为了探听后金的动静，特地派使者到沈阳去吊丧。皇太极对袁崇焕窝了一肚子的怨恨，但是因为后金刚打败仗，需要休整，他也想试探一下明朝的态度；所以，皇太极不但接待了袁崇焕的使者，还派使者到宁远去表示答谢。双方表面上缓和下来，背地里都在加紧准备下一步的战斗。

到了第二年，皇太极亲自率领大军攻打明军。后金军分兵三路南下，先把锦州城包围起来。袁崇焕料定皇太极的目标是宁远，决定自己留在宁远，派部将带领四千骑兵援救锦州。果然，援兵还没出发，皇太极已经分兵攻打宁远。袁崇焕亲自到城头上督率将士守城，用大炮猛轰后金军；城外的明军援军和城里内外夹击，把后金军赶跑了。

皇太极又把人马撤到锦州，但是锦州的明军守得严严实实，加上天气转暖，后金军士气低落，皇太极只好退兵。

袁崇焕又打了一个大胜仗，可是，魏忠贤阉党却把功劳记在自己名下，反而责怪袁崇焕没有亲自救锦州是失职。袁崇焕知道魏忠贤有心与他为难，只好辞职。

1627 年，昏庸的明熹宗死去，他的弟弟朱由检即位，就是明思宗，即崇祯帝（崇祯是年号）。

崇祯帝早就了解魏忠贤作恶多端，民愤太大。他一即位，就公布魏忠贤的罪状，把魏忠贤充军到凤阳。魏忠贤自己知道活不成，半路上自杀了。

崇祯帝惩办了阉党，又给杨涟、左光斗等人平反了冤狱，很想振作一番。许多大臣请求把袁崇焕召回朝廷，崇祯帝接受了这个意见，提拔袁崇焕为兵部尚书，负责指挥整个河北、辽东的军事。崇祯帝还亲自召见袁崇焕，问他有什么计划。袁崇焕说："只要给我指挥权，朝廷各部一致配合，不出五年，可以恢复辽东。"

崇祯帝听了十分兴奋，给袁崇焕一口尚方宝剑，准许他全权行事。

袁崇焕重新回到宁远，选拔将才，整顿队伍，他手下的队伍军纪严明，士气振奋。东江总兵毛文龙作战不力，虚报军功，不服从袁崇焕的指挥，袁崇焕使用尚方宝剑，把毛文龙杀了。

皇太极打了败仗，当然不肯罢休，他知道宁远、锦州防守严密，决定改变进兵路线。他做好一切准备，于 1629 年 10 月，率领几十万后金军，从龙井关、大安口（今河北遵化北）绕道河北，直扑明朝京城北京。

这一招可出乎袁崇焕的意料之外。袁崇焕赶快出兵，想在半途把后金军拦住，但已经来不及了。后金军乘虚而入，到了北京郊外。袁崇焕得到情报，心急火燎带着明军赶了两天两夜，到了北京，没顾上休息，

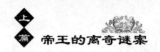

就和后金军展开激烈的战斗。别路明军，也陆续赶到，投入战斗。

后金军突然进攻北京，引起了全城震动。崇祯帝更是急得心慌意乱，不知该怎么办才好，后来听说袁崇焕带兵赶到，心才定了一些。他亲自召见袁崇焕，慰劳了一番。但是一些魏忠贤的余党却散布谣言，说这次后金兵绕道进京，完全是袁崇焕引进来的，说不定里面还有什么阴谋。

崇祯帝是个猜疑心极重的人，听了这些谣言，也有些怀疑起来。正在这个时候，有一个被金兵俘虏去的太监从金营逃了回来，向崇祯帝密告，说袁崇焕和皇太极已经订下密约，要出卖北京。这个消息简直像晴天霹雳，把崇祯帝惊呆了。

原来，明朝有两个太监被后金军俘虏去以后，被关在军营里。有天晚上，一个姓杨的太监半夜醒来，听见两个看守他们的金兵在外面轻声地谈话。

一个金兵说："今天咱们临阵退兵，完全是皇上（指皇太极）的意思，你可知道？"

另一个说："你是怎么知道的？"

一个又说："刚才我看到皇上一个人骑着马朝明营走，明营里也有两个人骑马过来，跟皇上谈了好半天话才回去。听说那两人就是袁将军派来的，他已经跟皇上有密约，眼看大事就要成功了……"

姓杨的太监偷听了这番对话，趁看守他的金兵不注意，偷偷逃了出来，跑回皇宫向崇祯帝报告。崇祯帝听了信以为真，他哪里知道，这个情报完全是假的，两个金兵的谈话是皇太极预先布置的。

崇祯帝命令袁崇焕马上进宫。袁崇焕接到命令，也不知道发生了什么事，匆忙进了宫。崇祯帝拉长了脸，责问说："袁崇焕，你为什么要擅自杀死大将毛文龙？为什么金兵到了北京，你的援兵还迟迟不来？"

袁崇焕不禁怔了一下，这些话都是从何说起？他正想答辩，崇祯帝

已经喝令锦衣卫把袁崇焕捆绑起来，押进大牢。

有大臣知道袁崇焕平日忠心为国，觉得事情蹊跷，劝崇祯帝说："请陛下慎重考虑啊！"

崇祯帝说："什么慎重不慎重？慎重只会误事。"

崇祯帝拒绝听从大臣的劝告，一些魏忠贤余党又趁机诬陷。到了第二年，崇祯帝终于下令把袁崇焕杀了。

皇太极用反间计除掉了对手袁崇焕，退兵回到盛京。自此以后，后金越来越强大。1635年，皇太极把女真改称满洲。又过了一年，皇太极在盛京称帝，改国号清，这就是清太宗。

俗话说"杀父之仇，不共戴天"，袁承志为给冤死的父亲报仇，怀着强烈的动机，独自闯入皇太极的"崇政殿"，要想行刺皇太极。

经过一番周密准备，袁承志潜入皇宫。但就在袁承志在殿外偷听的短暂时间里，皇太极和诸汉人大臣纵谈国事，筹划军务，却让敌对阵营的袁承志觉得句句入耳动心，浑然忘了此来是要刺杀皇太极，内心反倒隐隐盼望多听一会儿。

袁承志为什么会出现这种反常的心理呢？

应该说，是皇太极寥寥数语中表现出来的才干、见识，特别是其价值观，给了袁承志深深的震撼。袁承志被皇太极强烈的领导魅力所倾倒，以至于一时忘了自己此行的真正目的。

那么，皇太极是如何展示其领导魅力的呢？

皇太极一共处分了三件大事，分别从三个方面展示了他的领导能力和领导魅力。

首先，范文程、宁完我、鲍承先等人向皇太极报告说大清悍将阿巴泰在山东青州、泰安之间打了一个大败仗。皇太极立即详询明军将领的姓名，并要求下属仔细查明，能不能设法要此人降服大清，并提出了具

体的策略："倘若他倔强不服，便叫曹化淳在明朝皇帝面前说他的坏话，罢他的官，杀他的头。但首先要设法令这人为我大清所用。此人能打败阿巴泰，那是人才，咱们决不能轻易放过。"

这展现了皇太极极为爱才、惜才的一面，与崇祯皇帝胡乱用人、动辄杀人的妄举形成了鲜明的对比。

袁承志之父袁崇焕本是明朝的钢铁长城，统兵辽东，死死将清兵拒于关外。皇太极深重袁崇焕之才，说："咱们当年使反间计杀了袁崇焕，朕事后想来，常觉可惜……倘若袁崇焕能为朕用，南朝的江山这时多半是大清的了。"

虽然从本源上来说，袁崇焕是死于皇太极之手，但对袁崇焕才能认识欣赏的准确性来说，皇太极远在崇祯帝之上。崇祯既无用人之明，也不爱惜人才，竟然轻易中了反间计，自毁长城，令大清拍手称快。

爱才、识才、用人不疑是对领导者的基本素质和要求。皇太极在这方面的表现可圈可点，让袁承志心生佩服。

而接下来皇太极详述了对明朝降臣洪承畴在不同阶段的任用策略，其所表现出来的惊人才干，则让袁承志大为叹服，深觉"这皇太极当真厉害，崇祯帝和他相比可是天差地远了。我非杀他不可，此人不除，我大汉江山不稳。就算闯王得了天下，只怕……只怕……"他隐隐觉得闯王的才能与此人相较，似乎也颇有不及。

洪承畴本是明朝的蓟辽总督，崇祯皇帝委其以兵马大权，兵败被擒，初时不肯投降，皇太极大赐恩宠，亲自解下身上的貂裘，披在他身上，又连日大张筵席请他。连大清的开国功臣也从来没受过这般殊荣，从而引发了众功臣的不解。皇太极则开导众人，说："咱们不明南朝内情，好比瞎子，洪承畴一归顺，咱们都睁开了眼，那还不欢喜么？"顿解众人之惑。等到洪承畴将明朝各地的城守职官、民情风俗说得详详细细后，

皇太极却不赏他官职封爵，众人又均不解用意。

皇太极的解释是："洪承畴这人，本事是有的，可是骨气就说不上了。先前我已待他太好，若再赐他高官厚禄，这人还肯出力办事吗？崇祯帝封他的官难道还不够大吗？"

洪承畴在明朝官封太子太保、兵部尚书、总督蓟辽军务，麾下统率八名总兵官，实乃一人之下，万人之上。皇太极知道，自己封他的官再大，也大不过崇祯帝封他的。如果要他尽心竭力办事，便不能给他官做。这是给他保留了一个期望空间，让他内心保持不断追求却有求而不得的态势，才能让他不断效劳。否则，洪承畴缺乏了期望所带来的动力，就又会心生异念了。

袁承志听到这番话，其感觉就像当年在华山绝顶初见《金蛇秘笈》，其中所述法门无不匪夷所思，虽然绝非正道，却令人不由得不服。

而让袁承志深深折服的则是皇太极的价值观。

皇太极和下属商议夺取明朝江山之后，该如何治理天下时，说道："南朝所以流寇四起，说来说去，也只一个道理，就是老百姓没饭吃。咱们得了南朝江山，第一件大事，就是要让天下百姓人人有饭吃。咱们进关之后，须得定下规矩，世世代代，不得加赋，只要库中有余，就得下旨免百姓钱粮。"

袁承志心下一凉："这话对极了。"

袁承志早就心向闯王，对崇祯帝的黑暗统治大为不满。皇太极的这番思路，恰与袁承志的想法极为吻合。如果这些话从闯王李自成口中说出，袁承志不会感到丝毫讶异，但却偏偏出自于死对头之口，袁承志的这番感受，可谓震撼。

袁承志一直将皇太极视为穷凶极恶之人，欲除之而后快。在他心中，皇太极的价值观定是和自己格格不入、背道而驰的。袁承志来行刺皇太

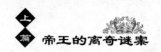

极，既有为父报仇之意，也是想为闯王除去一个大患，以及早解救万民于倒悬。

可是皇太极所思所为，恰是对百姓有利之举，杀了皇太极，反而成了对百姓不利的因素，也是对袁承志本人价值观的严重背离，这让袁承志不得不深感踌躇。

事实上，不仅仅是袁承志被皇太极的价值观所吸引，皇太极手下的范文程、宁完我、鲍承先原为汉人，之所以甘冒"汉奸"之骂名，殚精竭虑为皇太极效力，也是出自于对皇太极爱民护民价值观的高度认同。

袁承志是忠肝义胆之人，而皇太极的韬略又让他觉得皇太极是一个好皇帝。最终，袁承志放弃了刺杀皇太极。

民间传说和戏剧演绎总是非常精彩，但在历史上，是否确有袁承志其人呢？实际上，袁承志是金庸先生在小说《碧血剑》中为袁崇焕虚构的一个儿子，但金庸先生意犹未尽，出于对民族英雄的敬仰，他还动笔写了一篇《袁崇焕评传》，篇幅很长，文笔生动，颇为精彩。不过，在看到其中写到袁崇焕后裔的那一部分时，我们可以知道，金庸和我们一样，只是一个很有热情的历史爱好者，而不是一个历史专家。

在《袁崇焕评传》中，关于英雄的后裔，金庸是这样写的……

"朝廷抄袁崇焕的家，家里穷得很，没有丝毫多余的财产。他在辽西的家属充军到浙江，后来改充军到贵州，在广东东莞的充军到福建。《明史》说袁崇焕没有子孙。近人叶恭绰则说：袁后裔不知以何缘入黑龙江汉军旗籍。

"当时大清掳掠大量汉人至辽东为奴，我猜想袁崇焕的子孙多半是给大清掳掠了去，到黑龙江苦寒之地作农奴，因而编入汉军旗籍。袁崇焕的冤狱，到清朝乾隆年间方才得以真相大白。《明史》完成于乾隆四年七月，其中《袁崇焕传》中，根据清方的档案纪录，直言皇太极如何用

反间计的经过。乾隆皇帝隔了几十年，才读到《明史》中关于袁崇焕的记载，对袁的遭遇很是同情，下旨查察袁崇焕有无子孙，结果查到只有旁系的远房子孙，乾隆帝便封了他们一些小官，那已是乾隆四十八年的事了。"

在金庸的这段叙述中，他的结论是，袁崇焕没有后代，至少是没有纯汉族后代；至于"袁后裔入黑龙江汉军军籍"的说法，金庸则显得不知所以然，只能猜想一下。

其实，只要翻一下《清史稿》，就可以找到关于袁崇焕后裔的答案。袁崇焕不但有纯汉族后裔，而且还有八旗后裔，而且袁崇焕的八旗后裔与他们的英雄祖先一样，也是历史名人，也是民族英雄。

《清史稿·本纪十四·高宗本纪五》提到了乾隆帝寻找袁崇焕后裔的事，但并非如金庸的《评传》所说只找到了"旁系的远房子孙"，而是明确写道，乾隆四十八年八月，"戊子，予明辽东经略袁崇焕五世孙炳以八九品官选补"。此次行动，找到了袁崇焕的直系子孙，而非"旁系的远房子孙"。

袁崇焕是广东东莞人，他本人被崇祯帝虐杀，他在辽西和广东老家的家属，包括他的妻儿兄弟等，被流放到贵州和福建等地。袁崇焕的子孙，虽不兴旺，却也代代相传。

至乾隆年间，决心要超过中国历代君主的乾隆帝大兴翻案平反之风，找到了袁崇焕的五世孙袁炳，给他封了个小官。

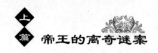

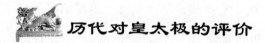
历代对皇太极的评价

　　《清史稿》评价皇太极："上仪表奇伟，聪睿绝伦，颜如渥丹，严寒不栗。长益神勇，善骑射，性耽典籍，谘览弗倦，仁孝宽惠，廓然有大度。""太宗允文允武，内修政事，外勤讨伐，用兵如神，所向有功。虽大勋未集，而世祖即位期年，中外即归于统一，盖帝之诒谋远矣。明政不纲，盗贼凭陵，帝固知明之可取，然不欲亟战以剿民命，七致书于明之将帅，屈意请和。明人不量强弱，自亡其国，无足论者。然帝交邻之道，实与汤事葛、文王事昆夷无以异。呜呼，圣矣哉！"那么皇太极到底有什么历史功绩呢？

　　皇太极继位之初，实际上是同代善、阿敏、莽古尔泰三大贝勒按月分值政务。权力分散，事事掣肘，徒有一汗虚名。为了加强中央集权，皇太极将阿敏终身幽禁。五年，革去莽古尔泰大贝勒衔。六年，皇太极废除了与三大贝勒俱南面坐、共理政务的旧制，取得了汗的独尊地位。同时，仿照明制，逐步建立和完善国家统治机构，取代八旗制度所行使的国家权力，建立由满汉知识分子组成的文馆以助其推行汉化。又设立六部，分掌国家行政事务。十年，又将文馆扩充为内三院，负责撰拟诏令、编纂史书、颁布制度等。稍后，又建立了都察院，改蒙古衙门为理藩院。皇太极通过这套政权机构，把权力集中到自己的手中。

　　在经济上，大量汉族奴隶取得了民户地位，成为后金政权下的个体

农民。皇太极注意体恤民力，凡有妨农务的工程，一律不复兴筑，使百姓能"专勤南亩，以重本务"。经过几年的努力，农业有了较大发展，社会矛盾得到缓和。

天聪元年一月，皇太极不宣而战，进入朝鲜，迫使朝鲜签订《江都和约》。崇德元年，皇太极又亲率大军入侵朝鲜，国王李倧投降，称臣纳贡，允诺与明断绝往来，并将王子送入沈阳为质。对蒙古，首先争取受察哈尔林丹汗欺凌的科尔沁、喀喇沁等部的归附。天聪九年，命多尔衮等渡黄河西进，至托里图，俘获了林丹汗子额哲及其部众，统一漠南蒙古。并用联姻、赏赐、封王封爵等手段，赢得了蒙古诸部的支持和效忠。

皇太极对汉族地主知识分子和明代降官降将采取招降收买政策，量才录用，赐以庄田、奴仆、马匹，并委以官职。逐步建立蒙古八旗和汉八旗，大大增强了军事力量。天聪十年四月，皇太极在沈阳称帝，从此全力以赴地对明代发动进攻，连年发兵入关。崇德五年三月，发动锦州战役，皇太极亲临前线指挥作战，大败明军。七年二月，松山城陷，洪承畴被俘，祖大寿在锦州投降。至此，明廷在关外仅剩宁远一孤城。崇德八年，皇太极在宫中猝然病死，葬沈阳昭陵。

法国学者格奥赛评价皇太极："皇太极是蛮人中的一个天才，他把本族人民的军事才能，和对文明生活的天生理解结合了起来。"

金庸在《袁崇焕评传》中提及皇太极："皇太极的智谋武略，实是中国历代帝皇中不可多见的人物，本身的才干见识，不在刘邦、刘秀、李世民、朱元璋之下。中国历史家大概因他是清朝皇帝，由于种族偏见，向来没有给他以应得的极高评价。其实以他的知人善任、豁达大度、高瞻远瞩、明断果决，自唐太宗以后，中国历朝帝皇没有几人能及。皇太极的军事天才虽不及其父亲，政治才能却犹有过之。"

顺治帝：抛却帝王化为俗僧之谜

　　顺治帝是清朝入主中原后的第一个皇帝，在政治上有一定的作为。但是关于顺治帝，最让后人觉得匪夷所思的就是他的出家之谜。有人说他是因爱妃董鄂氏去世而出家，有人说他是染上天花不治而亡，甚至一些史学工作者也存疑，认为顺治帝并非在他二十四岁时患天花去世，而是出家去五台山做了和尚，其"天花去世"之说，不过是朝廷掩人耳目罢了。那么顺治皇帝真的出家了吗？如果是，原因又是什么呢？

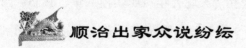

顺治出家众说纷纭

　　"顺治"，本是清朝纪年的一个年号，专指世祖皇帝爱新觉罗·福临在位期间的 18 年（1644—1661）。"爱新觉罗·福临"是世祖皇帝的姓名，

"世祖"是他的庙号，也就是他去世后在太庙被立室奉祀时所起的名号。另外，依照礼仪，皇帝去世后，还应该根据他生前的品行事迹，为他评定一个称号，这个称号叫"谥号"。福临的谥号是"体天隆运定统建极英睿钦文显武大德弘功至仁纯孝章皇帝"，读出来，要两个字两个字地断读，代表他不同的德行。如此，如果要说清朝这个已经去世的姓"爱新觉罗"叫"福临"的皇帝的事，表述起来，肯定是不能直呼其名的，于是在官方，就用庙号或谥号代指。这样，福临就被称为"世祖皇帝"或者"章皇帝"，也有合称"世祖章皇帝"的。但于民间，老百姓既不用供奉他，又不会去记他长长的谥号，所以最方便的，就是用他在位纪年的年号"顺治"来称呼。这样，"顺治"也就特指清朝这位名叫爱新觉罗·福临、在位18年、被尊称为"世祖"或"章"或"世祖章"的皇帝了。

顺治的祖父，是统一满族女真各部，在明万历四十四年（1616）建立"大金"（史称后金）政权的努尔哈赤。其疆土东到东海，北到蒙古、嫩江，南到鸭绿江，都城建在赫图阿拉城（今辽宁新宾）自己的出生地。努尔哈赤的祖父觉昌安本来是明朝建州左卫都指挥，父亲塔克世任指挥，都是明朝政府管辖下满族聚集区域的满族官员，但他们在随明朝军队平息建州右卫的反叛过程中却被误杀。努尔哈赤就是因为这个缘由起兵反抗明朝统治的。努尔哈赤去世后，其子皇太极即位，此时的后金已迁都盛京（今辽宁沈阳）。皇太极在清天聪九年（明崇祯八年，1635）四月，将国号改为"清"，称了皇帝。同时他征服朝鲜，统一漠南蒙古，并通过清崇德五年、六年（明崇祯十三年、十四年，1640、1641）的松山锦州之战，彻底削弱了明军的精锐力量，进取中原指日可待。

皇太极在将自己的势力推进到山海关的时候突然病逝了，将帝位传给了第九个儿子福临。福临在清崇德三年（明崇祯十二年）正月三十日（1638年3月15日）生于盛京（今辽宁省沈阳市），母亲是孝庄文皇后

（蒙古科尔沁贝勒寨桑的女儿，姓博尔济吉特氏）。清崇德八年（明崇祯十六年）八月二十六日（1643 年 10 月 8 日）他在盛京继帝位时，年龄尚不足 6 岁，由叔父济尔哈朗和多尔衮辅政，年号则在第二年改称"顺治"。如此，就有了以后的"顺治皇帝"这一称谓。

当顺治尚在襁褓中，还不知自己未来帝座之上的命运之时，明朝的崇祯皇帝，正在为烽火连天的李自成农民起义寝食难安。而顺治登上大清国帝座不足一年，大明国的崇祯皇帝就在手刃了一家数口后，自己在煤山（北京景山）自缢了。那是明崇祯十七年（1644），原因是李自成的大顺军攻进了明朝都城北京。

明朝的皇帝死了，但军队还在。驻守在山海关、以防备清军为责任的辽东总兵吴三桂，在得知爱妾陈圆圆被农民军挟持后，选择了放清军进关，协同明军剿灭农民军的道路。但大清军的铁骑一经踏入中原的土地，在剿灭农民军的同时，也收服了本属于明朝的政权和军队。顺治元年（1644）九月，辅政的叔父多尔衮在前伐拼杀，顺治帝在另一辅政叔父济尔哈朗的护送下，从沈阳抵达北京，诏告天下，开始实现对这片土地的统治。中国历史，进入了以满族贵族为核心统治的清王朝。顺治帝是清朝入主中原后的第一个皇帝。

因为摄政王多尔衮的突然病逝，顺治八年正月十二日（1651 年 2 月1 日），顺治帝实现了提前亲政，这一年，他才 14 岁。鉴于多尔衮的擅权给自己造成的多年压制和伤害，顺治帝毅然决定从此亲自处理一切政务。为了克服阅读汉文奏章的困难，广泛吸收中国历代帝王的治国经验，他在政务之余，开始孜孜不倦地艰苦学习，涉猎十分广泛。在领悟了文教治天下的道理后，开始学习用汉民族固有的生活方式和伦理道德不断完善自己对国家的统治。同时，他深知帝王临御天下，必须以国计民生为首务，所以推行招降弥乱、以抚助剿的军事政策，推行屯田开荒、休

养生息的经济政策，并且注重整顿吏治，建立廉洁有效的政府机构。到顺治十六年（1659）春天，除地处东南沿海一隅的郑成功外，讨平了全国大规模的抗清武装力量，社会经济也得到恢复，从而实现了祖父和父亲迈过山海关统治这片美丽富饶的国土的梦想。

然而，对于这样一位承袭着满族勇猛顽强又容纳了汉族文治民生思想、刻意求治又实现了权力统治的年轻皇帝，为什么会有弃位出家的说法呢？

关于顺治出家，主要有两种说法。

一种是说顺治并非在 24 岁亡于天花，而是在这一年脱去龙袍换上袈裟，于五台山修身向佛，并于康熙五十年（1711）左右圆寂。期间，康熙皇帝曾经数次前往五台山觐见父亲，但都没有得到顺治的相认，所以康熙才会写出"文殊色相在，惟愿鬼神知"的诗篇。至于其出家的原因，则是因为爱妃董鄂氏，也就是被掳献进宫的江南名妓董小宛的去世。选择五台山修行，则是因为其梦见董小宛在那里。这种说法的有关记录，主要存在于《顺治演义》《顺治与康熙》等野史和文学作品中。尤其是当时著名才子吴伟业（梅村）写的《清凉山赞佛诗》，诗文影射顺治在五台山修行，并用"双成"的典故和"千里草"代指"董"姓。由于吴伟业的诗素有"史诗"之称，而他苦恋着的，是与董小宛齐名、才高气傲的名妓卞玉京，所以信者云云。而这一切，又可以在五台山找到相关的附会。

另一种说法来自于《大觉普济能仁国师年谱》《旅庵和尚奏录》《敕赐圆照茆溪森禅师语录》《北游集》《续指月录》等僧侣书籍的记载。这些书用语录及偈语的形式，记载顺治曾经在十七年（1660）十月中旬于宫中，由湖州（浙江吴兴）报恩寺和尚茆溪森为其举行了净发仪式。但剃了光头本已出家的顺治，又在茆溪森的师父、报恩寺主持玉

林琇的谆谆诱导及烧死茆溪森的胁迫下，回心转意，蓄发留俗了。

　　如此，我们首先需要搞清的是顺治帝在 24 岁那年，是不是真的去世了。

 顺治的死亡之谜

中国第一历史档案馆中藏有明朝、清朝遗留的原始档案一千余万件。在这些珍贵的历史资料中，最受皇家尊崇保护的是《实录》《圣训》和《玉牒》。它们在漫长的清朝统治时期，被单独保护在皇史宬（位于北京南池子）的金匮里，由专职守尉看护。其中的《实录》，是由继位的皇帝组织人员，依据各种文书档案，按照年月日的顺序，为去世的皇帝编写的史实记录。由于精心的保护，《清世祖实录》金黄色的绫面到现在还像新的一样。在该《实录》卷一百四十四中这样记录着："顺治十八年，辛丑，春正月，辛亥朔，上不视朝。免诸王文武群臣行庆贺礼。孟春时享太庙，遣都统穆理玛行礼。壬子，上不豫……丙辰，谕礼部：大享殿合祀大典，朕本欲亲诣行礼，用展诚敬。兹朕躬偶尔违和，未能亲诣，应遣官恭代。著开列应遣官职名具奏。尔部即遵谕行。上大渐，遣内大臣苏克萨哈传谕：京城内，除十恶死罪外，其余死罪，及各项罪犯，悉行释放。丁巳，夜，子刻，上崩于养心殿。"这段话的意思是：在顺治十八年正月初一，顺治帝免去群臣的朝贺礼仪，而且当日应该举行的春季第一月祭祀太庙的礼仪，也派官员前往。初二，顺治帝身体不适。初六，顺治帝传谕，应该由自己参加的大享殿礼仪，因为身体不适，需要派官员代祀，让礼部列出代祀官员的名单，并且因为病情迅速加剧，又传谕赦免京城内十恶死罪以外的一切罪犯。初七的凌晨（相当于现在

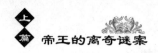

零点到一点这段时间内），顺治帝去世了。

从以上《清世祖实录》的详细记载中我们可以看到，顺治帝被明确记载患病，是在初二，而初六，则"大渐"了。"大渐"这个词在皇帝身上使用应该是非常慎重的。因为这个词表示病情急剧、加重，而且很危险。至于去世的具体时间，记载为"丁巳，夜，子刻"。这里，"丁巳"是初七的天干地支记日。"子刻"虽然相当于现在的 23 点到 1 点，但在旧历的记时方法中，表示的是"开始"——记时是从"子时"开始往后按子丑寅卯的顺序推算。所以"丁巳子刻"，应该是初七这一天的凌晨零点或一点的时候。中间的"夜"字，只是表示深夜而已。但在大部分的史学研究专著中，都解释成是初七的深夜，也就是将顺治帝的去世时间，拖延了 12 小时。这样，从原始的《清世祖实录》这一史料中证明，顺治帝病逝于顺治十八年正月初七子刻，但病因未述。

档案馆藏有的《玉牒》，则是清朝皇帝的家谱。它从努尔哈赤的父亲塔克世开始记录。塔克世子孙后代这一支，称"宗室"，使用黄色；塔克世兄弟的子孙各支，称"觉罗"，使用红色，而且在家谱格式上，分"横格"和"竖格"两种版式。横格玉牒只简单记录世系，竖格玉牒则不仅有世系的表述，而且还详细记录了该人的生卒和婚姻。记录顺治帝情况的《玉牒》，其去世的时间与《清世祖实录》的记载相同，但同样没有说明病因。

另外，档案馆还存有顺治皇帝的《遗诏》。该《遗诏》长五百四十八厘米，宽九十三厘米，黄纸墨迹，卷轴状保存。遗诏中，顺治帝对自己渐习汉俗、早逝无法尽孝、与亲友隔阂等事做了自责，同时宣布由 8 岁的儿子玄烨即皇帝位。这份遗诏，由于充满了自责，使不少人猜度它并非出自顺治帝，而是出自顺治帝的母亲孝庄皇太后，因为自责的内容，多是皇太后对顺治帝的不满之处。但仅以自责内容就判定《遗诏》并非

出自顺治帝，也有些牵强。如果沿着顺治帝的成长轨迹去探索他的思想感情基础和思维方式，这种自责也并非解释不通。首先，顺治是第一个入主中原的满族皇帝，对这里的土地与人民、生活与文化充满陌生，要实施统治，就不得不尽力熟悉与适应它，并且迅速背离自身的传统，这是一种深深的矛盾困扰，其自责在情理之中。另外，顺治早年曾深受德国传教士汤若望的思想影响，一度笃信基督教，形成了感恩所得、自我忏悔的性格。在位期间，他经常把各种灾害或者动乱归于自己的"政教不修，经纶无术"，屡次下诏自责，并要求各种文书不能称自己为"圣"。在顺治十六年正月讨平李定国实现一统大业后，面对举行的各种祝贺请求，他冷淡地说，能有今天的事业，并不是自己的德行所能实现的，拒绝贺礼。顺治十七年，在祭告天地、宗庙时，他对自己在位的十七年做过简单的总结，通篇是自遣自责之词，并且下令暂时终止官员上给自己的庆贺表章，这些史实都可以在《清世祖实录》中翻看到。所以说，这份《遗诏》充满自责，也并不完全违背顺治帝的思维方式。

这份《遗诏》的撰拟，在《清圣祖实录》康熙帝实录卷一中记录，是在初六日召原任学士麻勒吉、学士王熙到养心殿，奉完旨意后在乾清门撰拟的。这段记载，又有奉写遗诏的礼部侍郎兼翰林院学士王熙的《自撰年谱》为佐证。年谱中，王熙记述了被传旨召入养心殿、聆听完顺治帝旨意后起草诏书、三次进呈三蒙钦定的全过程。王熙在《自撰年谱》还写到，在进入养心殿之后，顺治帝对王熙说，我得了痘症，恐怕是好不了了。另外，在兵部督捕主事张宸的《平圃杂记》中记录，初六日，也就是《实录》中记录皇帝"大渐"的那一天，在传谕大赦的同时，还传谕民间不得炒豆，不得点灯，不得倒垃圾。因为这种禁忌只有在皇帝"出痘"——患"天花"的情况下才会出现，所以人们佐证顺治帝是因为罹患天花而去世的。但是，又有学者提出，"天花"这种急性

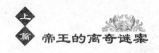

传染病的症状是高烧昏迷，病人在死前是不太可能保持神志清醒的，所以顺治帝不可能像王熙写的那样，亲自口授《遗诏》。

《遗诏》是否出自顺治帝本人，还有待进一步考证。但从档案馆保存的《清圣祖实录》和其他文献保存单位的一些僧侣文献中可以看到，顺治帝是病逝了。

在《清圣祖实录》卷一中我们可以看到，安放顺治帝遗体的梓宫棺材被移放到景山寿皇殿。其后，继位的康熙帝在所有应该致祭的日期都前往致祭。卷二中又记载，在四月十七日这一天，康熙帝来到安放着顺治帝梓宫的景山寿皇殿，在举行了百日致祭礼以后，将顺治帝的神位奉入了乾清宫，以等待选择吉日奉入太庙。二十一日，则举行了"奉安宝宫礼"。这说明，到二十一日时，顺治帝已经被火化了，因为"宝宫"二字的意思，是骨灰罐。

关于顺治帝被火化的详细记录，在官方记载的档案里尚无记录，但《旅庵和尚奏录》中则写明，临终前，顺治帝对近身的僧侣特别嘱托，因为祖制是火葬，而且自己又信奉佛禅，所以希望如果茆溪森和尚能赶到，就由他来主持火化，如果赶不到，则由位于北京的善果寺和隆安寺主持。旅庵和尚即本月旅庵，是宁波天童寺主持木陈忞的弟子。木陈忞在应召入京时把他带到了顺治帝的身边，同另外一些入宫的和尚一起，为顺治帝宣讲佛法。本月旅庵的奏录，记录的是自己及他人与顺治帝的奏对，真实性极强。而顺治帝提到的茆溪森和尚，是湖州浙江吴兴报恩寺主持玉林琇的弟子。茆溪森对佛法的阐释，曾深深打动顺治帝，由此得到了深度信任。据《五灯全书》记载，茆溪森和尚在接到旨意后兼程赶抵北京，于四月十七日的一百祭日，为顺治帝举行了火化仪式。这与《清世祖实录》记录的百日祭奠、逢迎神位和安放宝宫相吻合。

所以说，顺治帝是于顺治十八年正月初七的子刻，逝世于养心殿，

病因可能是天花。他的遗体在四月十七日被火化，骨灰存于"宝宫"内。据中国第一历史档案馆珍藏的《清圣祖实录》卷九记载，该"宝宫"在康熙二年四月黎明，被起程移奉孝陵，在六月初六戌时十九点至二十一点，同孝康皇后和端敬皇后的宝宫一起，被安放在地宫的石床上，并掩上了石门。

由此可知，关于顺治帝在 24 岁这年离宫出家、朝廷以其病逝为托词的猜度，不过是一个充满想象力的传奇故事而已。但顺治帝在十七年（1660 年）十月，于西苑（中南海）万善殿，由茆溪森和尚为其举行了皈依佛门的净发仪式，则是史实。只不过剃光头发意欲出家的顺治帝，最终在茆溪森的师傅玉林琇谆谆规劝和要烧死茆溪森的压力下，决定留俗了。这一史实的记载虽然不见于官方档案，但广泛见于本文上述的僧侣著作中。这些著书立说的僧侣，都是被顺治帝邀请入宫阐释佛法的著名人士。由于他们在记述净发的时期内，生活在顺治帝的周围，而且是各自著作中的分别记录，所以具有极强的真实性，因此普遍为史学研究者所认可。在关于规劝顺治还俗的语录记录中，最被人称道而且看起来最见效的一段劝导是来自于玉林琇。面对顺治帝的提问"佛祖释迦牟尼和禅祖达摩，不都舍弃王位出家了吗"，玉林琇回答"他们是悟立佛禅，而现在从出世法来看，最需要您在世间护持佛法正义，护持一切菩萨的寄身处所，所以，您应该继续做皇帝"。正是这段规劝，最终令顺治帝回心转意，蓄发还俗了。

一代帝王的佛缘

　　我们现在需要寻找的，是顺治帝出家行为的思想感情基础。顺治在宫中净发出家，其首要原因，是受佛教思想的深刻影响。

　　入关前，顺治帝对佛教一无所知。作为与明政权相抗衡的、统治着广大东北地区的清朝政权的承继者，其满族文化传统中，并没有一种系统的可供信仰的宗教理论。他们在祭祀活动中崇拜的是自然的万物多神。由于主持祭祀的人，按满语称为"萨满""萨玛""萨麻""珊蛮"等，这种宗教就被称为"萨满教"。它产生于远古，没有统一的教理教义，是一种原始的自然宗教。而顺治帝入关后，由于其朝政被做摄政王的叔父多尔衮所把持，多尔衮对顺治帝的教育，又采取放任自流的态度，所以顺治帝的幼年和少年时期，像所有满族孩子一样，热心于骑马、射箭和围猎，对汉文化一片茫然。据《清世祖实录》卷三、卷九、卷十五等记载，就顺治帝接受汉文化教育的问题，都察院承政满达海、给事中郝杰、大学士冯铨、洪承畴等人，都曾经先后向多尔衮上疏，请求选择有学识的人辅导顺治帝学习，但都被多尔衮以顺治帝年幼的理由拒绝了。后来，多尔衮对这种建议索性置之不理。只是因为多尔衮在顺治七年十二月突然逝世，才使顺治帝的汉化教育一下成为必然。面对如此丰富而悠久的汉文化和历史，出于实施统治的需求，顺治帝在几乎不识汉字的基础上孜孜求学。但最先植入他头脑中的宗教，却并非是已被汉文化深深吸纳

和包容的佛教，而是还未能融入汉文化的基督教。

基督教在唐朝、元朝都曾断续传入中国，在明朝万历十年，因耶稣会传教士的努力再度传入。顺治帝亲政的第一年，为了学习一些日食、月食、彗星、流星、历法等天文、物理知识，接受了大学士范文程的引见，召见了在钦天监任职的北京耶稣会传教士汤若望。汤若望渊博高深的学识，得到了顺治帝的尊敬。而汤若望在得到这种教习机会后，在解释科学知识的同时，开始向顺治帝传输基督教教义。其教义中关于人类起源、人类苦难、人类救赎的阐释，使对这些问题存有深深疑惑的顺治帝折服了。教义中关于一切罪过都可以通过忏悔而获得天主宽恕并免遭审判的思想，也随之植入了顺治帝的心灵。但汤若望在顺治帝头脑中苦心营造的这一信仰，终因缺少这片广阔土地的文化滋养而坍塌了——在这片土地上被深深滋养着的佛教，其关于相同问题及出路的阐释，最终征服了顺治帝，并成为了他的人生信仰。

史学界人士曾普遍认为，顺治帝接触佛教，开始于同京师海会寺主持憨璞聪的会晤。那一年，是顺治十四年。但据中国第一历史档案馆保存的"内国史院满文档案"佐证，晏子友先生论证了顺治帝应该是在顺治八年的秋冬，通过认识在河北遵化景忠山石洞内静修的别山法师而开始了解佛教的。

佛教，诞生于公元前六世纪至公元前五世纪的印度，创始人为迦毗罗卫国的王子悉达多·乔达摩（释迦牟尼）。其基本教义认为，人生是无常的、无我的、痛苦的。造成痛苦的根源，在于人自身的欲望和行为。而这种欲望和行为，又导致生命轮回的善恶报应的结果。每个人就生活在这种无常、无我的轮回报应中，要想摆脱这种痛苦，只有通过修悟，彻底转变自己世俗的欲望和认识，才能超出生死轮回的报应获得解脱。这种基本教义在漫长的传播发展过程中，因为传播者对其思想戒律在理

解上产生了众多的分歧，而分化为许多教派。传入中国的主要是其中的大乘教派。它在魏、晋、南北朝时期得到广泛发展，在隋、唐时期达到鼎盛，并在传播过程中逐渐形成天台宗、律宗、净土宗、法相宗、华严宗、禅宗、密宗等主要宗派。其中的禅宗，又是影响力最大的，占主导地位的宗派。"禅"是梵文的音译，其意是心绪宁静专注地思考。"禅宗"主张用这种静心思考的方法，来悟出佛法并得到彻底解脱。而禅宗在发展中，又分化为曹洞、云门、法眼、沩仰、临济五宗。其中，临济、曹洞又是流传时间最长、影响最大的两个宗派。在景忠山上修行的，正是曹洞宗的僧人。他们同顺治帝之间的往来，被记载在景忠山上众多的碑文石刻上。上面记载着在顺治八年，顺治帝因为出猎来到景忠山，在碧霞元君殿会见了主持海寿法师，得知"知止洞"内，有一位别山禅师已在洞内静修了九年，就非常敬佩。在探望之后，回宫即在西苑（中南海）的椒园（又名蕉园）辟出万善殿，召别山法师入宫，供其修身。但法师在礼节性地入宫后，就拒绝了顺治帝的好意，回到景忠山继续住在石洞内修行。这件事，使顺治帝知道了佛教，知道了佛教中有一些遗世独立的人，他们的信仰与追求，是自己所不了解的。于是，顺治帝陆续邀请了一些佛门中人入住万善殿，开始了同佛教的接触。而那位回了山洞的别山法师，由于给顺治的印象非常深刻，在顺治十年又被诏入西苑椒园，赐号"慧善普应禅师"，并在椒园住了下来。

但是仅凭碑文石刻的记载，多少有些孤证，而《清世祖实录》等汉文的官方档案中，又没有顺治帝曾经在八年驾临景忠山的记载。好在中国第一历史档案馆保存的清初内国史院满文档册在获得翻译后，为其提供了宝贵的佐证史料。上面记载，顺治八年十一月初七（1651 年 12 月19 日），顺治帝与皇太后、皇后一起行猎，驻于河北遵化。初八住在高家庄，并在这一天，去了娘娘庙，赏和尚海寿千两银子。等到从滦州回

銮的途中，在十二月初三（1652 年 1 月 13 日），再次去了娘娘庙，"赐京宗山……南洞之和尚伯三银一百两"。这里，娘娘庙是碧霞元君殿的原称，海寿即该殿的主持法师，而"京宗山"就是"景忠山"，"伯三"就是"别山"，只是因为在将满文翻译成汉文时，地名、人名的翻译使用的是音译方法，因之所选的音译汉字不同而已。

"清初内国史院满文档册"，是清朝初期内国史院这个政府机构为纂修国史而辑录的满文档案材料，它按年月日的顺序编辑。由于修史角度的不同，档册所辑录的事件内容就详略不同。尽管是简单的记载，但将其与碑文石刻相对照，其登山原因、时间、别山法师修行处所都是吻合的，正佐证了碑文石刻所述事实的真实性。

但可能是因为曹洞宗的参佛方法着重于从个体去体悟佛性，不是很适合顺治帝当时正值少年的文化基础，而且这种教派的修身方法，也决定了海寿、别山等僧人的不善言辞，所以当顺治十四年结识了禅宗中的另一主要教派临济宗的一些僧人后，曾说，一开始我虽然尊崇佛教，却并不知道有教法派别的区分，也不知道各个教派中的高僧，知道这些，是从憨璞聪开始。

憨璞聪，福建延平人，是临济宗的高僧。他在顺治十三年的五月，被位于京师城南的海会寺请来做主持，从而使临济宗的宗风在京师大振。临济宗的教法，重在通过师生问答的方法衡量双方悟境的深浅，并针对不同的悟境程度，对参学者进行说教，提倡通过交流使人省悟。这种重在交流而不是自省的方法，很适合顺治帝了解佛教。所以在几次长谈后，顺治帝对佛法产生了浓厚的兴趣，并请憨璞聪奏列了江南各大名刹的高僧姓名和情况，开始邀请临济宗的高僧入宫阐释佛法。其中对顺治帝影响最大的僧人，是浙江湖州报恩寺主持玉林琇，浙江宁波天童寺主持木陈忞以及玉林琇引荐的弟子茆溪森，木陈忞引荐的弟子旅庵、山

晓等人。有一个和尚叫憨璞聪，顺治帝曾亲自到他住的地方"海会寺"促膝长谈，相谈甚欢。顺治帝回到宫里以后，又把这位和尚召到宫城西侧的西苑万善殿，继续论佛谈法。还有一个大和尚叫木陈忞，顺治到了他那儿，对他说："我总感觉我的前世好像就是佛家的人，到你这个寺庙之后，觉得这里窗明几净，就不愿意回到宫里。"还有一个大和尚叫溪森，顺治同溪森一块谈话，自称是这和尚的弟子。有一次顺治跟木陈忞和尚说，朕思上古，惟释迦如来舍王宫而成正觉，达摩亦舍国位而为禅祖，朕想效法他们可不可以。顺治帝想学释迦牟尼，想学达摩出家。后来他找到茆溪森说我要剃度，茆溪森开始劝阻，他不听，茆溪森只好把他头发剃了，剃成了和尚头。这可不得了，皇太后怎么会同意呢。这样，皇太后就找了茆溪森的师傅玉林琇，玉林琇赶到北京，让徒弟们架起柴禾来，点上火要把茆溪森烧死。顺治帝一看这不行，我不剃度了，我不出家了，救了茆溪森一命。

在这些僧人的包围阐释下，顺治帝从佛教中得到了深深的精神寄慰，并转变了自身的思想信仰。他认玉林琇为师，请其为自己起了法名"行痴"，西苑万善殿就成了他参禅拜佛和与这些僧人讨论佛法的处所。玉林琇的大弟子茆溪森，不仅成了他的师兄，更因为自身学识和修行的高深而得到顺治帝深深的信赖。有关顺治帝与这些僧人在一起的活动和交谈，都可以从这些人的著作中找到。从中我们可以看到，顺治帝在思想上，已经完全接受了佛教关于生命轮回、个人承担着自身一世的善恶报应、如想脱离轮回只能依靠悟修佛法的教义。由此他相信，自己的皇帝之位，不过是过眼烟云，来生并不知会在何处立命。所以他在受重创后意欲出家，是其思想信仰的必然结果。

顺治十八年，正月初二，顺治帝病了。初三，他传召翰林院掌院学士王熙到养心殿。顺治帝和王熙秘密谈了一番话，后来王熙闭口不谈此

事，似有难言之隐。到正月初六子时，顺治忽然传召王熙到养心殿，到了养心殿之后，顺治帝说："朕患痘，势将不起，病势很重，尔听朕言，速草诏书。"我们翻译过来，就是"我得了天花，病势很严重，可能好不了了，你听我口授，回去赶紧撰写遗诏"。王熙到乾清门西侧围屏内，起草诏书，起草一条上奏一条，批回来改，再起草再上奏，三次上奏，得到钦定。傍晚的时候，初七，遗诏撰写和修改刚完，顺治帝就死了。

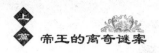
董鄂妃去世和顺治出家之谜

顺治帝在宫中净发出家，其另一个原因，是感情上受到了重创——他的爱妃董鄂氏去世了。

据《清史稿·后妃传》记载，董鄂妃是内大臣鄂硕的女儿，在顺治十三年的夏天，年已 18 岁的时候，入宫侍奉顺治帝。再据《清世祖实录》卷一百二记载，夏天入宫的她，在七月份就被立妃。卷一百三记载，在八月二十二日，则被正式册立为贤妃。册文中顺治帝称赞她"性资敏慧，轨度端和"。在九月二十八日，又越过"贵妃"这一级别，准备立她为"皇贵妃"。卷一百五，则对十二月初六举行的正式册礼进行了详细的记录。册文中，顺治帝再次称赞董鄂妃"敏慧夙成，谦恭有度，椒涂敷秀，弘昭四德之修"，并且为了这次册立，颁发诏书，大赦天下，将自己喜悦的心情推及到了全国。该诏书长一百九十厘米，宽九十三厘米，目前仍然完好地保存在中国第一历史档案馆。这样，董鄂氏从入宫到晋升为等级最高的嫔妃——皇贵妃，不过用了半年的时间，况且因其册立之事还颁发了大赦诏书。颁诏这种礼遇，通常只发生在册立皇后的时候。但她确也做了皇后——是在死后被追封的，时间是顺治十七年八月二十一日（1660 年 9 月 25 日），她病逝后的第三天。谥号为"孝献庄和至德宣仁温惠端敬皇后"。这个时候，顺治帝的皇后尚在位上，是孝惠皇后，科尔沁贝勒绰尔济的女儿，名叫博尔济吉特氏。这位经历了董鄂妃的被

宠幸而险些被废的孝惠皇后，一直活到康熙五十七年（1718）才去世，享年77岁。这样，如果取谥号的前两字，董鄂妃又是"孝献皇后"，取后两字，也就称"端敬皇后"了。

董鄂妃的去世，令顺治帝非常难过。在《清世祖实录》卷一百三十九记载，去世的当天，顺治帝传谕，亲王以下，满汉四品官员以上，公主、王妃以下命妇等人，全部聚集到景运门哭临，这就是全部的皇亲国戚了。而移送梓宫的时候，这些人又必须随12天的丧服，朝廷官员和命妇们为此穿的丧服，直到27天才被允许脱下。卷一百四十二记载，到了百日祭奠这天，又是诸王以下、文武官员以上、公主王妃以下、各官命妇以上，全部齐集举哀。另外从顺治亲撰的四千字的《端敬皇后行状》里我们可以看到，他借小小的笔端，用日常生活串起了董鄂妃的优良品行，并倾注了自己的绵绵爱意。如此不同寻常的晋升速度和如此不同寻常的礼遇，只说明顺治帝深深爱着这位董鄂妃。但据记载，这位极度受宠的董鄂妃来到顺治帝身边的年龄是18岁，这引起了后人对她入宫前的身份的猜测。因为她是不可能通过报选秀女这个正常渠道直接走近顺治帝的。清朝相关的法规限定，报选秀女的年龄是13到16岁。如果隐瞒不报，她身为满族军官的父亲，是要受到处罚的。所以，她这样的年龄，是从什么渠道入宫的呢？最广泛的猜测是，她是被掳献入宫的江南名妓董小宛。

董小宛出生于明天启四年（1624）。这个出生时间，是根据她的丈夫冒襄写的纪念文章《影梅庵忆语》推算的。冒襄，字辟疆，是明末清初的著名文学家，因其家世才学参与组织了明崇祯年间江南学士反抗阉党的活动，与侯方域、陈贞慧、方以智一起，被并称为"明末四公子"，是名噪一时的人物。他的《影梅庵忆语》，写于董小宛去世后。文中追忆同小宛相识的时间，是明崇祯十二年（1639），这年董小宛16岁。如此推知，董小宛应该是在明天启四年（1624）出生。而顺治帝则出生于清崇德二年（1637），这个概念就是，董小宛要比顺治大十三四岁。冒襄记录小宛死亡的时间，是顺治八年正月初二（1651年1月22日）。这一年，顺治帝刚刚14岁，还没有到大婚的年龄。所以单从年龄和董小宛去世的时间上推论，董鄂妃也不可能是董小宛。况且，在《影梅庵忆语》中，冒襄详细记录了为董小宛赎身、一起回家后遭遇的战乱逃亡生活，以及董小宛最后病死的全过程。董小宛死去的地点，是江苏如皋叫"水绘园"的家中属于自己的那间房子里——"影梅庵"。她的死亡，还得到了当时一些著名学士的见证。所以董鄂妃不可能是董小宛。

据一些史学研究书籍阐述，董鄂妃在来到顺治帝身边之前，是襄亲王博穆博果尔的妻子。她是在顺治十年（1653）15岁时入选秀女，指配给了襄亲王，在第二年成婚。成婚时董鄂妃16岁，襄亲王13岁。这位生于清崇德五年（1641）名叫博穆博果尔的襄亲王，是皇太极的第十一个儿子，其母亲是懿靖贵妃博尔济吉特氏。也就是说，襄亲王是顺治帝同父异母的弟弟。这样，董鄂妃在来到顺治帝身边之前，就是顺治帝的弟媳了。

虽然这些史学阐述还有待进一步考证，但从中国第一历史档案馆保存的原始档案中，也可以找出一些佐证。

首先，所藏《玉牒》显示，这位襄亲王确有其人。在太宗皇太极名下记载出生的第十一个儿子是博穆博果尔。他生于清崇德五年（1641），卒于顺治十三年六月初八（1660年7月29日），母亲是懿靖贵妃博尔济吉特氏。这证明了襄亲王是顺治帝同父异母的弟弟，他比顺治小3岁，而且死去的时间，正是董鄂妃入宫的时间"十三年夏"。

其次，顺着《清世祖实录》条缕，总能看到这位襄亲王同董鄂妃之间存在着关系。卷一百二记载，顺治十三年七月初九（1660年8月28

日），也就是过了襄亲王的 27 天忌日以后，礼部向顺治帝报告，册立董鄂氏为贤妃的吉利日子应该是八月十九日。顺治帝回答，襄亲王刚刚死，等到八月以后再选日子吧。

卷一百三在八月二十五日记录，当顺治帝传谕礼部在二十二日已奉圣母皇太后谕，将内大臣鄂硕之女董鄂氏立为贤妃的同时，委派内大臣巴图鲁公鳌拜，前去告祭襄亲王。

不过，董鄂妃在入宫前的身份是什么并不重要，重要的是她在入宫后赢得了顺治帝的感情，并且她的死给了顺治帝以感情上的重创，成为顺治萌发出家念头的一个直接契机。

综上所述，顺治帝在顺治十七年（1660）十月，因佛教信仰的影响和爱妃董鄂氏去世的刺激，于西苑（中南海）万善殿，举行过皈依佛门的净发仪式，但不久即决定蓄发留俗。时隔两月余，在十八年正月初七子刻，顺治帝因罹患天花，病逝于紫禁城内的养心殿，终年 24 岁。其火化后的骨灰，被安葬在位于河北遵化县的清孝陵。

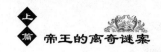

顺治性格和后世评价

顺治帝有胸怀大志富于进取的气质，又存在着浮躁易怒、任性放纵的顽症。顺治八年二月，皇太后告诫皇帝的谕中有"惩忿戒嬉"，母知其子，可谓说到了病根。后来和尚木陈忞说他"龙性难撄"，茆溪森说他"生平性躁"，看法都是一致的。

本来从努尔哈赤开始，清廷的规矩是宫女不以汉人充当。但在太监的影响下，福临追求声色，耽于逸乐，选收汉人宫女。顺治十二年竟派内监赴江南采买女子，弄得大江南北人情惶骇，为避免灾祸临头，纷纷嫁女而"喧阗道路"。七月兵科右给事中季开生特上疏谏阻，福临览奏非常气愤，他强辩说根本无买女子之事，于是将其革职，流放尚阳堡。像季开生这样真心为清朝、为福临着想而被惩罚、被流放的言官不止一人。事后，福临怕因此堵塞言路而一再求言，顺治十五年五月御史李森先上奏说，皇上屡下求言之诏，而大小臣工犹然迟回观望的原因在于，"从前言事诸臣一经惩创则流徙永锢，遂相率以言为戒耳"。他建议要开路，首先应将因建言被流放的李呈祥、季开生等予以恩赦。一遇到实际问题，福临又恼火了，他斥责李森先"明系市恩徇情""著吏部从重议处"。李森先又险些遭到流放。

顺治帝刚愎自用，对一切冒犯其尊严或不顺心者，动辄惩处。顺治十二年八月国史院检讨孙自式目睹吏治败坏的现实，上疏自请为本县县

令，但这违背了居官回避乡里的原则。对此，顺治帝却采取了人们意想不到的举动："诏赐牛黄丸归里养疾。"其对大学士兼刑部尚书图海的处理则纯属滥施专制淫威了。顺治十六年闰二月，顺治帝突然谕吏部："图海向经简用内阁，期其恪恭赞理，克副委任。乃不肯虚公存心，凡事每多专擅。无论朕所见未见之处，恣肆多端，即在朕前议论，往往谬妄执拗，务求己胜……如阿拉那一案，问理不公，是非颠倒，情弊显然。"其"负恩溺职，殊为可恶"，于是将其革职，家产籍没。阿拉那是二等侍卫，因被诬告抽刀击人，经兵刑两部审理定罪，最后奏请顺治帝批准执行，此案已经结束，与图海无关。顺治帝故意扯来，借题发挥，显然是因图海在其面前"务求己胜"而大为恼火。

顺治帝的任性还表现在该惩而不惩。顺治十二年他已严令不许太监干政，并立十三衙门铁牌，禁令昭昭，但顺治十五年二月就暴露了"内监吴良辅等交通内外官员人等"，"作弊纳贿，罪状显著"之事。如按十三衙门铁牌敕谕应"即行凌迟处死"。顺治帝却另有一番言辞："若俱按迹穷究，犯罪株连者甚多。姑从宽一概免究。""自今以后，务须痛改前非，各供厥职。"其实这话仅用之于太监，而与太监交通勾结突出者，如大学士陈之遴以及陈维新、吴维华等人，却遭到了流放盛京或宁古塔的惩处，太监，吴良辅却仍然安然无恙。这种顺治帝自己也无法解释的自坏章法的原因，是他偏爱太监之故。

但顺治并不是将错就错的昏君，这位在人生道路上大胆迈进，具有鲜明个性但尚不成熟的青年君主，仍具有真诚之心。他在坚持满洲特有权利而严厉惩处汉臣的同时，也并非没有自己的思想。当议政五大臣会议逃人法时，他曾表示："因一罪犯牵连众人，荡家废产远徙他方，朕心不忍。且所议大小官员等罪亦属太过。"要求其"详慎定议""另议具奏"。顺治十三年六月，在谕八旗各牛录时，说逃人法中所定的株连罪：

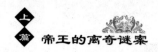

"非朕本怀也。尔等亦当思家人何以轻去，必非无因。果能平日周其衣食，节其劳苦，无任情因辱，无非刑拷打，彼且感恩效力，岂有思逃之理?"这是发自肺腑的明察之言。顺治十七年五月他更向吏部发出这样的谕旨："朕统御寰区，焦心图治，前此屡有引咎省躬诏谕，自今追思，皆属具文，虚邀名誉，于政事未有实益。且十二三年间时有过举。""向因建言得罪流徙降革等官，吏部详察职名事迹，开列具奏。"他再次希望"科道各官尤当尽言无隐，即朕躬阙失，亦直言勿讳，朕不惟不加罪，并不芥蒂于心"。在此谕后，季开生复原官、归骸骨，李呈祥、魏琯等免罪。所赦言臣尽管很少，但终能自责并见诸于实际行动。

《清史稿》中记载，顺治之初，睿王摄政。入关定鼎，奄宅区夏。然兵事方殷，休养生息，未遑及之也。迨帝亲总万几，勤政爱民，孜孜求治。清赋役以革横征，定律令以涤冤滥。蠲租贷赋，史不绝书。践阼十有八年，登水火之民于衽席。虽景命不融，而丕基已巩。至于弥留之际，省躬自责，布告臣民。禹、汤罪己，不啻过之。书曰："亶聪明作元后，元后为民父母。"其世祖之谓矣。

虽然前期有多尔衮和孝庄文皇后的帮助，但顺治帝亲政后，他整顿吏治，注重农业生产，提倡节约，减免苛捐杂税，广开言路，网罗人才，在各方面都取得了很大成就。他为巩固清王朝统治作出了贡献，初创了清王朝走向强盛的新局面，为康乾盛世打下了基础。

雍正帝胤禛：矫诏篡立背后的真相

康熙驾崩后，45 岁的皇四子雍亲王胤禛即位，年号雍正。然而有趣的是，自从雍正即位到现在，史学界乃至民间对胤禛得位是否正、为君是否正的问题，从来没有停止过议论和争论。野史笔记、文艺创作，更是对雍正即位之谜倾注了极大的热情。电视连续剧《雍正王朝》，进一步将雍正继位疑案加以渲染，更引起广大观众的极大兴趣。

 储位之争：九龙夺嫡

清朝的皇位继承，没有采取汉族的嫡长继承制，就是正妻长子继承制。努尔哈赤因为曾经立长子褚英失败，于是决定汗位的继承由八大和硕贝勒会议推定；皇太极猝死，他的遗位继承，也是在满洲贵族会议上推定，由 6 岁的福临继位；顺治帝死前，皇位的继承没有经过满洲贵族会议讨论，而是由孝庄皇太后同顺治帝商量，用遗诏决定由年仅 8 岁的玄烨继位。这个"遗诏制"破坏了清太祖、太宗两代的皇位继承由满洲贵族会议推定的传统，开了清代皇帝生前用遗诏决定皇位继承人的先例。

康熙继承了其父皇顺治帝生前决定继承人的办法，采取皇太子制。先立太子的好处是免得皇帝死后引起皇位争夺的血腥斗争，坏处是皇太子同兄弟之间会产生残酷斗争。康熙看到了前者，却忽视了后者。

康熙四十七年，胤礽首次被废太子，引起众位阿哥对太子位置的觊觎。所谓"九子夺嫡"是指清朝康熙皇帝的九个儿子争夺皇位的事件。这九个儿子分别是大阿哥胤禔、二阿哥胤礽（原太子）、三阿哥胤祉、四阿哥胤禛（即后来继位的雍正皇帝）、八阿哥胤禩、九阿哥胤禟、十阿哥胤䄉、十三阿哥胤祥、十四阿哥允禵。

后来，大阿哥因野心太过暴露，遭康熙帝终生圈禁；原太子老二被康熙帝两次废黜，第二次废黜后将其终生圈禁并昭告天下，说不再立他，也不许任何人再举荐他为太子；老三看到老大老二的前车之鉴，不敢再搅这趟浑水，主动退出。而因皇位的争夺，老十三替老四认了罪，终生圈禁。实际的竞争者只剩老四、老八和老十四。最后，老四胜出，即雍正皇帝。

大阿哥胤禔、二阿哥胤礽、三阿哥胤祉、四阿哥胤禛、八阿哥胤禩、九阿哥胤禟、十阿哥胤䄉、十三阿哥胤祥、十四阿哥元禵九位阿哥，形成了五大"朋党"。

大千岁党

"大千岁党"以皇长子胤禔为首，为首的是大学士明珠，此人还是胤禔的亲舅舅。其他党人有大学士余国柱、户部尚书福伦等人。

太子党

顾名思义，"太子党"以皇太子胤礽为首。胤礽生于康熙十三年五月初三，生母是康熙的结发妻子赫舍里氏，因夫妻感情甚笃，而皇后又因生子难产而亡，故康熙帝对皇后这位遗孤十分疼爱，并在翌年胤礽一岁时确立了他的储君之位，并加以悉心培养。

现诸多影视剧、小说大都将这位太子肆意贬低与抹黑，将其塑造成一副懦弱无能的鼠辈形象，实则歪曲历史，误人子弟。其实胤礽是康熙帝诸子中非常有能力的一位皇子，他是康熙皇帝一手带大并培养起来的继承人，曾经是康熙帝的骄傲。

胤礽天资聪颖，是诸师父口中赞不绝口的完美学生；他6岁就傅，13岁出阁读书，自此经常在文武百官面前讲解儒家经典，而且娴于骑射，可谓文武双全。

为了培养太子，康熙帝破格树立皇太子的权威，让他结交汉族名家与外国传教士。值得一提的是，在与诸洋人的交往中，大清储君的翩翩风度同样让外国人刮目相看。

青少年时的胤礽为人贤德，谦恭礼让，且有很高的治国天赋，代父听政期间，能力非凡。"举朝皆称皇太子之善。"康熙帝自己也说太子办事"甚周密而详尽，凡事皆欲明悉之意，正与朕心相同，朕不胜喜悦。且汝居京师，办理政务，如泰山之固，故朕在边外，心意舒畅，事无烦扰，多日优闲，冀此岂易得乎？"

康熙过早确立皇太子，且给予太子临政、领兵的特权，这便必然导致太子周围形成一群阿谀奉承之人，结党营私。而康熙帝对太子的特殊关爱甚于诸皇子，且弄巧成拙，给予诸皇子兵政大权，这必然引发诸皇子与皇太子之间矛盾丛生。据载，胤礽同诸兄弟中，唯与皇三子胤祉保有较好的关系。

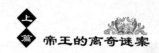

　　在此不得不提康熙帝对胤礽的骄纵与溺爱：默许索额图所定规格几乎与皇帝等同的皇太子仪仗、冠服；特意安排太子乳公凌普做内务府总管大臣；纵容太子挥霍浪费，擅取国帑，譬如历次外出巡游，太子所用皆较皇帝上乘，东宫内花销亦高于皇帝；太子脾气暴躁，随意鞭挞诸王、众臣，康熙却加以包庇，甚至"以身作则"处置忤逆太子的人；默认私生活不检的太子广罗美女、豢养面首……总之，皇太子胤礽的一切过错在康熙帝处均能得到包庇，康熙不厌其烦地选撤太子的侍从，因为他坚信自己儿子是没错的，是儿子身边的小人教唆了太子。长期的姑息养奸，使得高高在上的胤礽逐渐养成了不可一世、蛮横无礼的性格，之前的君子气度也荡然无存，变得乖戾暴躁，四周树敌无数。后来康熙帝更是训斥他"不法祖德，不遵朕训"。

　　"太子党"首脑人物是索额图。索额图是康熙帝幼年首席辅政大臣索尼之子、仁孝皇后叔父、皇太子叔姥爷、大学士、领侍卫内大臣，曾经是康熙帝最信任的大臣之一。康熙二十八年，他担任中俄议定边界谈判的中方首席代表，主张尼布楚、雅克萨两地当归清朝，签订《中俄尼布楚条约》。但他后来陷入了康熙帝与皇太子矛盾的旋涡。康熙四十二年五月，康熙帝以索额图"议论国事，结党妄行"之罪，令宗人府将其拘禁，不久死于幽所。康熙帝又命逮捕索额图诸子，交其弟弟心裕、法保拘禁，并命："若别生事端，心裕、法保当族诛！"大臣麻尔图、额库礼、温代、邵甘、佟宝等，也以党附索额图之罪被禁锢，"诸臣同祖子孙在部院者，皆夺官。江潢以家有索额图私书，下刑部论死"。就是说，只要与索额图稍有牵连者，都受到株连。

　　对索额图如此严惩的原因，直到五年以后废太子时，康熙帝才作了明确解释："从前索额图助伊潜谋大事，朕悉知其情，将索额图处死。"到第二次废太子时，康熙帝更明确说皇太子问题的根源在索额图："骄

纵之渐，实由于此。索额图诚本朝第一罪人也！"就是说索额图之罪在于结皇太子党，骄纵皇太子，图谋篡夺皇位。所以康熙帝严惩索额图，打击并削弱外戚势力，给皇太子敲警钟。

自索额图垮台后，康熙帝与太子之间的猜疑逐年加重。一是太子的重重恶行令康熙帝失望和愤恨，二是康熙眼见"太子党"蠢蠢欲动，严重威胁到自己的皇位。至康熙四十七年九月，皇十八子的病危引发了废太子事件，而后康熙帝便开始后悔，寻遍各种借口复立胤礽，但他与胤礽之间的猜疑却因此日益加剧，三年后（康熙五十一年），康熙下决心再废皇太子。自此胤礽便在康熙帝的政治舞台上消失了。

综上，胤礽被废黜储位，绝不是因为他"软弱无能"。相反，却是因为康熙帝给予了他的过多的特权，他又结交过多大臣，故而对康熙帝的中央集权造成极大威胁。康熙帝曾言，太子所为是："欲分朕威柄，以恣其行事也。"而作为康熙帝殷切期望的继承人，胤礽并没有让父皇及诸臣失望，其早期表现出的能力已赫然在目，即使在他第一次被废，康熙帝对他失望透顶之时，仍对他从前的功绩予以承认。

三爷

为什么是"三爷"，而不是"三爷党"，这是由于三皇子胤祉根本没有形成什么明显的朋党之势。他本身喜欢舞文弄墨，周围都是些文人。他们受康熙帝之命，负责编书，还负责重修坛庙、宫殿、乐器，编制历法等。他们的最大成就是编辑了我国第二部大类书《古今图书集成》。所以，胤祉即使有当皇帝的心，但较之别的阿哥，动作可小得多了。

八爷党

"八爷党"是所有朋党之中势力最强的一支。以八阿哥胤禩为首，还包括九阿哥胤禟、十阿哥胤䄉、十四阿哥允禵（与四皇子同母，在皇位斗争中偏向八皇子，为四皇子所恨）以及侍卫鄂伦岱、内大臣阿灵阿

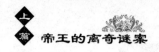

等人。

爱新觉罗胤禩，系清朝圣祖仁皇帝康熙第八子，生于康熙二十年二月初十（1681 年 3 月 29 日）末时，卒于雍正四年九月初八（1726 年 10 月 5 日），享年 45 岁。

胤禩"乐善好施"，人称"八贤王"。因生母良妃卫氏原系辛者库罪籍，因此并非子凭母贵，出生便被送到惠妃纳兰氏处抚养。低微的出身、温和的性格让他在小时候受尽兄弟嘲笑、看低。然而其天资聪颖，德才兼备，17 岁便被封为贝勒，在朝中、江南一带都有极好的声望。据闻胤禩自幼聪慧，且甚晓世故，从小养成了亲切随和的待人之风。康熙帝之兄裕亲王福全（卒于康熙四十二年）生前也曾在康熙帝面前赞扬胤禩不务矜夸，聪明能干，品行端正，宜为储君。

一到废太子时，诸多对储君之位有所觊觎的各党便开始活跃，尤以八爷党最甚。当时康熙问朝中百官，这个储君之位谁来当最好，他便立谁。谁知百官大都举荐了八阿哥，这引起康熙极度的不满。废太子虽然忤逆乖张，却是康熙帝从小就带在身边亲自抚养的，父子之情尚未了结。因此康熙帝心里希望众大臣复立二阿哥为太子。

康熙帝生平最痛恨结党营私，并且当时他尚算壮年，看着朝中百官及八爷党的势力日益增大，岂能不担忧自己的皇位。这一切都被康熙看在眼里，心中大为不满。他曾说："二阿哥悖逆，屡失人心；胤禩则屡结人心，此人之险，百倍于二阿哥也。"所以在众人举荐胤禩为皇位继承人之后，康熙不仅大怒，还下令圈禁胤禩，借此打击"八爷党"。不过，没过多久，他就被释放出来了。后来，康熙又多番找机会打击八爷党。

康熙四十八年三月初九，一切铺垫停当，胤礽顺理成章的重立为太子。尔后，康熙加封诸子，皇三子胤祉、皇四子胤禛、皇五子胤祺俱著封为亲王，皇七子胤祐、皇十子胤䄉俱著封为郡王，皇九子胤禟、皇十

二子胤祹、皇十四子允禵俱着封为贝子。未受封爵的成年皇子只有已遭囚禁的皇长子胤禔、皇十三子胤祥与大失圣心的胤禩了。

胤禩于此后一年间，倒未见遭何责难，《圣祖实录》中唯有其数次随帝出巡之载。

康熙五十年十一月二十日，其母良妃薨。

康熙五十三年十一月二十六日，康熙帝在前往热河巡视途中，经由密云县、花峪沟等地，胤禩原该随侍在旁，但因当时恰是其母良妃去世二周年的祭日，所以他前去祭奠母亲，未赴行在请安，只派了太监去康熙帝处说明缘由，表示将在汤泉处等候父皇一同回京。后来胤禩挑选了两只上等的海东青派人送予康熙帝，却不想到了康熙帝手里时，却变成了两只奄奄一息的死鹰。这令他极为愤怒，认为这是胤禩对自己的诅咒，当即召诸皇子至，责胤禩"系辛者库贱妇所生，自幼心高阴险。听相面人张明德之言，遂大背臣道，觅人谋杀二阿哥，举国皆知。伊杀害二阿哥，未必念及朕躬也。朕前患病，诸大臣保奏八阿哥，朕甚无奈，将不可册立之胤礽放出，数载之内，极其郁闷。胤禩仍望遂其初念，与乱臣贼子结成党羽，密行险奸，谓朕年已老迈，岁月无多，及至不讳，伊曾为人所保，谁敢争执？遂自谓可保无虞矣"。康熙帝终于承认了胤礽的废而复立是其出无奈之举，败招败招！尔后，康熙帝说出了更绝情的话："自此朕与胤禩，父子之恩绝矣。"次年正月二十九日，康熙帝谕胤禩"行止卑污，凡应行走处俱懒惰不赴"，停本人及属官俸银俸米、执事人等银米。

胤禩遭此一举，大受打击，到处潜行，不愿见人，并于翌年病倒。

康熙五十五年九月十一日由胤祉上奏满文奏折中可得知，胤禩于八月底染患伤寒，病势日益加重，康熙帝只批得"勉力医治"四字，殊是无情。九月十七日，再于御医奏报胤禩病情的折子上朱批："本人有生

以来好信医巫，被无赖小人哄骗，吃药太多，积毒太甚，此一举发，若幸得病全，乃有造化，倘毒气不净再用补剂，似难调治。"口气更近于讥刺。更有甚者，为避免途经胤禩养病之所，在康熙帝的授意下，诸皇子在皇父及祖母于九月二十八日结束塞外之行回驻畅春园的前一日，全不顾胤禩已近垂危，将其由邻近畅春园的别墅移至城内家中。当时只有九阿哥胤禟予以坚决反对，说："八阿哥今如此病重，若移往家，万一不测，谁即承当。"而康熙帝反倒推卸责任的说："八阿哥病极其沉重，不省人事，若欲移回，断不可推诿朕躬令其回家。"

但即便如此，胤禩在朝臣中仍有较高威信，如深受康熙帝倚信的大学士李光地，在康熙五十六年仍然认为"目下诸王，八王最贤"，可见他仍是大臣中声誉最高的皇子，却始终没再受康熙帝重用。

雍正登位后，更是将八阿哥改名"阿其那"，将九阿哥改名"塞思黑"，将十阿哥，十四阿哥调往偏僻处不得返京。八阿哥及九阿哥先后在牢狱中被折磨至死，其嫡福晋郭络罗氏亦被雍正下令被休归家。

 韬光养晦的四阿哥

皇四子集团

皇四子党包括胤禛的十三弟允祥、十七弟允礼，以及隆科多、年羹尧等。应该说，胤禛对储位的渴望是有一个转变过程的，这个过程可分为三个阶段。

第一阶段是在康熙四十七年胤礽首次被废黜前。这时的他还是"太子党"的人，而且对储位一点也不热衷。他只是想辅佐好太子，尽为臣之道。

第二阶段是在康熙四十八年胤礽被复立前后到康熙五十年二次被废黜之间。这一时期，诸阿哥之间掀起了一个扳倒太子，争夺储位的小高潮。像前文提到的"八爷党"就是在这个时期内逐渐形成的。这时的胤禛地位很不稳固，也无甚威信。他自知就算太子换人，也轮不到自己。前有胤祉比他年长，后有胤禩比他势强，而且胤礽能一次被复立，就有两次、三次……他觉得太子宝座离他太过遥远，倘若刻意谋取，成功则罢，失败了的话，那就连亲王也做不成了。所以此时的胤禛仍旧处处维护太子，在太子首次被废后，只有他敢于为胤礽说好话。与此同时，他还和胤禩等人和平共处，不把关系搞僵。

第三阶段是胤礽二度被废之后。这回众阿哥深刻认识到胤礽此次被废，绝无复立之可能，于是储位之争渐呈白热化。胤禛看到这一点，也蠢蠢欲动，结党营私，为窥视储位开始活动起来。随着胤褆早被圈禁，胤礽的二度被废，胤祉因势力太小，羽翼未丰，遂主动退出，这次的储位之争，逐渐演变为胤禛与胤禩的"四爷党"和"八爷党"之间的较量（至于胤禵，空有兵权，一无门人，二无威望，故不在对储位的有力争夺）。

胤禛颇有心计，细心观察，不露声色。他对皇太子的废立，窥测风向，暗藏心机。他对皇八弟胤禩集团，既不附从，也不作对。他佯听父言，"安静守分"，虔心佛法，广结善缘，巧妙地将自己隐蔽起来。他对父皇表示忠孝，又尽力友善兄弟，并交好朝廷诸臣。对其同母所生的皇十四弟允禵，却不去交结，听任其同皇八弟胤禩结党。当皇太子党和八爷党争得鱼死网破的时候，在父皇、兄弟、王公、大臣们将视线集注于皇太子党和皇八爷党的时候，他以不争为争，坐收渔人之利。

胤禛为谋取皇位，韬光养晦，费尽心机。他的心腹戴铎，在康熙五十二年（1713年）为他谋划道：

"处英明之父子也，不露其长，恐其见弃；过露其长，恐其见疑，此其所以为难。处众多之手足也，此有好竽，彼有好瑟，此有所争，彼有所胜，此其所以为难。其诸王阿哥之中，俱当以大度包容，使有才者不为忌，无才者以为靠。"

戴铎提出的策略是——对父皇要诚孝，适当展露才华。不露才华，英明之父皇瞧不上；过露所长，同样会引起父皇疑忌。对兄弟要友爱，大度包容，和睦相待。对事对人都要平和忍让，能和则和，能结则结，能忍则忍，能容则容。使有才能的人不忌恨你，没有才能的人把你当作依靠。雍正帝基本按照上述策略，一步一步地绕过皇位争夺中的险滩暗礁，向着皇帝的宝座曲折前进。

胤禛知道，博得皇父的信赖和喜欢，是最为重要的事情。他抱定一

项宗旨，就是诚孝皇父。如在诸皇子争夺皇位激烈之时，他极力表现出对皇父的"诚"与"孝"，既不公开竞争，且劝慰皇父保重。康熙帝第一次废太子后，大病一场。胤禛入内，奏请选择太医及皇子中稍知药性者胤祉、胤祺、胤祹和自己检视方药，服侍皇父吃药治疗。康熙帝服药后，病体逐渐痊愈。于是，康熙帝命内侍梁九功等传谕："当初拘禁胤礽时，并没有一个人替他说话，只有四阿哥深知大义，多次在我面前为胤礽保奏，像这样的心地和行事，才是能做大事的人。"胤禛自己也说："四十余年以来，朕养志承欢，至诚至敬，屡蒙皇考恩谕。诸昆弟中，独谓朕诚孝。"

胤禛知道，善于处理兄弟之间的关系，是自己一生事业中仅次于诚孝皇父的重要事情。他在随驾出京途中，作《早起寄都中诸弟》诗说："一雁孤鸣惊旅梦，千峰攒立动诗思。凤城诸弟应相忆，好对黄花泛酒卮。"表明他愿做群雁而不做孤雁的心意。他在继位之前，处理兄弟关系的主要原则是"不结党""不结怨"。诸兄弟之间，结党必结怨。胤禛没有参加皇太子党，也没有参加八爷党。他表现出既诚孝皇父，也友爱兄弟的态度，使他躲避开父皇与兄弟两方面的矢镞，而安然无恙。

胤禛尽量避开皇储争夺的矛盾，极力表现自己不仅诚孝皇父、友爱兄弟，而且勤勉敬业的态度。凡是父皇交办的事情，都竭尽全力办好，既使父皇满意，也使朝臣口碑相传。自结婚后30年的实际磨炼，使他对社会、人生有了深刻认识与深切体验，为后雍正帝登上皇位准备了条件。

胤禛的性格有两个特点：一是喜怒不定，二是遇事急躁，康熙帝就此曾经批评过他。康熙四十一年（1702年），胤禛央求皇父："现在我已经三十多岁了，请您开恩，谕旨内'喜怒不定'四字，不要记载了吧。"康熙帝同意，因谕："此语不必记载！"胤禛是个性格急躁的皇子。他曾对大臣说："皇考每训朕，诸事当戒急用忍。屡降旨，朕敬书于居

室之所，观瞻自警。"胤禛继位后，定做"戒急用忍"掉牌，为座右铭，用以警示。

随着日期的推移，康熙帝对胤禛的好感与日俱增。在日常政务活动中，常委派他调查皇族案件；或代天子行祭祀大礼。康熙六十一年十一月初九，康熙驾崩的前四天，皇上还委派胤禛代自己到天坛行冬至祭天大礼。

除了做出与世无争的样子，胤禛暗地里并没有放松，他为了扩大势力，四处安插家奴，补外省官缺。虽然人数不多，但个个都身居要职。军事上，年羹尧于康熙四十八年（1709）任四川巡抚；五十七年（1718）任四川总督；六十年（1721）任川陕总督。他身为封疆大吏，手握军政大权，集四川、陕西等地重权于一身。为官之地，战略地位十分重要。西可扼制允禵大军，东可携重兵进京逼宫。地方上，戴铎历任福建知府、道员、四川布政使，与年羹尧一文一武，为胤禛的左膀右臂。另一个胤禛夺储过程中的重要人物隆科多，于康熙末年时任九门提督。他只要令京师九门一关，京城内包括康熙，谁也甭想出去。除了他们，还有一个人不能不提，这就是十三阿哥胤祥。他早年在古北口练兵，所率部下后多升任京城防卫部队中各级指挥官。诸如丰台大营、绿营等京师卫戍部队皆在他的掌握之中。虽然他在胤礽第一次被废时受到牵连，一直被囚禁到康熙帝去世，但其威望尚在，那些老部下也都对他和胤禛忠心耿耿。由此不难看出，胤禛不愧是一名深藏谋略的政治家，他所委派、安插之人皆出身于家奴，对他忠贞不二。而胤禩呢，他的党羽中以内阁大臣为主，一无实权，二无兵权，在军事上他把全部希望都寄托在胤禵的西北大军上。可胤禵也有当储君的野心，怎会领着十几万大军为胤禩卖命。再者说了，他若真能在京城生变时领军进京勤王，年羹尧那关是那么容易过的吗？所以说，胤禩与胤禛相比，已经处在劣势，对胤禛构不成威

胁。

康熙晚年因其诸子皇位继承纠葛而大伤元气，郁结成疾，悲离人世。他曾说："日后朕躬考终，必至将朕置乾清宫内，尔等束甲相争耳！"康熙是以春秋五霸之一的齐桓公晚年的境况自喻：齐桓公晚年，五个儿子树党争位。齐桓公刚死，诸子相攻，箭射在尸体上，也没有人顾及。其尸体在床上 67 天没法入殓，以至蛆虫爬出窗外。由此可以透出康熙帝晚年心境的悲苦。

康熙帝驾崩，皇四子胤禛登基，是为雍正皇帝。一段历史疑案就此产生。

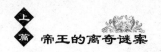

 雍正继位的三种说法

关于雍正帝继位，有三种说法：遗诏继位说、改诏篡位说和无诏夺位说。

遗诏继位说

持此说者认为，雍正帝受到父皇康熙的信任，派他到天坛代行祭天大典，说明康熙帝临终前有意让雍亲王继承皇位。

此讲有康熙遗旨为证。康熙六十一年（1722）十一月十三日，康熙病重。《清圣祖仁皇帝实录》记载，召皇三子诚亲王胤祉、皇七子淳郡王胤祐、皇八子贝勒胤禩、皇九子贝子胤禟、皇十子敦郡王胤䄉、皇十二子贝子胤祹、皇十三子胤祥、理藩院尚书隆科多至御榻前，谕曰："皇四子胤禛，人品贵重，深肖朕躬，必能克承大统，著继朕登基，即皇帝位。"

同样，此讲也有《康熙遗诏》为证。《康熙遗诏》今存中国第一历史档案馆，上面写道："皇四子胤禛，人品贵重，深肖朕躬，必能克承大统，著继朕登基，即皇帝位。"

反对此说者认为，胤禛虽在康熙帝眼中印象不错，让他代为天坛祭天，但不能证明康熙帝有意、有遗旨让他继位。

康熙在临终的当天（十三日），寅刻，宣召皇三子、皇七子、皇八子、皇九子、皇十子、皇十二子、皇十三子共七位阿哥和隆科多进宫，

向他们宣谕："皇四子胤禛，人品贵重，深肖朕躬，必能克承大统，著继朕登基，即皇帝位。"这么重要的决定，既然将继位大事告诉七位阿哥和隆科多，为什么不向当事人——继位者胤禛宣谕？所以有的学者认为这件事是无中生有，是雍正帝继位后编造的。

如果说胤禛当时代父到天坛祭天不在西郊，那么胤禛何能在当天曾三次受召到康熙榻前问安。《清圣祖仁皇帝实录》康熙六十一年十一月十三日记载："皇四子胤禛闻召驰至。巳刻，趋进寝宫。上告以病势日臻之故。是日，皇四子胤禛三次进见问安。"可见这时康熙帝并没有糊涂，可他为什么在从早上 8 点到晚上 8 点这 12 个小时之间，三次召见胤禛，都没有当面告诉他继承皇位一事？有的学者认为，这反倒证明了康熙帝没有向七位皇子宣布由胤禛继位。

康熙帝死后，为什么由隆科多一人单独向胤禛宣谕皇四子继位的遗诏？而宣谕康熙遗旨时王公大臣和其他兄弟都不在场？有的学者认为，这个康熙帝遗旨是假的。

康熙帝崩逝的噩耗传出，京城九门关闭 6 天，诸王非传令旨不得进入大内。这就使人们产生"雍正政变"的疑问。

《康熙遗诏》自然应在康熙帝去世之前已经定稿并经康熙帝审定，本应在康熙帝十三日死后立即当众宣布，为什么到十六日才公布？可见这段记载有伪造的嫌疑。

经过清史专家研究，这份《康熙遗诏》是参照康熙五十四年（1715）十一月二十一日谕旨加以修改而成的。康熙帝说："此谕已备十年，若有遗诏，无非此言。"因此，有的学者认为："康熙遗诏漏洞百出。"

有人说，雍正死后不埋在清东陵，而埋在清西陵，说明他得位不正，不愿意、没有脸面在地下见他的父皇康熙、祖父顺治。

雍正帝对诸多兄弟或杀害、或监禁，似有"杀人灭口"或有口不能

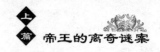

说之嫌。

同样，雍正帝继位后杀年羹尧、隆科多是为了"杀人灭口"。

改诏篡位说

在雍正改诏继位诸说中，主要为夺嫡说和篡位说。

其一，雍正是否夺嫡？如前所说，清朝的皇位继承没有实行嫡长制。在清太祖、清太宗时，皇位继承采用满洲贵族会议推选制。清世祖福临首用遗旨制，就是在临终前指定皇三子玄烨为皇位继承人，这就是康熙皇帝。康熙的皇位继承，先是指定胤礽为皇太子，继而废，废而立，又再废。既然清朝没有实行"嫡长制"，雍正登基之前康熙并没有"立嫡"，雍正何嫡之可夺？所以不能说雍正继位是"夺嫡"。

其二，雍正是否篡位？认为雍正篡位者的根据是，雍正篡了他的同胞皇十四弟胤禵的位。

康熙帝意中的继承者是皇十四子胤禵，派他做抚远大将军，就是让他立军功、掌军权、树威信以备接班。

有的学者认为康熙帝临死之前，没有留下让雍亲王继位的遗诏。这份所谓《康熙遗诏》是伪造的。康熙帝刚死，就传出雍正党人将康熙遗嘱"传位十四子"，篡改作"传位于四子"的说法。共有胤禛改诏、隆科多改诏、年羹尧改诏三种说法。如说，康熙临终前本来发了一道诏谕，叫远在西宁的抚远大将军、皇十四子胤禵紧急回京继位，却被步军统领隆科多捏在手里不发，改作"传位于四子"。此属传闻，不为史实。因为如果康熙帝真有"传位于四子"的遗嘱，那么，其一，当时繁体字的"于"写作"於"，"十"字很难改成"於"字；其二，当时行文规范是"皇某子"，"于"与"四"之间隔了一个"皇"字，很难改；其三，满文为清朝的国书，如此重要的遗旨应同时以满、汉两种文字书写，满文又岂能改"十"为"于"？

雍正是否更改名字？有人说：康熙遗嘱传位"胤禵"（皇十四子原名，后改为允禵），因"胤祯"与"胤禛"字形、字音相近，胤禛遂取而代之。后将《玉牒》的名字挖改。雍正又命十四弟改名允禵，这就是"玉牒易名"说。学界对雍正改名看法颇不一致。一种看法是，皇四子就叫胤禛，皇十四子就叫胤禵，雍正做了皇帝，便命皇十四弟改名允禵，以示避讳。

总之，康熙临终前立皇十四子胤禵继位说，可谓是事出有因，查无实据。既然康熙晚年没有"立储"，雍正登基之前康熙没立"储位"，雍正何位之可篡？唐太宗发动"玄武门之变"，杀死太子李建成篡了兄长的位；燕王朱棣发起"靖难之役"，篡了侄子建文帝的位。康熙死后、雍正登基之前没有皇帝在位，所以不能说雍正继位是"篡位"。

无诏夺位说

持此说者认为，说雍正奉遗诏继位，许多矛盾解释不清楚，其说难以自圆；说雍正改诏篡位，真正有力的证据也显得不足。雍正登基，是因为他在皇位争夺中取得了胜利。这场皇位争夺斗争，或明或暗，或隐或显，前前后后，40多年。结果，皇太子党失败，八爷党也失败，四爷党胜利。

雍正帝的皇位，是正取，还是逆取？从胤禛登基至今280余年来，一直是学术界激烈争论的问题。雍正继位是否逆取？历史没有留下记载。历史是胜利者的记录，正史不会也不可能会对雍正逆取皇位做出记载。康熙生前未立皇位继承的遗诏，也不会留下一鳞半爪暗示皇位继承的文献。但是，自康熙殡天至雍正继统，即有皇位出自篡夺的传闻异说。雍正为此亲撰上谕驳斥，编纂《大义觉迷录》一书，想为自己洗刷清白。

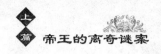

 ## 为何残害兄弟和功臣

雍正在《大义觉迷录》一书中，就"谋父"、"逼母"、"弑兄"、"屠弟"、"贪财"、"好杀"、"酗酒"、"淫色"、"好谀"、"任佞"等十项大罪，进行自辩，颁行天下。然而，事与愿违，欲盖弥彰，弄巧成拙，愈描愈黑，留下生动而曲折的历史故事。

那么事实究竟如何？雍正的上述罪名能否成立？让我们一一分析。

雍正是否毒死皇父？一种说法是，康熙帝是喝了胤禛送的人参汤被毒死的。这话从伦理、法理、情理讲，既悖于情，也不合理。从当时的具体环境、周围条件分析，既违背史实，也绝无可能。

雍正是否逼死生母？《大义觉迷录》说："逆书加朕以逼母之名。"看来当时雍正"逼母"说流传很广。雍正生母乌雅氏，生三个儿子：胤禛、胤祚、胤禵。传说雍正继位后，将胤禵调回北京关押起来，他母亲想见胤禵，雍正不准，太后一气之下，撞死在铁柱子上。乌雅氏眼看亲生儿子胤禵被囚禁，作为皇太后能不生气吗？时人将雍正母亲的死同他囚禁胞弟相联系是很自然的事情。

雍正是否弑兄杀弟？雍正帝继承皇位之日，就面临着兄弟们的不满和挑战。康熙崩逝的噩耗传出，京城九门关闭6天，诸王非传令旨不得进入大内。箭在弦上，形势紧张。当时年满20岁的皇子共有15人。

大阿哥胤禔，在太子废立中得罪父皇，被夺封爵，幽于府第。康熙

帝派贝勒延寿等轮番监守，并严谕：疏忽者，当族诛。胤禔已成为一只不再见天日的死老虎。雍正十二年（1734）死，以贝子礼殡葬。

二阿哥即废太子胤礽，被禁锢在咸安宫。但雍正不放心，一方面封其为理郡王，另一方面又命在山西祁县郑家庄盖房驻兵，将胤礽移居幽禁。雍正二年（1724），胤礽死去。

三阿哥胤祉，本不太热心皇储，一门心思编书，但也受到牵连。雍正即位后，以"胤祉与太子素亲睦"为由，命"胤祉守护景陵"，发配到遵化为康熙守陵。胤祉心里不高兴，免不了私下发些牢骚。雍正知道后，干脆将胤祉夺爵，幽禁于景山永安亭。雍正十年（1732），胤祉死。

五弟胤祺，于康熙帝亲征噶尔丹时，曾领正黄旗大营，后被封为恒亲王。胤祺没有结党，也没有争储。雍正即位后，借故削其子封爵。雍正十年（1732），胤祺死。

七弟胤祐，雍正八年（1630）死。

八弟胤禩，是雍正兄弟中最为优秀、最有才能的一位。但是，"皇太子之废也，胤禩谋继立，世宗深憾之"。雍正继位后，视允禩及其党羽为眼中钉、肉中刺。胤禩心里也明白，常怏怏不快。雍正继位，耍了个两面派手法，先封胤禩为亲王——其福晋对来祝贺者说："何贺为？虑不免首领耳！"这话传到雍正那里，命将福晋赶回娘家。不久，又借故命胤禩在太庙前跪一昼夜。后命削胤禩王爵，高墙圈禁，改其名为"阿其那"。"阿其那"一词，学者解释有所不同，过去多认为是"猪"的意思，近来有学者解释为"不要脸"。胤禩被幽禁，受尽折磨，终被害死。

九弟胤禟，因同胤禩结党，也为雍正所不容。胤禟心里明白，私下表示："我行将出家离世！"雍正哪能容许胤禟出家！他借故命将胤禟革去黄带子、削宗籍，逮捕因禁。改胤禟名为"塞思黑"。"塞思黑"一

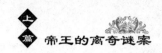

词，过去多认为是"狗"的意思，近来有学者亦解释为"不要脸"。不久雍正给胤禩定 28 条罪状，送往保定，加以械锁，命直隶总督李绂幽禁之。胤禩在保定狱所备受折磨，以"腹疾卒于幽所"，传说是被毒死的。

十弟胤䄉，因党附允禩，为雍正所恨。雍正元年（1723），哲布尊丹巴胡图克图来京病故，送灵龛还喀尔喀（今蒙古共和国），命胤䄉印册赐奠。胤䄉称有病不能前行，命居住在张家口。同年借故将其夺爵，逮回京师拘禁。直到乾隆二年（1737）才开释，后死。

十二弟胤裪，康熙末年任镶黄旗满洲都统，很受重用，也有权，但没有结党谋位。雍正刚即位，封胤裪为履郡王。不久，借故将其降为"在固山贝子上行走"，就是从郡王降为比贝勒还低的贝子，且不给实爵，仅享受贝子待遇。不久，又将其降为镇国公。乾隆即位后被晋封为履亲王。这位胤裪较之其他兄弟气量大，一直活到乾隆二十八年（1763 年），享年 78 岁。

十四弟胤禵，虽与雍正一母同胞，但因他党同胤禩，又传闻康熙临终前命传位"胤祯"而雍正党篡改为"胤禛"，所以二人成了不共戴天的冤家兄弟。雍正即位，先是不许抚远大将军胤禵进城吊丧，又命其在遵化看守父皇的景陵，再将其父子禁锢于景山寿皇殿左右。乾隆继位后，将其开释。

十五弟胤禑，康熙帝死后，雍正命其守景陵。

境遇比较好的有三人：就是其十三弟胤祥、十六弟胤禄和十七弟胤礼。胤祥，曾被康熙幽禁，原因不详。雍正继位，即封胤祥为怡亲王，格外信用。胤禄，过继给庄亲王博果铎为后，袭封庄亲王。胤礼，雍正继位封为果郡王，再晋为亲王，先掌管理藩院事，继任宗人府宗令、管户部。胤祥和胤礼显然早加入"胤禛党"，只是康熙在世时，十分隐秘，没有暴露。

雍正登上皇位之后，对骨肉同胞心狠手辣、刻薄寡恩，对待近臣也毫不容情。年羹尧和隆科多便是突出的例子。

年羹尧，汉军镶黄旗人，父遐龄官至湖广总督、遐龄女事胤禛潜邸，后为雍正皇贵妃。年羹尧在康熙时任四川巡抚、定西将军，在青藏有军功。雍正继位，召抚远大将军允禵还京师，命羹尧管理大将军印务。雍正三年（1725年）二月，以羹尧《贺疏》中将"朝乾夕惕"写为"夕惕朝乾"，而兴文字狱，罢其将军，尽削其官职。"朝乾夕惕"出自《周易》，是勤勉努力、只争朝夕的意思。雍正认为，年羹尧故意这么写，就是不想把"朝乾夕惕"的美名给自己。同年，定年羹尧92款大罪，其中有32条都够杀头。最后令其在狱中自裁，斩其子年富，余子年15岁以上者皆戍极边。

有一种传说，雍正的母亲曾与年羹尧私通，入宫八个月生下雍正，所以雍正是年羹尧的私生子，改"康熙遗诏"之事是年羹尧干的。年羹尧的生年不详，他于康熙三十七年（1698年）中进士，这年胤禛21岁，由此看来雍正同年羹尧岁数可能相差不多，不像两代人。这像是从吕不韦纳赵姬怀孕后送给庄襄王而后生嬴政（秦始皇）的故事移植过来的。

隆科多，满洲镶黄旗人，其父为一等公佟国维，其妹为康熙的孝懿仁皇后。隆科多在康熙晚年任理藩院尚书、步军统领。康熙死时，唯有隆科多一人传遗诏由雍正继位。治丧期间，隆科多提督九门、卫戍京师。《清宫十三朝演义》说隆科多在康熙死后，从乾清宫"正大光明"匾后取下康熙遗诏，将"传位十四子"，篡改作"传位于四子"。这种改法上面说过不可能。"秘密立储"制度是从雍正元年开始的，移花接木到康熙朝是张冠李戴。但雍正继位同他舅舅隆科多关系密切。雍正继位，隆科多说："白帝城受命之日，即死期将至之时。"隆科多虽受赐袭一等公、吏部尚书、加太保等，但仍被定41款大罪，命在畅春园外建屋三

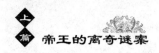

间，永远禁锢。雍正六年（1728年）六月，隆科多死于禁所。

年羹尧与隆科多二人，对雍正来说，是狡兔死，走狗烹；飞鸟尽，良弓藏。对他们自己来说，则是知进不知退，知显不知隐，泰极否来，自酿其祸。《清史稿》论者谓："隆、年凭借权势，无复顾及，即于覆灭，古圣所诫。"

从对待同胞兄弟和近臣中可以看出雍正性格的弱点和心胸的狭窄。雍正皇帝的性格具有两面性。说是一套做是一套、明处一套暗里一套、外朝一套内廷一套。胤禛之所以能登上皇位，主要不是因为他比其他兄弟聪明，而是因为他性格的两面性。胤禛在做皇子的时候，能够"掩短显长"：其长，诚孝皇父、友爱兄弟、勤勉敬业；其短，残忍苛刻、猜忌多疑、虚伪急躁——虚伪造作将"残忍苛刻、猜忌多疑"的性格掩盖，特别是把自己贪禄天位的想法隐藏起来。所以在角逐皇位时，诸兄弟失败，而胤禛独胜。雍正的两面性格是他取得皇位的秘诀，也是他巩固皇位的法宝。他在做皇帝时，极力表现节俭、爱民，隐藏其奢靡、残忍。近年来，关于雍正皇帝的学术论著与艺术形象，只突出、显现其节俭的一面，而忽视、隐藏其奢靡的另一面，这就给读者、观众以误导。

 雍正的恐怖特务政治

在清代十三朝中，雍正是一位施行恐怖、苛严政治的强权统治者，关于他的流言蜚语在民间广为流传。在世人眼里，这位皇帝夺位前老谋深算，即位后冷酷无情。他屡行大狱，文网森严，广布耳目，令人谈其色变……凡此种种都让人觉得，他这是为巩固自己的帝位而做出的过激行为。

"血滴子"和粘杆处

小说是事实的"影子"。在文人笔下雍正被刻画成亦谙武艺、神通广大的阴谋家，他的手下豢养了一批技艺绝伦的侠客力士，操持着一种名曰"血滴子"的杀人利器，能取敌人的首级于千里之外。同时，"血滴子"也是秘密杀手的代称。据传，雍正的八弟"阿其那"（胤禩）、九弟"塞思黑"（胤禟）都是"血滴子"所杀。显然，此类荒诞不经的描写不能作为正史。然而，雍正确实是以处于弱势的政治力量在夺储斗争中取胜的。他能登上皇座，除了工于心计和政治手腕外，还得力于他有一个训练有素的情报组织，这个组织便是"粘杆处"。

顾名思义，"粘杆处"是一个专事粘蝉、捉蜻蜓、钓鱼的服务组织。雍正还是皇子时，位于北京城东北新桥附近的府邸内院长有一些高大的树木，每逢盛夏初秋，繁茂枝叶中有鸣蝉聒噪，喜静畏暑的胤禛便命门客家丁操杆捕蝉。康熙四十八年，胤禛从"多罗贝勒"晋升为"和硕雍

亲王"，其时康熙众多皇子间的角逐也到了白热化的阶段。胤禛表面上与世无争，暗地里却制定纲领，加紧了争储的步伐。他招募江湖武功高手，训练家丁队伍，这支队伍的任务是四处刺探情报，铲除异己。

雍正登上皇位后，为了巩固专制统治，也为了酬谢党羽，在内务府之下设立了"粘杆处"。"粘杆处"的头子名"粘杆侍卫"，是由有功勋的大特务担任的。他们大多是雍正藩邸旧人，官居高位，权势很大。粘杆处的一般成员名"粘杆拜唐阿"，统称"粘杆拜唐"，由小特务充任。他们都是内务府包衣，属未入流，但每天跟随雍正左右，炙手可热。

可见"粘杆处"表面上是伺候皇室玩耍的服务机关，实则是一个特务组织。小说中所谓的"血滴子"大约指的就是粘杆处的这些人。不难推想，雍正是把政敌比作鱼、蝉、蜻蜓一样的小动物来撒网捕捉，加以控制的。

"粘杆处"虽属内务府系统，总部却设在雍亲王府。雍正三年，胤禛降旨雍亲王府改为雍和宫，定为"龙潜禁地"。但奇怪的是，改制后的行宫并未改覆黄色琉璃瓦，殿顶仍覆绿色琉璃瓦，有人认为，雍和宫虽为皇帝行宫，但曾经有一条专供特务人员秘密来往的通道，雍和宫其实是一个森严的特务衙署，为了不致秘密外泄，才改府为宫。还有一种传说，因现在在雍和宫已找不到任何地下通道的痕迹，很可能雍正的儿子乾隆为了消除其父留下的不良遗迹，改雍和宫为喇嘛庙时，加以彻底翻修，将之平毁无痕。

"粘杆处"在紫禁城内还设一个分部，御花园堆秀山"御景亭"是他们值班观望的岗亭。山下门洞前摆着四条黑漆大板凳，无论白天黑夜，都有四名"粘杆卫士"和四名"粘杆拜唐"坐在上面。雍正交办的任务，由值班人员迅速送往雍和宫，再由雍和宫总部发布命令派人办理。雍正去世后，乾隆皇帝继续利用"粘杆处"控制京内外和外省大臣的活动，

直到乾隆死后，"粘杆处"的特务活动才逐渐废弛。

别出心裁的密折制度

告密，为君子所不耻，因为这是不正当的手段。可是在雍正麾下，互相告密却是官员的常课，被视作为本职工作的一部分。雍正二年，封疆大吏浙闽总督觉罗保、山西巡抚诺岷、江苏布政使鄂尔泰、云南巡抚扬名时突然遭到皇帝严厉的斥责，紧接着宣布停止他们给皇帝上奏的权利。作为一个封建官僚，除了降罪撤职，再也没有什么比被剥夺其参政言事的权利更为严重了。为何事得罪？可以参见雍正七年胤禛给鄂尔泰的侄子鄂昌的一段批示："密之一字，最紧要，不可令一人知，即汝叔鄂尔泰不必令知。"原来，觉罗保们是因为对外人透露皇帝奏章的内容被惩罚的。这种不得让第三者知道的奏章，不是题本、奏本，而是雍正朝的一种特殊的文书制度——奏折。

古代臣对君的报告名目繁多，常用的有章、表、议、疏、启、书、记、札子、封事等。清代沿袭前明制度，用题本和奏本两种形式。题本是较正式的报告，由通政司转送内阁申请拟旨，再呈送皇帝，手续繁复，又易泄密。奏本不用印，手续较简，但也要做公文旅行，毫无机密可言。奏折的要旨就在一个"密"字，它由皇上亲拆亲行，任何第三者都无权拆看，有很强的保密性。因此，雍正登基的第十四天，便下了一道收缴前朝密折的谕旨，使密折逐步形成了一种固定的文书制度。在雍正钦定的规章里，从缮折、装匣、传递、批阅、发回本人，再缴进宫中，都有一定的程序，不允许紊乱。按照密折的内容，分别规定用素纸、黄纸、黄绫面纸、白绫面纸四种缮写，并使用统一规格的封套。密折须本人亲笔，臣工缮写完后，加以封套、固封，装入特制的折匣，用宫廷锁匠特制的铜锁锁住，坊间锁匠配制的钥匙是绝对打不开密折匣的。密折派专人送达。

　　给皇帝上密折是一种特权，更是一种荣誉。现存最早的奏折是康熙三十二年的奏折。当时有资格上奏的只是由中央派到地方上的常设官员，他们大多是皇帝家臣。如江宁、苏州织造什么的。终康熙一朝，密奏者只有百余人。而雍正朝却多达一千一百多名，逐步扩大到各省督抚、藩、臬、提、镇等。何等官职才有资格密奏，谁也说不清。与其说依品级，不如说视其与皇帝的关系而定。到了雍正后期，甚至连知府、同知副将等一些微职也可特许准奏。

　　上密折是特权，有权力就有义务，臣子们在洋洋得意于自己恩宠的同时，不知不觉中把前程也付之于这一奏折了。奏折的内容千差万别，上自军国重务，下至身边琐事，无所不包。雍正朝的密折不但用来陈事，还用来荐人。于官员的登用、陟黜极为留意，他曾一再透露："朕惟治天下之道，首重用人。"雍正考察地方的吏治，着重点是对地方的官吏的检查。他给官员授权，允许越境奏事；可以越级监视，上下牵制，这种方法使雍正了解了很多情况，诸如地方政事的好坏，官员中谁认真负责，谁搪塞敷衍，也使为官者人人震慑，不敢轻蹈法网。但是，雍正很讲究体制，他不允许下级超越职权。他一再告诫臣子："今许汝密折奏事，切毋籍此挟制上司，而失属官之体。"

　　密折作为君臣间的私人通讯，可以无话不谈；臣下献议，皇帝先睹为快，可以通达下情，直接批上自己的意见；国家有所兴荣，臣下有不同看法，也可以婉转谏劝。奏折制只是一种文书制度，它虽是无形的，但比之某个官衙的设置所产生的影响，却远远超出一般的衙门的兴废。杨启樵先生在《雍正帝及其密折制度研究》一书中认为，密折制是雍正推行专制政治的有效手段。之一，皇帝可以直接处理庶务，强化其权利；之二，有效地控制了官员，使他们互相牵制，效忠于皇上。密折制度牵涉到君臣间的权力的分配，是官僚政治的重大改革。

情报网的由来

在雍正朝每一个具有奏折资格的人都有权向皇帝密告自己的同僚、下级甚至上司，同时在他监视别人的过程中，自己也被置于别人的监视之下。雍正并不忌讳谈到告密，他标榜自己"朕励精图治，耳目甚广"。从现存的资料分析得知，他的耳目触角遍及全国各地。有以奏折制度为依托的明线，又有由特工所织成的若干暗线。一切都是无形的，却又很制度化。其情报网组织的人员，一为科道言官和写奏折的官员；二为雍正所培养的一批御前侍卫；三为通过各种渠道推荐给各省督抚的书记、长随等。

探究雍正情报网的设立，起因有三端。一是政体上的原因。清代以族国立制，皇帝是臣子的最高主子。家臣效忠主子是天经地义的事，所以，官员以取得与皇帝进行私人通信的资格为荣。二是受当时的政治形势所迫，这是直接的原因。康熙朝的储位之争在雍正初年的延续，造成了雍正了解民间动向的迫切性，也增加了他严格控制官僚们思想行为的自觉性。三可说是集权的需要，这是最本质的原因。杨启樵在《雍正帝及其密折制度研究》一书中指出："君主专政时代，人君深居九重，与外界隔阂，政事则委诸大臣，但又恐所托非人，为非作歹，贻误苍生，甚或生觊觎之心，危及江山，因此不得不广布耳目，以周知庶务，通达下情。"按照他的观点，高高在上的皇帝并非高枕无忧。在他们的潜意识中都有一种危机感，生怕臣子不忠，生怕佞臣篡权，对每一点星星之火都要防微杜渐，随时扑灭，以免失去控制，形成燎原之势。历代的特务机关都是在这种情形下产生的，诸如"诏狱"、"大谁何"、"丽竟门"、"不良人"、"侍卫司狱"、"内军巡院"等。最有名的当推明代的"厂卫"，其荼毒臣民的残酷和恐怖令人谈虎色变。历史的经验值得注意，公开的任用特务，不得人心，且目标太大，成事不足，败事有余；但下情

不能不周知，耳目不能没有。有此殷鉴，雍正所建立的情报网才"更有创意"。

雍正情报网监控的主要对象是臣子。雍正以为用人得宜则地方获治，此乃敷政宁人的根本。所以，他有一个基本信念，那就是对官员要不时体访，防其改节。他的用人政策有三个要旨：广采舆论、时加访察和乾纲独断。以广东省的官箴为例，略见一斑。广州提督王绍绪系宠臣鄂尔泰所荐，雍正也曾予以"明敏稳妥"的考语，但他疑惑王绍绪"偏于养柔，恐不能克胜现任"，因此命广州将军石礼哈"留心探听，便中据实奏闻"。石礼哈对王绍绪不错，说他："念念不忘圣恩，志洁行清，勤于办事。"雍正仍不放心，再向两广总督孔毓珣、署理广东巡抚傅泰调查，直到再一次证实王绍绪操守极好，这才罢休。为了一名提督的任用，他不惜劳动众人。又如傅泰，不但监视王绍绪，还访察过广东布政使王士俊、广东按察使娄俨。照此说，傅泰所得的宠信应该是很高的，但是，傅泰又何尝不受他人监视？从《朱批谕旨》可知，王士俊和广东总督郝玉麟都负有密报傅泰行止的使命。由此，一省大小官员均在互相监督之中。将军和总督可以密报提督、巡抚；提督、巡抚对总督，也要按皇帝的要求提供情报。章学诚在研究《朱批谕旨》时说："彼时以督抚之威严，至不能弹一执法县令、罣误之吏，但使操持可信，大吏虽欲挤之死，而皇览能烛其微。愚尝读《朱批谕旨》，而叹当时清节孤直之臣遭逢如此，虽使感激杀身，亦不足为报也。"所叹正是封建政治尊卑统属，督察参劾均有定制，而雍正却随心所欲地打乱上下次序。一方面皇权得到了最大限度的巩固，另一方面臣子们却处在被愚弄的境地中。

雍正的耳目还有一类是发往督抚处试用后补的侍卫，如雍正曾派遣十个御前侍卫到川陕总督年羹尧处学习军事。这些侍卫赋有了解该地官民情况的职责，同时身负监视封疆大吏行止的密务，应该随时随地向皇

帝密报年羹尧的表现。不曾料他们被年羹尧恩威并重收买下来，给雍正的密折中充满了对年羹尧肉麻的吹捧。做皇帝的得不到任何真实情况，非常恼火。当年羹尧获罪时，他在给侍卫的朱批中连斥"卑鄙"，令他们不必再回京。

有一利必有一弊。雍正要求亲信和非亲信、了解或不甚了解的官员都互相监督。文员武弁、上下级之间、中央派员和地方官员交互进行。文武不同途，这样互察已出了正常的范围。上级监督下级，本是应有职责，但密访密奏，不是正常考核。特别是下级汇报上级、属员汇报主官更是极不正常。这种不正常的手段必然会招致朝臣们的非议。雍正去世后不到一个月，原监察御史谢世济和伯爵钦拜就大声疾呼取消密折制，他们声泪俱下历数密报的弊端："小人多以此说害君子，首告者不知主名，被告者无由申诉；上下相忌，君臣相疑。"他们在《论开言路之疏》中提出："欲收开言路之利，且先除开言路之弊。"尽管，新一代君主乾隆对于他们的发难不以为然，继续把密折当作法宝相袭相沿。然而，这位新皇帝也感到那种训练特务、派遣耳目的手段过于凶残了。为了替父亲重塑形象，掩盖其败政，更为了给自己留下好的口碑，他再没有大张旗鼓地强调要强化情报网，并重用那些专事密报的耳目。

悬疑清世宗：雍正帝暴死圆明园奇案

岁月悠悠，沧海桑田。皇家陵园的青山翠柏遮掩不住一串串历史的谜团。清朝第一位葬到河北易县清西陵的皇帝雍正，他的继位登基令人猜疑百出，他的严猛政策让人评说不已，而他的暴死，更给后人留下了一个难解的谜。

 ## 雍正和吕四娘有什么仇

据史书记载，公元一七三五年八月二十日，雍正上午还在处理政务，晚上就得病，次日凌晨死亡。由于死亡非常突然，于是在官场、民间，便产生了种种猜想和传说。民间流传最广的就是吕四娘报仇削取了雍正首级。

雍正年间，湖南秀才曾静因不满清廷统治，上书陕西总督岳钟祺

（岳飞的后裔）策动反清。事后，雍正就此事大做文章，对案犯严加审讯，广肆株连，由此引出浙江文士吕留良文字狱案。曾静等人锒铛入狱，后被满门抄斩，吕留良一家也未能幸免。吕留良之孙女吕四娘因在安徽乳娘家中，幸免于难。年仅13岁的吕四娘秉性刚强，得知其全家祖孙三代惨遭杀害，悲愤填膺，当即刺破手指，血书"不杀雍正，死不瞑目"八个大字，只身北上京城，决心替全家报仇。途中巧逢高僧甘凤池，四娘拜之为师。甘授吕四娘飞檐走壁及刀剑武艺。

之后，吕四娘辗转进京，设计潜入乾清宫，刺杀雍正，削下头颅，提首级而去。民间盛传雍正大葬时只得以金铸头代之，葬于河北省易州泰陵地宫。

吕留良案

康熙皇帝驾崩后，四皇子胤禛入主大统，改元雍正。此时，满清皇朝的基业已十分稳固，"反清复明"的浪潮在统治者的高压之下已转入低谷，但狡黠多疑的雍正皇帝仍不放心，一旦发现有反对朝廷势力的蛛丝马迹，就大杀出手，毫不留情。

浙江嘉兴有个著名的儒士吕留良，他本是明末秀才，入清后不再致力于功名仕途，一心闭门读书，修心养性，学问上堪称大家。他对清廷的专制暴虐心存不满，每能巧妙地诉诸笔端。其著作广为流传，颇能倾动士林，却又让清廷抓不到辫子，清廷对他无可奈何。吕留良有七个儿子，儿子们的人生选择他只诱导而不干涉，其长子名葆中，热衷于读书取仕，曾以一甲三名探花考取进士，获得由紫禁城的午门进入正大光明殿晋见皇帝的殊荣，吕葆中得意洋洋，众人也啧啧称赞，吕留良却淡淡他说："没啥稀奇，以后还不知下场如何！"果不其然，不久后吕葆中因"一念和尚案"受到牵连，锒铛入狱，终至忧郁而死。大哥不得善终，吕家其他儿子惶恐无措，吕留良谆谆告诫他们："但能读书识时务，不必仕进取青紫。"儿

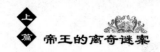

子们听从了父亲的话，只在家博览群书，不再涉足考场。

吕葆中客死京城后，妻子林氏万念俱灰，带着刚出世不久的女儿吕四娘投靠到公公吕留良门下。只过了三年安稳日子，吕留良又因病去世，林氏母女再度失去依靠，索性遁入空门，辗转寄身于西湖山一座僻静的尼庵中。尼庵中的日子平静如水，晨昏诵经，白天劳作，过得十分艰辛，林氏已没有其他念头，只盼着女儿四娘一日日成长起来。转眼十年时间过去了，有一天，吕府的老仆人吕德忽然寻到了尼庵，他一身尘土，满脸焦虑，必定是有什么要事。林氏忙把他请到房中，吕德也顾不得落座，勉强调匀了呼吸，急不可待地向林氏禀报："大少奶奶，事情不好了，吕府已被官府查抄，满门老少都惨死屠刀之下，我好不容易死里逃生，特寻来通报您，赶快带着小姐逃命吧，怕官府还会找来！"

林氏一听这消息，头"嗡"地一声，仿佛失去了知觉，身子摇摇晃晃眼看就要倒下，吕德连忙上前扶住，使劲掐她的人中，她才醒转过来，吕德无心仔细述说事情的来龙去脉，只催林氏赶快收拾行李逃命，林氏也不敢迟疑，草草捡了些简单的衣物，捆成个小包袱，然后牵着女儿向庵主辞行，只道是家里出了事，得回去看看，就跟着吕德上了路。

其实吕德也不知道带着她们母女朝哪里跑为好，只捡一些偏僻少人的小路往前走，心中全没有一点目标，他们一面不停地走着，一边听吕德断断续续述说全家遭难的始末。

湘中士子曾静游学来到嘉兴，在南湖雨楼中与当地人士谈诗论文，吕留良的门生严鸿逵、沈在宽等人也在其中。他们与曾静相谈得甚为投缘，便把整理出来的先师语录拿给他看。曾静原来也读过一些吕留良的传世之作，对他佩服不已，如今又见到这些秘本珍言，不由得击节赞叹，心中隐藏已久的"反清复明"大志被激发得沸腾起来。可惜自己是一介书生，手无寸铁，无以成事，想来想去，想到了手握重兵的川陕总督岳

钟琪，此人是岳飞的后代，倘若能晓以大义，料定其必会恍然醒悟，举兵反戈，复明大业指日可待。

曾静洋洋洒洒地写了一劝导信，派弟子张熙送往西安，满心以为岳钟琪必为其所动，却不料他根本不吃这一套，不但没有接受曾静的建议，反倒扣压了张熙，严刑拷问，逼他说出了事情的来龙去脉。一封加急文书从西安传到京都，雍正皇帝大力震怒，火速命令湖南巡抚追捕曾静，并诏令浙江巡抚查抄嘉兴吕家。当地官吏从吕家搜出大批书籍，其中不乏逆上乱言，于是皇帝降下大罪，将吕府一门老小以及所有门生故旧，总计一百余人，全部处死或充军，连已故多年的吕留良也不放过，掘墓开棺，鞭笞其尸骨以示严惩。

吕德的叙述凄惨悲凉，林氏听得心中滴血，已谙人事的吕四娘也泪流满面，悄悄攥紧了小拳头。

漫无目的的颠簸，一路饱尝风餐露宿，担惊受怕之苦，主仆三人走着走着，不知不觉来到黄山脚下。老仆吕德忽然想起老主人的好友黄犊先生隐居在黄山的松云深处。反正走投无路，不妨去碰碰运气，于是一路打听，翻山越岭总算找到了黄犊的"野云草堂"。

黄犊本是浙江仙居人，与吕留良有过八拜之交，他曾在清初做过朝廷武将，立下不少汗马功劳，雍正皇帝继位以后，疑心重重，大杀功臣，黄犊及时抽身，托病辞官，隐居到云雾苍茫的黄山深处。见吕留良的后人不期而至，他大为惊讶，待听说了吕门的不幸，他不禁老泪纵横，当然也热心地留下了吕家主仆三人，并表示会竭尽全力保护他们。

林氏母女总算是有了个栖身之处，在深山中过着"不知今夕何夕"的日子。吕四娘已是豆蔻少女，生得眉清目秀，明艳动人，只可惜深山寂寞，无处展示风采，每日闲着便随母亲学习些诗书字画和针线女红，更多的时间则是一个人游荡在奇峻诱人的山野中，与古松奇石为伴。

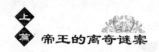

一天清晨，吕四娘早早起了床，在晓雾迷蒙的山野中闲荡，无意中发现远处的石崖上有个人影飞跃翻腾，身手敏捷，宛如飞鸟野猿。吕四娘大生好奇之心，悄悄过去一看，那人竟是"野云草堂"年逾花甲的主人黄犊老先生，只见他先是打拳踢腿，接着又舞剑弄枪，一招一式，虎虎生风，直看得吕四娘眼花缭乱，心中暗暗称奇，看着看着，吕四娘暗生奇想，决定跟着黄老先生学好武艺，将来为吕家报灭门之仇！自己是个女孩子，明提学武，恐怕黄老先生不会答应，既然已找到了他的练武之地，干脆偷偷地跟着学吧！

主意打定，吕四娘便每天天不亮就起身，蹑手蹑脚地摸到石崖不远的一个隐蔽处，偷看黄老先生练武，将一举一动暗暗记在心中，然后找一个僻静的地方，仿照黄老先生的动作，比手划脚，先练了一段时间拳脚，后来又折一段松枝作剑，演习剑术，拿来碎石当镖，练习暗器，时间一长，竟也练得有些模样了。

有一天黄老先生有事外出，吕四娘趁机溜到石崖上，从一个小草棚里搬出兵器，真刀实剑地演练起来。她一点一劈，舞动得正酣时，不知黄老先生已来到近前，见她一招一式，居然也有点像模像样了，黄老先生大为惊诧，便隐在一块大石后面察看。练完剑，吕四娘又随地拾起几枚石子，猛地向百步之外的一颗树掷出，一只松鼠应声落地，黄老先生不由得失声叫好。吕四娘这才察觉旁边有人，忙循声寻来，见是黄老先生，脸"刷"地一下羞红了。追问之下，她原原本本道出了自己学武的目的和经过，黄老先生不但没责怪她，还对她小小年纪有此志气大大称赞一番，并正式收下她做徒弟。

吕四娘勤学苦练，又有极高的悟性，仅花了一年时间，就尽得黄老先生的真传。为了进一步提高武艺，黄老先生又介绍她到台山寻访悟因法师拜师学艺。

 吕四娘行刺雍正之谜

　　15岁的吕四娘在母亲担忧的泪水中，背上简单的行装，只身告别了"野云草堂"，一路跋涉，向天台山进发。在天台山的慧日庵里，吕四娘找到了世外神尼悟因法师。这悟因法师俗姓朱，本是明朝的宗室之女，满清入主中原后，她的家族遭到毁灭，幼小的她侥幸逃生，被一游方老尼收留，带到天台山削发为尼。在天台山上悟因练就了一身绝世武功，本想为"反清复明"打下基础，可眼看着清皇朝已日益稳固，自己一直缺少施展才华的时机，心意越来越冷。

　　就在这时，胸怀深仇大恨的吕四娘投到门下，悟因法师顿觉眼前闪出一道希望之光，她很爽快地收下了这个灵秀的小姑娘，决心把自己武艺和志向全部倾注到她的身上。悟因法师先在庵内辟一静室，让吕四娘在里面日夜打坐，摒除一切杂念，直练到心如止水物我两忘，体内真气与天地之气合而为一，源源不断。接着，又将毕生揣摩出的绝技"摄神运气法"尽数传授给她。"摄神运气法"乃是以自己的意念为武器，随意运气，心至气至，使出看似轻柔的一招威力却是无比，十丈以外的树叶都能被功力震得纷纷坠落。

　　两年时间在苦练之中过去了，吕四娘已长成婷婷玉立的妙龄姑娘，一身绝技更是了得，不但能飞檐走壁，而且能心到功至，转瞬间闪出令人防不胜防的数十劲招。悟因法师认为她的功夫已到了炉火纯青的地步，

可以下山完成夙愿了，于是将一把珍藏多年的宝剑交给她，并叮嘱说："绝技在身，除报仇雪恨外，也要扶弱济贫，打抱不平！"

说到复仇之事，悟因法师还说了句八字偈语："瓜熟蒂落，中秋之候。"吕四娘牢记在心，拜别师傅，下山去了。

江湖上出现了一个妙龄女侠，戢邪扶正，声威四震，这就是吕四娘。她为了磨练自己，持剑闯荡南北，参加了焦山英雄大会，破除了乌江驿江湖妖术娘，扫荡了泰山罗汉殿大小淫僧。忽闻在黄山的母亲病逝，她赶回去料理了后事，含泪叩谢了黄老先生，毅然束装北上京都。

来到北京转了一大圈，皇宫禁卫森严，一时无从下手，吕四娘在城外的妙音庵住下，等待着行刺的机会。

这则已是雍正十三年，经过一番血风腥雨的镇压，雍正皇帝满以为可以高枕无忧了，却又从南方传来贵州苗民作乱的奏报，乱军已接连攻下几座城池，当地官吏飞传奏折到朝廷请援，这天早朝，雍正与群臣商议对策，说来议去，居然满朝文武都拿不出个像样的办法，皇帝心中不忧烦已，退朝后驾幸圆明园，想到清静的环境中散散心。

这天是八月十四，正是秋高气爽的季节，园内百草枯萎，黄叶翻飞，见此秋景，年已58岁的雍正皇帝不由地产生一种迟暮之感。在长春馆用过午膳，坐上由四个小太监抬的软轿，在园中溜弯消遣，经过古香斋时，忽然听一阵柔和哀怨的笛声，声声沁入人心。"皇家园林，锦衣玉食，享不尽的荣华富贵，为何还有人如此幽怨？"雍正自言自语道，不由得产生了一探究竟的念头。

遁声寻去，绕过楼馆，遥见池塘对面的假山旁，一个年轻宫女正持笛吹得入神。雍正摒退抬轿的太监，悄悄走过去，在吹笛宫女背后停住，轻轻咳了一声。宫女回头一看，竟是皇上驾到，一时心中无备，吓得竹笛脱手，连忙跪下见驾。雍正帝看着小宫女没出声，那宫女还以为皇上

动了怒，直吓得眼泪像断了线的珍珠，滚落在粉妆玉琢的面颊上。

雍正见状不禁大动怜香惜玉之心，柔声命她不必惊慌，并问她的姓名籍隶。小宫女半天才回过神来，莺声怯怯地回答皇上，原来她是新近入宫的秀女，名叫惠仙，被派在古香斋执役，雍正安慰她一番后就走了。

这天夜里，雍正留宿在园中的春仙馆内，皓月当空，夜风清爽，他却在锦榻上辗转反侧，难以成眠。忽然间，想起了日间见过的那个吹笛秀女，怯生生，娇滴滴，别有一番韵味，她不是叫惠仙吗？召来做春仙馆中的女主人不正合适吗！于是，雍正起身写下手诏一纸，命小太监前往古香斋宣召。

再说那边等着机会报仇的吕四娘，她白天呆在妙音庵中休养调气，夜深人静后潜入城内，到皇宫周围打探情况。虽然皇宫戒备森严，可她总能找到空隙，先后几次飞越宫墙，潜入禁宫内侦察。可是雍正皇帝寝宫附近夜夜有高手执勤，没能找到合适的机会下手，她不敢贸然行事，以免打草惊蛇。

八月十四这天夜里，月色皎洁如银，一般的武林人士夜出行动都讲究"晦出月不出"，月黑风高便于隐匿行迹，而月明之夜就没有那么方便。但是吕四娘仗着艺高胆大，月圆之夜照常外出，一是因为她心急难耐，二是因为临行前悟因法师曾嘱以"中秋之候"的话，中秋节在即，也许时机已经到了。

月升中天时，吕四娘神不知鬼不觉地跃入禁宫，趴在正大光明殿上的瓦楞间向下察看，但见殿内灯火昏暗，巡逻值夜的人也不像往常一样多，似乎十分松懈。她心知情况有异，竖起耳朵细听，从太监无意交谈中得知，今夜皇帝宿在圆明园了。

吕四娘心想这倒恰是个好机会，圆明园中戒备一定不像宫内这般严密，她连忙出了皇宫，施展绝尘飞行之技，一袋烟工夫就赶到了圆明园。

纵上园墙朝内望去，只见园内树木森森，池塘泛着冷冷的波光，远处的一所楼馆内灯火辉煌，人影来往穿梭。不用说，皇帝是住在那里了。她悄悄接近那所楼馆，外面有大内高手密密地围守了几圈，根本难以溜进去。正当她躲在树影中暗自焦急时，忽然看见一个小太监匆匆忙忙地走了出来，她灵机一动，冥冥之中觉得这一定是好线索，便不动声色地一路跟踪着他。

小太监七弯八拐来到古香斋，高声传道："圣旨到，惠仙秀女接旨！"惠仙这时已经睡下，听说来了圣旨，连忙翻身爬起来接旨。得知是皇帝召自己前往春仙馆侍寝，惠仙惊喜交集，连忙重新梳洗，然后赤身裹上小太监带来的一袭红斗篷，由小太监扛着向春仙馆跑去。光着身子入寝宫，这是清廷宫女为皇帝伴寝的规矩。

吕四娘躲在一丛桂花树中，待小太监急步跑近，她斜刺里伸出一脚，把小太监猛地绊倒，斗篷里的惠仙也被摔在一旁。还没等小太监明白是怎么回事，吕四娘借着树影的遮掩，飞手出招，点住了惠仙的穴道，使她出不得声也动弹不得，又飞快地扯下斗篷往自己身上一裹，装着哼哼卿卿地站起身来。小太监这时爬了起来，嘴里嘟囔着，把披斗篷的人往肩上一扛，他万万没料到，这一瞬间，斗篷里已演了一出调包计。他一面走还一面央求背上的"惠仙秀女"千万不可在万岁爷面前提起被摔一事！

小大监径直将"惠仙"送到了雍正皇帝的罗帐中就转身出去了。这时雍正早已等得心焦，在枕上呢呼："爱卿，快来吧！"吕四娘把斗篷一掀，霍地站起身来，一脚踏在雍正皇帝的胸膛上，同时从腰间拔出宝剑抵住了他的咽喉，低声喝道："我乃吕留良之孙吕四娘，今夜特来取你人头，以祭我全家老小在天之灵！"

雍正皇帝始料未及，眼下受制于人，本有的一身武功也无法施展，

吓得身子像筛糠一样抖个不停。不待他出声，吕四娘已高举宝剑，带着满腔仇恨，一剑砍下了雍正皇帝的头颅，一切只在瞬息之间就完成了。

第二天一早，值班的太监发现皇上的脑袋已不翼而飞，圆明园中顿时乱成一团，可这时吕四娘早已回到了妙音庵中。

悟因法师和吕德已不期赶到妙音庵，与吕四娘一道摆下香案灵牌，用雍正皇帝血淋淋的人头，祭奠了吕氏一门冤魂。悟因法师指着雍正的首级哈哈大笑道："想不到你也有今日，快哉！决哉！"

吕四娘出手弑君，当然不便久留京师，祭奠完毕，由吕德提了人头，三个人飘然远去，这时曙光正照亮了东方的天际。

帝王为何沉迷炼丹术

雍正的死因是什么？有的历史学家曾提出，雍正是突然中风死去的。虽然推论有一定的道理，可是并没有特别有说服力的证据。那么，雍正究竟是怎么死的？随着清宫档案的挖掘和研究，越来越多的史学工作者认为，雍正吃丹药中毒致死的可能性极大。接下来便让我们看看，道家的炼丹炉能不能揭开雍正暴亡这个谜。

自古以来，凡是幻想长生不老的帝王，大都迷恋神丹大药。从秦始皇派人入海访仙求药，到汉武帝命炼丹家李少君、栾大炼化"益寿"、"不死"的黄金器具；从三国的曹操遍招甘始、左慈等天下方士习炼"养性法"，到东晋哀帝"饵长生药"丧命；从隋文帝指派嵩高道士潘诞"合炼金丹"，到唐太宗李世民服食古印度方士的长生药"暴疾不救"；再从宋太祖赵匡胤召见高道苏澄隐询问"养生秘术"，到明宪宗以丹纵欲"气伤龙脉"而暴亡……一朝又一代的封建帝王对道家丹术走火入魔，喜怒笑骂尽在其中。而清朝的雍正，可算是中国古代史上最后一位宠信道士迷恋丹药的皇帝了。

雍正喜好炼丹由来已久。他在做皇子时，就对丹药产生了兴趣，那时他曾写过一首题目就叫《烧丹》的诗：

铅砂和药物，松柏绕云坛。

炉运阴阳火，功兼内外丹。

这首诗中，又是铅砂，又是炉火，烟雾缭绕，功兼内外，好像一幅活灵活现的炼丹写真图。从中可以看出，雍正早年就对炼丹有所认识并有些研究了。

这里所说的炼丹，是道教企求不死成仙的一种修炼方术。严格讲来，丹有内外之分。外丹，是指用天然矿物石药为原料，用炉鼎烧炼，以制出一种所谓的服后不死的丹药。历史上的炼丹道士，有主张炼制和服食黄金、丹砂的金砂派，有提倡以铅料、水银为至宝大药的铅汞派，还有极言用硫磺、水银合炼以求神丹的硫汞派。内丹，是指通过内炼使精、气、神在体内聚凝不散而成丹，达到养生延年的目的。雍正的一生，便与金丹仙药结下了不解之缘。

在登上皇帝宝座之后，雍正曾极力推崇金丹派南宗祖师张伯端，把他封为"大慈圆通禅仙紫阳真人"，并敕命在张伯端的故里建造道观以做崇祀。据《紫阳道观碑文》记载，雍正特别赞赏"真人"张伯端"发明金丹之要"。

从雍正四年开始，雍正皇帝就经常吃一种叫"既济丹"的丹药。他感觉服后有效，还作为特殊礼品赏赐给云贵广西总督鄂尔泰、河东总督田文镜等一些宠臣。在田文镜的一件奏折上，雍正用朱砂笔写道："此丹修合精工，奏效殊异，放胆服之，莫稍怀疑，乃有益无损良药也。朕知之最确。"雍正劝自己的宠臣，对御赐丹药，放开胆子吃，丝毫不用怀疑，因为他对这种丹药"知之最确"。这表明，雍正很注意研究丹药的药性，并且对他所服用的丹药已确信不疑。需要说明的是，雍正这时吃的"既济丹"，当是方家术士们在外炼制的，清朝皇宫在这一时期还没有直接的炼丹活动。

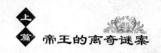

雍正八年（1730）的春天，雍正皇帝闹了一场大病。为了治病，雍正命令内外百官大规模访求名医和精于修炼的术士。为此，他给河东总督田文镜、浙江总督李卫、云贵广西总督鄂尔泰、川陕总督查郎阿、山西巡抚石麟、福建巡抚赵国麟等一大批地方高级官员，分别发去完全相同的手谕。

雍正手书朱谕的内容如下：

"可留心访问有内外科好医生与深达修养性命之人，或道士，或讲道之儒士俗家。倘遇缘访得时，必委曲开导，令其乐从方好，不可迫之以势，厚赠以安其家，一面奏闻，一面着人优待送至京城，朕有用处。竭力代朕访求之，不必预存疑难之怀，便荐送非人，朕亦不怪也，朕自有试用之道。如有闻他省之人，可速将姓名来历密奏以闻，朕再传谕该督抚访查，不可视为具文从事，可留神博问广访，以符朕意。慎密为之！"

雍正的这道密谕中心意思是，让封疆大吏们代皇上寻找会修养的道家术士。为此，雍正要求地方大员：第一，务必将此事当成要务，一定要"留神"，而绝不能视作可办可不办的事；第二，一旦访得"深达修养"的人，对其家属要优厚安排，对其本人要好好护送来京；第三，尽管打消顾虑，哪怕推荐的人不很合适，也不会怪罪；第四，本地没有的，若听说外省有，也要奏报上来。最后，雍正嘱咐，此事属于绝密，千万"慎密为之"。

这道非同一般的密谕，雍正在当时共写了多少份，发给多少人，我们不得而知。不过今天中国第一历史档案馆中藏有九份，台北故宫博物院保存有六份。这十五份朱谕，每份内容都完全一样，一字不差。若在通常，发给各地官员的谕旨，如果内容文字相同，都是由亲密大臣代笔，唯独这道密谕，全是雍正用朱砂一笔一笔一份一份地书写，而且十分工整，可见雍正对此事的重视。

皇帝既然如此重视，反复叮嘱臣下"留神博问广访"，"不可视为具文从事"，做臣子的有谁还敢怠慢？收到雍正的朱谕，各地官员即刻展开寻访行动。很快，四川巡抚宪德写折子报告说，当地有个叫龚伦的人，人们都称其"龚仙人"，有长生之术，都86岁了，姨太太还给他生了一个儿子。雍正立即谕令召进宫来，可就在这时，那个龚仙人升天而去了。

没能见到龚仙人，雍正自然十分惋惜。但他并不甘心，又命四川巡抚宪德秘密查访，看龚仙人的儿子是否从他的父亲那里得到了什么"秘传"。宪德于是又去秘访，结果几个儿子都说"未曾领受其父秘传"。龚伦的后人或许是感到此事干系重大，万一出点什么差错，身家性命就保不住了，所以未敢应召。后来的事实表明，龚伦的儿子是聪明的，河南道士贾士芳应召入宫就命丧黄泉了。

贾士芳是如何入宫的？那是浙江总督李卫，在奉到寻访道士谕令的第二天，便写折子向雍正报告说，民间传闻在河南有个四处游荡的道士叫贾士芳，素有"神仙"之称，特推荐这个贾道士进京为皇上治病。这个贾士芳，原是北京白云观的道士，后来浪迹河南，远近有些名气。

雍正看过李卫的奏报，立即命令主管河南山东两省政务的河东总督田文镜派专人送贾士芳进京。贾于雍正八年（1730）七月间抵达宫禁，开始给皇上治病，竟颇见疗效。对此，雍正十分高兴，对云贵广西总督鄂尔泰说："朕躬违和，适得异人贾士芳调治有效。"在九月初六李卫的秘折上，雍正还表扬李卫推荐贾道士有功，朱笔批道："朕安，已全愈矣。朕躬之安，皆得卿所荐贾文士（即贾士芳）之力所致。"于是，贾士芳由一个野道士变为了备受天子宠信的"异人"。

可是，伴君如伴虎。仅仅是一个多月的工夫，也就是在这年的九月间，雍正突然将御用道士贾士芳下狱治罪。关于贾士芳的获罪，历来说法不一。现在，原始的皇宫档案为我们提供了新证。在清宫档案中，有

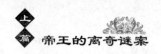

一件经雍正亲笔修改过的上谕，据考证是雍正八年九月间发的。在这道谕旨中，雍正很直白地说：贾士芳的"按摩之术"、"密咒之法"，起初确实是"见效奏功"。可是，"一月以来，朕躬虽已大愈，然起居寝食之间，伊（指贾士芳）欲令安则安，伊欲令不安则果觉不适。""其调治朕躬也，安与不安，伊竟欲手操其柄，若不能出其范围者。"雍正进而斥责贾士芳"公然以妖妄之技，谓可施于朕前"。读了这段谕旨，我们自然了解到贾士芳获罪的真相，原来这个道士利用"按摩"、"密咒"等方术，逐渐控制了雍正的健康，让他舒适便舒适，让他难受便难受。贵为天子，怎能受他人摆布？雍正察觉到自己的安康被贾道士操纵，顿感问题严重，遂刻不容缓地处理此事，立即下令将贾道士处斩，罪名是贾士芳在朕的面前使用妖术。

贾士芳的案子发生后，雍正极力为李卫开脱，说李卫当初推荐时已经声明不知道贾某的底细，只是将所见所闻奏报上来，尽无隐之忠诚，因此只可嘉奖而无过错。这给那些将要和已经推荐道士的大臣们吃了定心丸。

雍正命丧圆明园

　　虽然砍了贾士芳的头，但雍正并没有因此失去对道士的信任。据清宫档案记载，从雍正八年（1730）生病到五年之后死去，雍正皇帝参与的道教活动一直十分频繁。在皇宫，除了专门进行道教活动的钦安殿外，雍正还请道士们在太和殿、乾清宫等主要宫殿安放道神符板，在他的寝宫养心殿安设斗坛，以求道神的保护。雍正为做法事，还在苏州定做道士们穿的丝缎法衣，一次就是60件。今天的北京故宫博物院，仍保存着雍正当年身穿道教服装的画像。

　　雍正甚至在御花园建了几间房子专门给道士娄近垣等人住，以便随时请这些道士祈祷修炼。就此，雍正九年（1731）正月二十七日，内务府总管海望接到一道谕旨，上面说的十分明白："朕看后花园千秋亭，若设斗坛不甚相宜，用后层方亭设斗坛好……玉翠亭之东有空地，量其地势，将小些的房添盖几间，给法官住。"这里的后花园，即是紫禁城内的御花园。以往，在皇宫内虽设有多处供奉佛道的处所，但这类地方除以太监身份充当的僧人、道士外，未经净身的山野僧道是从来不准在大内居住的。现在，雍正谕令在御花园玉翠亭的东侧添建几间房"给法官住"，也实在是破天荒的举动了。

　　翔实的档案资料表明，雍正不仅在全国大范围地秘密寻访道家术士，而且还在皇宫里与道士们打得火热。这些道士虽然其方术各不一样，但

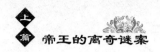

均属"修炼养生之人"，其目的都是为雍正"治病驱邪"。这当中有念咒按摩的贾士芳之流，有设坛祈祷的娄近垣之辈，还有下面将谈到的"为炼火之说"的张太虚、王定乾等一伙人。

雍正在与道士们打得火热的同时，皇家园林圆明园开始升火炼丹了！

皇帝炼丹，这当然是绝密事件，在官书正史上不可能有记载。可是，在清宫秘档中仍透露出一些蛛丝马迹。记载皇宫日用物品的内务府账本《活计档》，就披露了雍正炼丹的一些情况。最早出现的有关记载，是在雍正八年（1730）其中十一月有一条，十二月有三条。这四则档案向人们透露，雍正八年末，在圆明园东南角的秀清村，在内务府总管海望和太医院院使刘胜芳的主持操办下，先后运入四千余斤木柴煤炭，利用矿银等物开始为雍正炼丹。

现在，就让我们来看看，这几则有关雍正炼丹的档案究竟记载了哪些内容。

其一：

十一月十七日，内务府总管海望、太医院院使刘胜芳同传：圆明园秀清村处用桑柴一千五百斤，白炭上百斤。记此。

其二：

十二月初七日，内务府总管海望、太医院院使刘胜芳传：圆明园秀清村处用铁火盆罩，口径一尺八寸，高一尺五寸一件；红炉炭二百斤。记此。

其三：

十二月十五日，内务府总管海望、太医院院使刘胜芳、四执事执事侍李进忠同传：圆明园秀清村处用矿银十两，黑炭一百斤，好煤二百斤。记此。

其四：

十二月二十二日，内务府总管海望、四执事执事侍李进忠传：圆明园秀清村处化银用白炭一千斤，渣煤一千斤。记此。

这里披露的雍正朝《活计档》中的几则档案，能不能说明雍正皇帝确实是炼丹了呢？为了回答这个问题，我们对这四件档案再做一些具体分析。第一，传用物品的地点在秀清村，这里位于圆明园的东南角，前面是水，后面是山，十分僻静，是进行秘事活动的好地方。第二，在一个多月的时间里，往这个小地方运送木柴、煤炭四千四百多斤，干什么用？是用来做饭，还是取暖？这些都不可能。因为在清代，皇家宫苑取暖备膳所用的木柴煤炭，一直是定量供应，并设有专门的账本，从来不记入《活计档》这种秘密档册。第三，值得注意的是，操办这件事的官员，除了雍正的心腹内务府总管海望外，还有一位是刘胜芳，他是主管皇帝医疗保健的太医院院使。第四，更重要的是，运往秀清村的物品中，明确出现了"矿银"、"化银"等字眼。凡此种种，当可推断，从雍正八年（1730）末，雍正皇帝在圆明园的秀清村开始炼丹了。

雍正丹炉一开，烧炼之火便没有再灭。在雍正九年到十三年的内务府《活计档》中，有关雍正炼丹的记载越来越多地出现了。如雍正九年的"六所档"，雍正十年的"南薰殿并圆明园头所、四所、六所、接秀山房总档"，雍正十一年的"四所等处档"，雍正十二年、十三年的"六所档"，都有这类内容。根据清宫内务府造办处这些档案记载，自雍正八年十一月至雍正十三年八月，这五年间雍正下旨向圆明园运送炼丹所需物品一百五十七次，平均每个月有两三次。累计算来，共有黑煤一百九十二吨，木炭四十二吨，此外还有大量的铁、铜、铅制器皿，以及矿银、红铜、黑铅、硫磺等矿产品，并有大量的衫木架黄纸牌位、糊黄绢木盘、黄布（绢）桌围、黄布（绢）空单等物件。所有这些物品，都是炼丹活动所必不可少的。可以想见，在雍正的旨意下，成百吨的煤炭被运进皇

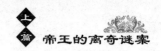

家宫苑，在长达几年的时间里，炉火不灭，炼丹不止，把个山清水秀的圆明园搞得何等乌烟瘴气！

在圆明园为雍正炼丹的道士，主要有张太虚、王定乾等人。他们都会一套"修炼养生"方术，对"炼火之说"更有一番研究。这些道士们没有辜负雍正的期望，真的炼出了一炉又一炉的金丹大药。

雍正吃了道士炼制的丹药，感觉良好，还拿出一些赏给出征打仗的将帅和大臣。"丹药"二字，明白无误地载入了清宫秘档。据清宫《活计档》载，雍正十二年三四月间，雍正皇帝曾两次赏发"丹药"。有关详细情况，是这样分别记载的。

一则：

三月二十一日，圆明园送出的帖子说，内务府总管大臣海望交来丹药四匣，并传达雍正的旨意，将丹药配上好看的匣子，分头赏给署理大将军查郎阿、副将张广泗、参赞穆登、提督樊廷四人。据此，四天后，也就是当月二十五日，四份丹药分别配上了杉木匣、黑毡包裹、棉花塞垫，由领催赵牙图交给柏唐阿巴兰太拿去。

二则：

四月初一，圆明园送出的帖子说，委署主事宝善传话，内务府总管大臣海望交来丹药一匣，雍正的旨意是，配上精致些的匣子，赏给散秩大臣达奈。于是，在当月初四，其便做好杉木匣一个，外包黑毡，交柏唐阿巴兰太拿去。

这两份档案，都直接使用了"丹药"二字。而且，雍正传旨的时间，丹药赏给谁，又怎样包装，都写得清清楚楚。特别要注意的是，这两次赏赐的旨意都是从圆明园发出传达的，又是内务府总管海望亲手交出。由此可知，这些御赐"丹药"，就是圆明园御用炼丹点炼制的。

中国古代有句谚语："服食求神仙，多为药所误。"纵观古代历史，

服丹丧命的悲剧在帝王之家屡屡重演。本想要长生，反而中毒早死。据笔者研究统计，古代中国先后有十五六位帝王死于丹药中毒。像晋哀帝、唐太宗、明仁宗都是吃长生丹药而中毒丧命的。原来，所谓长生不老的丹药，竟"怀大毒在其中"，因为炼丹所用的铅、汞、硫、砷等矿物质都是含有毒素的，对人脑五脏侵害相当大。在现代生活中，环保工作的一大任务就是严格控制并努力降低这些物质在生活载体中的含量。从这个角度上讲，这些可以"长生"的丹药和害人的毒药简直没有什么两样。雍正当然也没有逃脱丹毒丧身的厄运。

丹药中毒成最大疑点

关于雍正皇帝的死，史学界有多种说法，下面我们——分析。

有说法认为雍正皇帝是被宫女缢死的。

这种说法，最早出现于清末民初的稗官野史《梵天庐丛录》一书，这本出版于1925年的《梵天庐丛录》的作者是柴萼。书中记载：传说雍正九年（1731），宫女伙同太监吴首义、霍成，伺雍正皇帝睡熟，用绳缢杀。

与这个故事类似的是一个发生在明朝明世宗嘉靖皇帝的真实故事。故事说的是1542年，宫女杨金英等"伺帝熟睡，以组缢帝项，误为死结，得不绝"。同伙张宫女害怕，跑去报告方皇后。皇后赶到，解帛组，帝气绝，命召太医许绅急救。《明史·许绅传》记载："绅急调峻药下之，辰时下药，未时忽作声，去紫血数升，遂能言，又数剂而愈。"事后杨金英等磔死。

因为清雍正皇帝与明嘉靖皇帝的庙号都是"世宗"，这个清世宗雍正皇帝被宫女缢杀的故事，完全是明世宗嘉靖皇帝被宫女勒缢故事的翻版。所以，宫女缢勒雍正说，实属移花接木，张冠李戴。

另外，我们知道，雍正是在当了13年皇帝之后，于1735年去世的，不是死于他登帝位9年之后的1731年。所以，我们可以看出，这个故事，实在是漏洞太多了。

看来，这种说法完全没有可信价值。

另一种说法，雍正皇帝是被曹雪芹和竺香玉合谋毒死的。霍国玲、霍纪平姐弟二人在 1989 年出版的《红楼解梦》一书，做出过这样的论断。

这太稀奇了。曹雪芹我们大家都知道，是《红楼梦》的作者。可是这竺香玉是谁？他们两个人为什么会合谋毒死雍正皇帝呢？

霍国玲、霍纪平姐弟二人都不是搞文史研究的。他们是从喜欢读《红楼梦》、抄录俞平伯辑的《脂砚斋红楼梦辑评》开始的。当她把《红楼梦》中的所有诗词歌赋全部背诵出来，当她把一部五百多页的"脂批"，全部抄录到《红楼梦》书的相应位置上的时候，他们豁然开朗了。从"脂批"的暗示中，他们读出了小说背后隐藏着的历史，确切的说，是清宫秘史！

他们从书中解析出，林黛玉的真名叫竺香玉，而金陵十二钗其实全是竺香玉的分身，换言之，竺香玉一人就是十二钗。竺香玉本来是曹雪芹的恋人，后来进入宫中成了雍正皇帝的后妃。再后来，曹雪芹想念恋人，就找了一个差事混入宫中，与竺香玉合谋，用丹药将雍正皇帝毒死。

问题在于，霍国玲、霍纪平姐弟二人的观点是否可信呢？

完全不可信！

在雍正皇帝生前，他的皇后只有一位——孝敬宪皇后。这个孝敬宪皇后姓乌拉那拉氏，是内大臣费扬古的女儿，早在雍正皇帝为皇子的时候，康熙皇帝即册封她为嫡福晋。雍正元年，册为皇后。在 1731 年，也就是雍正九年的时候，她就病死了。而且历史记载，雍正皇帝与他的这个皇后关系很好！

在孝敬宪皇后病死之时，雍正皇帝也刚刚大病初愈，他要亲自参加孝敬宪皇后的葬礼，结果被诸位大臣谏止。

此外，乾隆皇帝的生母钮祜禄氏是四品典仪凌柱的女儿，她的身份

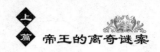

是熹贵妃，后来乾隆当了皇帝，她被尊为皇太后，号孝圣宪皇后。

此外，雍正皇帝还有一位号称敦肃皇贵妃的，姓年，是年羹尧的妹妹，死于雍正三年。雍正皇帝还有一位活了95岁的妃子姓耿，另有齐妃姓李、谦妃姓刘、懋嫔姓宋，没有一个姓竺的。

关于雍正皇帝的死因，患病而死的说法似乎是最为合理的。

问题在于，雍正皇帝是患什么病死的呢？

有以下两种说法：

第一种说法，最早是由郑天挺先生提出的。郑天挺先生在他的著作《清史简述》中，曾提到雍正皇帝是患中风而死的，但是郑天挺先生并没有详述他得出如此结论的依据。

因此，这个重要的论断，还需要用史料进一步证明。

第二种说法，最早是由金恒源先生提出的，说雍正皇帝的生活作风有问题。有很多研究者发现，雍正皇帝长期积累了慢性病，比如中风。当时朝鲜有一本书，叫《承政院日记》，这里面就记载雍正皇帝的生活作风极为糜烂，沉淫女色，病入膏肓，自腰以下，不能运动者久矣。

问题在于，雍正皇帝到底是怎么死的呢？

史学界一直有关于雍正死于丹药中毒的推测，国内外许多清史学家通过研究认为，雍正相信道教长生不老的说法，极有可能服用丹药中毒而死。《清帝外纪》载："惟世宗之崩，相传修炼饵丹所致，或出有因。"近年，随着研究雍正问题的深入，雍正服丹致死说越来越引起史家的关注和认同。美国学者A.W.恒慕义在20世纪40年代即指出："胤禛相信道教关于长生不老的说法，所以他服用各种各样的药物。正是这些药物，导致了他的死亡。"海外学人杨启樵通过长篇论证，推断雍正是"服饵丹药中毒而亡的"。冯尔康先生认为，雍正"死于丹药中毒，此说颇有合于情理处"。杨乃济先生则提出"雍正帝死于丹药中毒说旁证"。

现在，雍正炼丹的档案得到进一步发掘，从雍正召请道士炼丹，向内外大臣赏丹以及他自己吃丹等情况看，雍正服丹致死的可能性的确很大。他常年服食丹药，有毒成份在体内长期积累，最终发作导致暴亡，这是极有可能的。

值得注意的是，据《活计档》记载，就在雍正死前的十二天，有二百斤黑铅运入圆明园。档案记录，八月初九，总管太监陈久卿、首领太监王守贵一同传话，圆明园二所用牛舌头黑铅二百斤。当天，这二百斤黑铅便运入园子。

黑铅是炼丹常用原料，更是一种有毒金属，过量服食可使人致死亡。八月初九，二百斤黑铅运入圆明园，十二天后雍正在园内暴亡。研究这个问题的史学专家认为，这不是偶然的巧合，而是有着因果关系的丹药中毒事件。

说到这里，我们通过一件件深藏大内的秘档看到，雍正是个喜好炼丹、常吃丹药的皇帝，他的暴亡，可能是死前十几天运入圆明园的那二百斤黑铅所致，更可能是常年服食丹药，有毒成份在体内长期积累最终发作的恶果。总之，从各方面情况看，雍正死于丹药中毒是大致可信的。

那么，将来有一天打开埋葬雍正的泰陵时，如果对其遗骨化验研究，或许会进一步证实雍正是否死于"灵丹妙药"。

下 篇

帝国陨落的阴谋

　　清朝帝国曾辉煌一时，然而过份安逸的生活终使满人从骑射民族的勤俭朴实变为奢华糜废,可用于国事之人越来越少。随着国力日衰,清政府开始荒于政事,这期间发生了数不清的谜案。

细说乾隆：爱新觉罗·弘历身世探秘

　　乾隆是中国封建社会后期一位赫赫有名的皇帝。他在康熙、雍正两朝文治武功的基础上，进一步完成了多民族国家的统一，促进了社会经济文化的发展，形成了历史上著名的"康乾盛世"。同时，乾隆又是在民间传闻最多、被文艺作品演绎最多和官方文献记载疑点最多的皇帝之一。他出生何处，生母是满人还是汉人，这些都是人们津津乐道的话题。

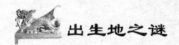 **出生地之谜**

　　在清朝皇帝中，可以作为英杰人物来论说一番的只有四位皇帝——清太祖天命大汗努尔哈赤、清太宗崇德帝皇太极、清圣祖康熙大帝玄烨和清高宗乾隆大帝弘历。乾隆帝，名弘历，25岁登基，在位60年，太

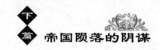

上皇 4 年，享年 89 岁。乾隆的祖父康熙实际执政 53 年，乾隆实际执政 63 年。乾隆是中国有文字记载以来享年最高的皇帝，也是中国历史上实际执政时间最长的皇帝。

清朝 12 位皇帝中，出生地点不明的只有两位皇帝，这就是清太祖努尔哈赤和清高宗弘历。努尔哈赤出生时还没有创制满文，他当时也不是什么显赫人物，所以他的出生地没有留下明确的文字记载是可以理解的。但是乾隆不一样，乾隆是雍正帝的第四个儿子，康熙五十年（1711 年）八月十三日出生，他的出生地怎么会不确定呢？这里面必定大有蹊跷。

关于乾隆的出生地，他的父母都没有留下明确的说法，倒是乾隆自己曾经反复说明，这就是关于乾隆出生地的第一种说法——雍和宫说。

乾隆自己认为，他生在雍和宫。雍和宫坐落在北京城安定门内，是著名的喇嘛庙。在康熙时代，这里原是雍亲王的府邸，也就是雍正做皇子时的王府，当时并不叫雍和宫。乾隆登基后，把他父亲雍正的画像供奉在这座府第里的神御殿，派喇嘛每天诵经，后来这里就改名叫雍和宫。乾隆曾经多次以诗或以诗注的形式，表明自己出生在雍和宫。乾隆四十三年（1778 年）新春，乾隆在《新正诣雍和宫礼佛即景志感》诗中，有"到斯每忆我生初"的诗句。这说明乾隆本人认定自己出生在雍和宫。

乾隆四十四年（1779 年）新春，乾隆又一次在《新正雍和宫瞻礼》的诗中说："斋阁东厢胥熟路，忆亲唯念我初生。"在这里，乾隆不仅认定自己诞生在雍和宫，而且还指出了具体的出生地点，就在雍和宫的东厢房。乾隆自己说自己出生在雍和宫东厢，应当算是比较权威的说法。

乾隆四十五年（1780 年）新春，乾隆再一次到雍和宫礼佛时说："十二初龄才离此，讶今瞥眼七旬人。"在这首诗下注云："康熙六十一年始蒙皇祖养育宫中，雍正年间遂永居宫内。"

乾隆四十七年（1782 年）正月初七日，乾隆作《人日雍和宫瞻礼》诗注云："余实康熙辛卯生于是宫也。"康熙辛卯年为康熙五十年（1711 年），正月初七过去称作"人日"。据晋朝董勋《答问礼俗说》记载："正月一日为鸡，二日为狗，三日为猪，四日为羊，五日为牛，六日为马，七日为人。"乾隆每年正月初七日都要来到雍和宫瞻礼，平时路过这里也要进去小驻片刻。

乾隆五十四年（1789 年）正月初七，乾隆又作《新正雍和宫瞻礼》诗云："岂期莅政忽焉老，尚忆生初于是孩。"其下自注云："予以康熙辛卯生于是宫，至十二岁始蒙皇祖养育宫中。"

乾隆还有一次到雍和宫瞻仰礼拜，尔后作了一首诗，据《清高宗御制诗集》记载为："来瞻值人日，吾亦念初生。"乾隆的意思是，在正月初七日（人日）这一天，到雍和宫瞻礼，总是念念不忘当初就是出生在这里。

从以上六个例子来看，乾隆一贯认为自己出生在雍和宫。乾隆晚年对自己出生地的流言蜚语可能有所耳闻，他的诗作就是强调自己确实生在雍和宫。

但是，乾隆皇帝还在位的时期，就有人对他的出生地发出不同的议论，认为他出生在承德避暑山庄，这就是关于乾隆出生地的第二种说法——避暑山庄说。

当时朝中有一位官员叫管世铭，江苏武进人，乾隆四十三年（1778 年）进士，后入值军机处，任军机章京，了解很多宫廷掌故与秘闻。他随乾隆一起去避暑山庄，去木兰秋狝，写下《扈跸秋狝纪事三十四首》（收录于《韫山堂诗集》），其中第四首涉及到乾隆皇帝的出生地："庆善祥开华渚虹，降生犹忆旧时宫。年年讳日行香去，狮子园边感圣衷。"管世铭在这首诗的后面有个原注，说："狮子园为皇上降生之地，常于

宪庙忌辰临驻。"这里明确地说狮子园是乾隆皇帝的诞生地，因此乾隆
常在先帝雍正驾崩的忌日，到这里小住几天。狮子园是承德避暑山庄外
的一座园林，因为它的背后有一座形状像狮子的山峰而得名。康熙到热
河避暑时，雍正作为皇子经常随驾前往，狮子园便是雍亲王一家当时在
热河的住处。管世铭等一些朝野人士认为，避暑山庄狮子园是乾隆的降
生地。

　　嘉庆元年（1796 年）八月十三日，乾隆帝 86 岁大寿，以太上皇身
份到避暑山庄过生日。嘉庆跟随去了，写下《万万寿节率王公大臣行庆
贺礼恭纪》诗庆贺。诗中提到乾隆的出生："肇建山庄辛卯年，寿同无
量庆因缘。"其诗下注云："康熙辛卯肇建山庄，皇父以是年诞生都福之
庭。"嘉庆在诗后注解说，皇祖康熙辛卯年（康熙五十年）题写了"避暑
山庄"匾额，皇父乾隆也恰好于这年降生在山庄，这是值得庆贺的福寿
无量的因缘！然而，有人认为"都福之庭"是泛指，不一定在避暑山庄。

　　嘉庆二年（1797 年），乾隆又到避暑山庄过生日，嘉庆再次写《万
万寿节率王公大臣等行庆贺礼恭纪》诗祝寿，在诗文的注释中，嘉庆把
皇父乾隆的出生地说得更明确了："敬惟皇父以辛卯岁，诞生于山庄都
福之庭。"嘉庆在这里明白无误地点明，皇父乾隆诞生于避暑山庄的都福
之庭。

　　嘉庆以上两次诗注都表明皇父乾隆出生在承德避暑山庄。但是，在
十几年后，嘉庆却放弃了皇父乾隆出生于避暑山庄的看法。这是为什么
呢？原来清朝每一位皇帝登基以后，都要为先帝纂修《实录》（记载一
生经历、言行和功业）和《圣训》（皇帝的训谕）。嘉庆十年（1805
年），嘉庆帝命朝臣编修乾隆《实录》和《圣训》。嘉庆在审阅呈送稿
时，发现《实录》和《圣训》稿都把皇父乾隆的出生地写成了雍和宫。
他命编修大臣进行认真核查，这时，翰林出身的文华殿大学士刘凤诰，

把乾隆当年写的诗找出来，凡是乾隆自己说出生在雍和宫的地方都夹上黄签，呈送嘉庆审阅。面对皇父御制诗及注，嘉庆感到问题十分严重。在皇父出生地的问题上，怎能违背皇父本人的旨意呢！于是，嘉庆放弃了皇父出生在避暑山庄狮子园的说法，改为出生在雍和宫的说法。嘉庆命在《实录》和《圣训》里这样记载乾隆皇帝的出生："康熙五十年辛卯八月十三日子时，诞上于雍和宫邸。"

可是，嘉庆二十五年（1820 年）七月二十五日，嘉庆帝突然在避暑山庄驾崩。在当时军机大臣托津、戴均元等撰写的嘉庆《遗诏》中，采用了乾隆生于避暑山庄说，把乾隆诞生地说成是避暑山庄。事情经过是这样的：嘉庆帝到塞外木兰秋狝，嘉庆二十五年（1820）七月二十四日，到达避暑山庄，第二天突然死去。在御前大臣、军机大臣、内务府大臣以嘉庆名义撰写的《遗诏》末有"皇祖降生避暑山庄"一语，就是说乾隆当年就生在滦阳行宫，即避暑山庄。新继位的道光帝发现这一问题后，立即命 600 里加急，将已经发往琉球、越南、缅甸等藩属国的嘉庆《遗诏》从路上追回。改写后的《遗诏》，把原来说乾隆生在避暑山庄一讲，很牵强地说成是乾隆的画像挂在避暑山庄。《实录》记载修改后的《遗诏》，原文如下："古天子终于狩所，盖有之矣。况滦阳行宫，为每岁临幸之地。我祖、考神御在焉，予复何憾！"道光为把他爷爷乾隆出生在北京雍和宫的说法作为结论确定下来，不得不把他父亲嘉庆当年说乾隆生在山庄的诗及注都改过来！由于嘉庆的诗早已公诸天下，如果大张旗鼓地修改，会欲盖弥彰。所以道光改得不彻底，有一部分没有改的《嘉庆御制诗集》流传下来，从而愈加使天下官员百姓对乾隆出生地疑窦丛生。

乾隆帝到底是出生在北京雍和宫，还是出生在承德避暑山庄，至今学术界没有定论，仍然是一个历史的疑案。如果是普通百姓，他出生在

什么地方，对民族、对国家来说并没有什么影响。然而乾隆皇帝却不同，乾隆的出生地同他的生母是谁密切相关。大家为什么关心乾隆的生母是谁呢？因为乾隆的母亲"出身名门"或"出身微贱"，会直接影响乾隆的皇位和事业。如果乾隆的母亲是汉人，则又关连到更为复杂的政治问题。

亲生母亲之谜

乾隆的生母，正史记载为"原任四品典仪官、加封一等承恩公凌柱女"；野史传说则有多种说法，如热河宫女李金桂、内务府包衣女子、傻大姐、"村姑"、海宁陈夫人等。乾隆的生母是谁，的确是一桩历史疑案。皇帝的生母出了疑案，这在清朝十二帝中是仅有的，在中国历史上也是罕见的。

康熙五十年（1711 年）七月二十六日，康熙从北京出发到达避暑山庄，九月二十二日回到北京。其间，乾隆的父亲雍亲王胤禛，七月二十六日赴热河请安，八月十三日，乾隆出生。这中间只有 17 天。就是说如果乾隆在避暑山庄出生，那么他母亲在临产前 17 天，大腹便便，行动不便，怎么会到避暑山庄去呢？乾隆的生母或许另有其人？野史记载与民间传说，有多种说法。

第一种传说，乾隆生母是浙江海宁大学士陈世倌的夫人。海宁在清朝有"陈氏三宰相"——顺治朝大学士陈之遴、康熙朝大学士陈元龙、雍正朝大学士陈世倌，他们都不是靠裙带关系，而是靠自身能力当上大学士的。

陈世倌，俗称陈阁老，在康熙年间入朝为官。传说陈世倌与雍亲王一家常有来往，今天陈阁老的旧宅还保存有一块九龙匾，据说是雍正亲笔书写的。那一年恰好雍亲王的福晋和陈阁老的夫人，同月同日分别生

了孩子，雍亲王就让陈家把孩子抱入王府看看。可是，等孩子再送出来时，陈家的男孩竟变成了个女孩。陈阁老意识到此事性命攸关，不敢作声。那换入宫中的男孩，就是后来的乾隆皇帝。许啸天《清宫十三朝演义》中说乾隆六下江南的目的就是探望亲生父母。他六次南巡竟有四次住在陈阁老家的安澜园，为的就是与生身父母相聚。但据孟森著《海宁陈家》考证，乾隆南巡第一次、第二次都没有到海宁。第三次到海宁，陈世倌已死。可见乾隆下江南是为了看望他的生身父母的说法纯粹是捕风捉影，根本没有根据。陈家的园子叫"隅园"，因位于城的一隅而得名。乾隆第四次南巡住隅园，同浙江海塘工程有关，所以乾隆将"隅园"改名为"安澜园"。当代香港小说家金庸是浙江海宁人，他的武侠小说《书剑恩仇录》便是围绕乾隆身世之谜展开的。金庸在小说中有声有色地写道："陈世倌的小孩抱进雍亲王府，哪知抱进去的是儿子，抱出来的却是女儿。陈世倌知是皇四子掉的包，大骇之下，一句都不敢泄露。"这个故事一出炉，乾隆是陈阁老的儿子的传说，便越传越广，越讲越真。

关于"调包"的故事，清朝中期就有传说。先说康熙出自陈家，后来这个传说不攻自破，就又移花接木，安在乾隆皇帝的头上。其实，乾隆出生时，雍正的长子、次子虽已幼年早死，但第三子已经8岁，另一个妃子又即将临产。且这时雍正才34岁，正当壮年，他怎么会在已经有一个8岁儿子的情况下，急急忙忙、偷偷摸摸地用自己的女儿去换陈家的儿子呢？这从情理上是说不通的。退一步说，其时雍正并不知道自己将来能否登上皇位，又怎么会知道陈家儿子是有大福之人呢？

第二种传说，晚清长沙湘潭有一位著名诗人、学者王闿运提出，乾隆的生母虽然是钮祜禄氏，但的确与避暑山庄有关。王闿运是曾国藩的幕友，做过大学士肃顺的西席（家庭教师），也是晚清著名的诗人。他在《湘绮楼文集》里提到乾隆之母："始在母家，居承德城中，家贫无奴

婢，六七岁时父母遣诣市买浆酒粟面，所至店肆大售，市人敬异焉。13岁时入京师，值中外姐妹当选入宫……孝圣容体端顾中选，分皇子邸，得在雍府。后来雍亲王生病，此女日夜服侍。数月雍亲王病愈，怀孕生下了乾隆。"张采田《清列朝后妃传稿》中转引英和《恩福堂笔记》和王闿运《湘绮楼文集》记载，促发人们更加注意这个疑案。但这一说法富于传奇色彩，清遗老金梁等认为，清朝选秀女制度是非常严格的，从清宫《钦定宫中现行则例》中，可以看到当时清宫的一些相关规定。清宫的门卫制度更是森严，怎么可能让承德地方一个女子混进皇宫并入选秀女呢？所以这种传说是靠不住的。

第三种传说，曾做过热河都统幕僚的近代作家、学者冒鹤亭说，乾隆生母是热河汉人宫女李佳氏。上海沦陷期间，作家周黎庵写了《清乾隆帝的出生》一文，发表在《古今文史》半月刊上（1944年5月1日），援引冒鹤亭的说法，并添加雍正喝鹿血等情节，增加了故事性。传说雍正在做雍亲王时，一年秋天在热河打猎，射中一只梅花鹿。鹿血壮阳，雍正喝了鹿血后躁急，身边又没有王妃，就随便拉上山庄内一位很丑的李姓汉族宫女幸之。第二年，康熙父子又到山庄，听说这个李家女子怀上了"龙种"，就要临产。康熙发怒，追问："种玉者何人？"雍正承认是自己做的事。康熙怕家丑外扬，就派人把她带到草棚，丑女在草棚里生下一个男孩，就是后来的乾隆。台湾学者庄练（苏同炳）在《乾隆出生之谜》一文中、台湾小说家高阳在《清朝的皇帝》一书中，都认同这一说法，甚至于提出李氏名叫金桂，因为她"出身微贱"，而旨令钮祜禄氏收养这个男孩，于是乾隆之母便为钮祜禄氏。尽管乾隆生在草棚的传说流传很广、故事生动、影响也很大，但那毕竟是野史，是靠不住的。

第四种传说，晚清文人天嘏在《清代外史》中，说乾隆知道自己不是满族人，因此在宫中常常穿汉服，还问身边的宠臣看自己是否像汉人。

乾隆的确在宫中经常穿汉服，现在故宫还保存着不少乾隆穿汉服的画像，也许这就是引起传说的原因之一。如果仅根据他穿的衣服而确定乾隆的出身，其结论肯定是荒唐的。

第五种传说，民国时期曾任国务总理的熊希龄，从"老宫役"口中听得所谓乾隆生母的故事，并对胡适之讲道："乾隆帝之生母为南方人，浑名'傻大姐'，随其家人到热河营生。"这种传说因《胡适之日记》而流传甚广。

虽然以上传说并不尽可靠，但是，乾隆的生母的确存在文献与档案上的疑点。成书于乾隆十七年（1752年）的萧奭的《永宪录》卷二记载："雍正元年十二月丁卯（二十二日）午刻，上御太和殿。遣使册立中宫那拉氏为皇后。诏告天下，恩赦有差。封年氏为贵妃，李氏为齐妃，钱氏为熹妃，宋氏为裕嫔，耿氏为懋嫔。萧奭在这本书中还提出："齐妃或云即今之崇庆皇太后。俟考。"就是说，在当时就有人对乾隆的生母是谁提出了怀疑。

高阳先生在《清朝的皇帝》一书中认为，萧奭《永宪录》中，"这'俟考'二字，是一暗示，是一隐笔兼曲笔的巧妙暗示；齐妃非高宗生母，而故意这样写，是曲笔；齐妃李氏，暗示高宗生母姓李，此为曲笔"。但是，高阳没有看到清宫的档案。清朝政府有个规定，皇帝家族生儿育女，每三个月要上报一次，写明出生时间和生母。每隔十年，根据出生和死亡记录的底稿，添写一次皇室族谱，就是《玉牒》。在中国第一历史档案馆保存的《玉牒》和生卒记录底稿上，都清楚地写着"世宗宪皇帝（雍正）第四子高宗纯皇帝（乾隆），于康熙五十年辛卯八月十三日，由孝圣宪皇后钮祜禄氏、凌柱之女诞生于雍和宫"。

但是，这位钮祜禄氏是何许人？清宫档案《雍正朝汉文谕旨汇编》雍正元年（1723年）二月十四日记载"雍正元年二月十四日奉上谕：尊

太后圣母谕旨：侧福金年氏封为贵妃，侧福金李氏封为齐妃，格格钱氏封为熹妃，格格宋氏封为裕嫔，格格耿氏封为懋嫔"。

同一件事，《清世宗宪皇帝实录》雍正元年（1723 年）二月甲子（十四日）却记载"谕礼部：奉皇太后圣母懿旨：侧妃年氏，封为贵妃；侧妃李氏，封为齐妃；格格钮祜鲁氏，封为熹妃；格格宋氏，封为懋嫔；格格耿氏，封为裕嫔"。这两份记载的差异，可以有如下解释，即格格钱氏与格格钮祜禄氏是一个人。因为她们都是同一天、都是奉皇太后的懿旨受封，所以熹妃只能是一人。雍正元年八月十七日，正式设立秘密立储制，指定弘历为皇太子。他的母亲总要有一个高贵的出身，因此，将熹妃钱氏篡改为钮祜禄氏。是否可能由内大臣"满洲镶黄旗人四品典仪凌柱"将钱氏认作干女儿？如果事实如此，就解决了身份与姓氏的难题。

在没有其他确凿证据之前，我们只能相信《实录》和《玉牒》的记载。不过，雍正档案与雍正实录关于熹妃钱氏与钮祜禄氏的记载上的矛盾，至今仍不能够完满地解决。所以，乾隆生母问题，仍为历史疑案。

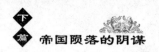

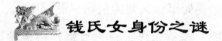 **钱氏女身份之谜**

　　乾隆身世之迷的传播历时已久，它是清朝最有趣、传闻最多的历史疑案。朝野上下，京城内外，官方文献，御制诗文均被搬出来以作考证，而在清末民初排满情绪的推波助澜下，野史笔记、民间故事、戏曲小说，都在尽情地演绎这段故事。在一切传闻和野史都被证伪之后，穿过层层的历史迷雾，绕过热河女子、李佳氏、傻大姐、陈夫人等各形各色的女人，唯一的真相只能锁定于乾隆生于雍和宫，母亲是熹妃钮钴禄氏。于是，乾隆真正的母亲终于和世人见面了：熹妃，钮钴禄氏，崇庆皇太后，满洲贵族血统。

　　自此，好像这所有纷繁的传闻都被考证推翻，真相被正史揭开了。其实不然，翻开有关于这位熹妃的档案，乾隆真正的身世之谜才呈现在世人面前。

　　萧奭的《永宪录》卷二记载：

　　"（雍正元年）冬十有二月丁卯。午刻上御太和殿。遣使册立中宫那拉氏为皇后。诏告天下，恩赦有差。封年氏为贵妃，李氏为齐妃，钱氏为熹妃，宋氏为裕嫔，耿氏为懋嫔。"

　　清宫档案《雍正朝汉文谕旨汇编》雍正元年（1723年）记载：

　　"雍正元年二月十四日奉上谕：尊太后圣母谕旨：侧福金年氏封为贵妃，侧福金李氏封为齐妃，格格钱氏封为熹妃，格格宋氏封为裕嫔，格

格耿氏封为懋嫔。"

《清世宗宪皇帝实录》雍正元年（1723年）二月甲子（十四日）记载：

"谕礼部：奉皇太后圣母懿旨：侧妃年氏，封为贵妃；侧妃李氏，封为齐妃；格格钮祜禄氏，封为熹妃；格格宋氏，封为懋嫔；格格耿氏，封为裕嫔。"

前两条档案是完全吻合的，"封钱氏为熹妃"、"钱氏封为熹妃"。而第三条档案则显示"格格钮祜禄氏，封为熹妃"。三条历史档案中存在着矛盾，但可是肯定的是，"熹妃钱氏"和"熹妃钮祜禄氏"是在同一天奉皇太后的懿旨受封，她们必然是同一个人。按照清宫的规制，册封皇妃不能重名，不仅同一天不会有，整个清王朝都不可能有两个熹妃。萧奭的《永宪录》与清宫档案《雍正朝汉文谕旨汇编》互为证据，不可能同时出错，更不可能错误相同。这两条档案是最有力的证据，它所提供的信息比任何传闻都更具颠覆性，因为它昭示出的是如下事实：乾隆的母亲姓钱，钱姓起源于中国南方，清朝满族人不可能姓钱，所以乾隆的母亲是汉族人，乾隆是满汉混血儿。但是，钱氏在《清世宗宪皇帝实录》中为什么成为了钮祜禄氏呢？钱氏家族的后人钱治冰经过考证认为，雍正元年二月十四日册封熹妃钱氏的时候，还没有秘密立储，也就是说，弘历（乾隆）这时候作为普通皇子，其母亲钱氏和其他普通皇子的母亲一样，都是可以保留汉姓的。而到了雍正元年八月十七日，雍正正式设立秘密立储制，才指定弘历为皇太子。也就是说，熹妃钱氏变成熹妃钮祜禄氏是在雍正秘密立储之时或之后的事。在这里唯一合理的解释就是，皇太子的母亲需要有一个高贵的满族出身，因此必须要将熹妃姓氏篡改为满族贵姓。而钮祜禄氏是满族最高贵的姓氏之一，其先祖巴图鲁额亦都曾帮助努尔哈赤以十三兵甲起家，是奠定清代开国基业的第

一功臣。于是熹妃钱氏便拜巴图鲁额亦都之后四品典仪凌柱为义父，从而改汉姓钱氏为满姓钮祜禄氏了。（钱治冰，《关于乾隆生母最新考证的最终结果》）于是，在乾隆朝修订的《清世宗宪皇帝实录》中，钱氏就成为了钮祜禄氏，清代皇室的《玉牒》（存于中国第一历史档案馆）中也更详细地表明："世宗宪皇帝（雍正）第四子高宗纯皇帝（乾隆），于康熙五十年辛卯八月十三日，由孝圣宪皇后钮祜禄氏凌柱之女诞生于雍和宫。"

如果乾隆的母亲钮祜禄氏原本姓钱，那么，钱氏是谁？根据钱治冰的最新考证："乾隆之母钱氏（1692-1777 年）是浙江嘉兴钱纶光与其妻书画家陈书（1660-1736 年）之幼女，是刑部尚书钱陈群（1686-1774年）的妹妹。"钱陈群其人，"历事康熙、雍正、乾隆三朝，尤得乾隆帝的尊宠，倚为元老儒臣，二人之间除君臣之谊，又是文字知己，乾隆称之为'故人'。钱陈群每有诗作进呈，乾隆必亲笔题诗回赠。他退休后，仍屡次升迁，加尚书衔、太子太保。乾隆帝赐之以'食全俸'，常寄自己的诗作，请钱陈群和作。他数次去北京，为皇太后和乾隆帝祝寿，并同乾隆帝到塞外围场行猎，并参加'香山九老会'。乾隆十六年（1751 年）钱陈群首次扈从高宗圣驾南巡，并随驾钱王祠陪祭。乾隆二十二年（1757 年），钱陈群二次扈从高宗圣驾南巡，再次随驾钱王祠，乾隆赐御诗褒扬钱氏先烈。乾隆二十七年（1762 年），高宗第三次南巡时，钱陈群已告归在籍，即赴常州恭迎圣驾，并扈从无锡、苏州、嘉兴、杭州等地，再次随驾钱王祠，并携台州族孙钱选，以传世唐赐铁卷晋呈御览，乾隆赐御制铁卷歌一首"。此外，"钱陈群的学生阿桂、刘墉、纪昀等备受乾隆重用……钱陈群的子孙世代包括女婿、族人均为朝廷重臣，可见钱陈群与乾隆母子的关系非同寻常，恐怕一般亲戚关系是无法做到这一步的"。（钱治冰，《关于乾隆生母最新考证的最终结果》）

同时，前文提到，乾隆极其关心钱塘江海塘工程，这可能与他的真正身世有关。

"公元前910年8月，吴越王钱镠为了保护海岸，使其免受海潮侵蚀，命人采山阳的竹子，又令矢人造箭三千只，募强弩五百人以射涛头，使'潮回钱塘，东趋西陵'。……乾隆继位后，开始重修钱氏海塘。乾隆二十五年，浙江潮信告警。乾隆从'海塘为越中第一保障'的认识出发，四次亲临海边，检查海塘工程。乾隆二十七年三月，乾隆到杭州的第二天，即亲临海边，亲试打桩，他见石桩必须内移数十丈方能固定，必然会损毁百姓的田庐，是'欲卫民而先殃民'，决定先建柴塘，待接涨沙坚，再改筑石塘。到乾隆晚期，凭借国家强大的经济实力，浙江境内已建成自金山到杭县长达二百四十八里的鱼鳞石塘，钱塘江南岸也修建了自宝山至金山长达二百四十二里的块石篓塘。石塘到现在依然保存完好，仍然起着挡潮防患的作用。乾隆继钱镠之后大力修筑浙江海塘，有力地保护了富庶的吴越地区，此举受到后世的高度评价。"（钱治冰，《关于乾隆生母最新考证的最终结果》）而钱陈群，这个可能是乾隆舅舅的人，正是在远古时代兴修水利、造福百姓的吴越王钱镠的直系子孙。

在《书剑恩仇录》中，主角陈家洛被写成是乾隆的一母同胞，陈家洛在并不知情的时候，与乾隆在钱塘江边畅谈。书中第八回这样描述。"陈家洛道：'当年钱王以三千铁弩强射海潮，海潮何曾有丝毫降低？可见自然之势，是强逆不来的。'乾隆说道：'潮水如此冲刷，海塘若不牢加修筑，百姓田庐坟墓不免都被潮水卷去。我必拨发官帑，命有司大筑海塘，以护生灵。'陈家洛站起来，恭恭敬敬地道：'这是爱民大业，江南百姓感激不尽。'"

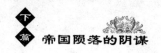

 ## 钱塘水利与乾隆生母的关联

　　自古以来，兴修水利始终是帝王的职责。但乾隆竟六下江南、四赴海宁，住在偏远小镇中的陈家府邸，事无巨细皆亲历亲为，事隔两千多年，乾隆与钱镠为何热衷于在同一个地方做同一件事情？当然，钱治冰的推论仍需更多史料甚至考古成果的辅助研究，但他几乎已经指出了一条研究的路径。这个"钱氏"同时出现在萧奭的《永宪录》与清宫档案《雍正朝汉文谕旨汇编》中，身上必定隐藏着历史的重大秘密，而对这一课题的研究将揭示历史的重大发现。历史上总是存在着各种各样扑朔迷离的疑案，俗文化的演绎让这些疑案浸满了流言蜚语和野史趣闻，满足各种人的兴趣。而考证只能还原历史的真相，考证是无意识的，它可能让一段传奇变得索然无味，也可能让事实振聋发聩。乾隆的身世之谜最终从热河避暑山庄那一大堆丫鬟和宫女的传说以及红学爱好者的狂想中走出来，渐渐显露出本来的样貌。这些传闻和闹剧不仅是娱乐的产物，它也揭示了人类自身的狭隘、脆弱和肤浅，人类总是把虚幻的血统看作荣耀。然而，这一切都无足轻重，历史真相毕竟与任何民族主义无关，乾隆的母亲是汉族人，这和康熙的祖母是蒙古人一样无需避讳。天嘏的《满清外史》中曾经提到，乾隆知道自己不是满洲人，因此经常在宫中身着汉服，还问身边的宠臣自己是否像个汉人。虽然这本书中"乾隆生于陈家"的说法是错误的，但这个"身着汉服"的细节并非杜撰。乾隆

的确喜欢穿前朝明代的服饰，并且经常请画师为他作身穿汉服的画像，这些画像至今仍保存着。

如果乾隆的母亲钱氏确是汉人，并且确是远古吴越王钱镠的后代，那么乾隆喜爱汉服，并且把身穿汉服作为一种荣耀，便再正常不过了。不过，这些画像只能作为旁证，乾隆对汉服的情有独钟未必与他的血统有关，就如同雍正皇帝虽然喜欢穿西装，但不能以此判断他是欧罗巴白种人。

然而，乾隆的母亲究竟是谁，并不能让人们重新认识乾隆皇帝这个人，也不能让人们重新认识清代的历史。毕竟乾隆是汉族人还是满洲人又有什么关系呢？华夷之争来自于狭隘和封闭的心灵，大舜是东夷之人，周文王是西夷之人，然而他们的籍贯何曾影响他们伟大的光辉？中国在远古时代就是一个多民族构成的国家，是一个庞大的因文化母体而统一的文明古国。战争、融合、同化的漫长历史都决定了这个文明的特质，决定了传承的阴暗与光明、奴性与理性、沉沦与觉醒。历史是被偶然性与必然性推动的，乾隆的血统是偶然的，但乾隆朝的历史以及对后世的影响是必然的。作为皇帝，作为统治康乾盛世顶峰的君主，乾隆皇帝固然荣耀之极。他登基后实行宽猛互济的政策，务实足国、重视农桑、减免捐纳、平定叛乱、统一新疆、治理西藏、兴建河务、编修文化典籍……然而，他在现代人的眼中并非一个无可指摘、圣德贤明的统治者。乾隆皇帝一生好大喜功，发动战争、修建园林、重用和珅……耗费了大量人力、财力，致使国库空虚，康乾盛世在他死后戛然而止，他的儿子嘉庆皇帝一生都在为挽救帝国的衰落而奔波劳碌。乾隆皇帝是个古人，做不到现代意义上的高瞻远瞩，他有功也有过，并非十足的明君。然而，乾隆无论是什么血统，都曾是中国的皇帝。乾隆无论身体里是否流着吴越王钱镠的热血，都曾同样为百姓兴修水利之外。这已足够了。

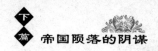

乾隆皇帝弘历在位 60 年，做的事情太多，光记载他言行的《清高宗实录》就达 1500 卷，据统计，共有 13580136 字，还未计标点符号。乾隆皇帝所做出的主要功绩归纳起来，有八件事，除了前面提到的修筑钱塘水利，还有以下七件。

第一件是编修文化典籍。北京内城南面东为"崇文门"，标榜皇帝"崇文"。明清 28 位皇帝，真正称得上"崇文"的，只有两位，就是康熙和乾隆。乾隆在文治方面做的事情很多，最重要的一件就是主持纂修《四库全书》。乾隆编纂《四库全书》，是对中国文化的一大贡献。其一，保存珍贵遗产。集中全国的力量，对各地图书典籍进行了一次全面系统地清理，选择重要的刻本、抄本，缮录采入《四库全书》，使大量书籍虽经天灾而被保存下来。其二，方便学人利用。北到关外，南到江浙，禁城之内，皇家御苑，士林学子，阅览抄录，嘉惠读者。其三，有利文化传承。1983 年将文渊阁本《四库全书》影印出版，化身千百，流传世界。其四，便于分类检索。"以类求书，因书治学。"全书分经、史、子、集四部，再分 44 类，又分 66 目，条理井然，易于查检。但是，乾隆在编纂《四库全书》的过程中，也删了不少书、改了不少书、禁了不少书、毁了不少书。有人据《办理四库全书档案》等资料统计，其毁书约 3000 余种、六七万部。可见，乾隆编纂《四库全书》的负面影响同样不可忽视。总之，世人要给予客观的、公正的评价。

第二件是维护、兴建皇家园林。乾隆在北京及京畿保护、维修、兴建的皇家宫殿园林，如皇宫的宁寿宫及其花园、天坛祈年殿（换成蓝色琉璃瓦）、清漪园（颐和园）、圆明园三园、静宜园（香山）、静明园（玉泉山）、避暑山庄暨外八庙和木兰围场等，其中清漪园改瓮山为万寿山，上建大报恩延寿寺（排云殿），又建佛香阁。这些皇家园林，无不体现着清代园林文化的辉煌，是园林艺术史上一串串璀璨的明珠。除圆明园被

焚毁外，其余园林多成为世界文化遗产。

第三件是贡献诗文才华。乾隆天资聪颖，勤奋好学，擅书画，兼诗文，是一位非凡的文学家、语言学家、书法家、诗人和学者。他不仅精通新满文，而且熟知老满文；不仅对汉语汉文十分精通，还懂蒙、藏、维等多种语言文字。乾隆喜爱书法，造诣精深。他长期痴于书法，至老不倦。自内廷到御苑，从塞北到江南，园林胜景、名山古迹，所到之处，挥毫题字，墨迹之多，罕与伦比。

第四件是蠲免天下钱粮。御史赫泰曾上疏："国家经费，有备无患，今当无事之时，不应蠲免一年钱粮。"乾隆认为："百姓富足，君孰与不足？朝廷恩泽，不施及于百姓，那将施于何处！"所以，乾隆断然下令蠲免全国钱粮。据统计，乾隆十年、三十五年、四十三年、五十五年和嘉庆元年，先后五次普免全国一年的钱粮，三次免除江南漕粮（其中一次为400万石米），累计蠲免赋银2万万两，约相当于5年全国财赋的总收入。蠲免全国钱粮，收到社会效益："诏下之日，万方忭舞。"这话虽有夸饰，但说明此举确实受到欢迎。乾隆蠲免全国钱粮，其次数之多，地域之广，数量之大，效果之好，在封建王朝中，前无古人，后无来者。

第五件是统一整个新疆。北京内城南面西为"宣武门"，标榜皇帝"宣武"。明清28位皇帝，真正称得上"宣武"的，明朝有洪武、永乐，清朝则有太祖、太宗、康熙、乾隆。乾隆不仅"崇文"，而且"宣武"。他的武功之一是用兵西陲，巩固新疆。在北疆，两次平准噶尔，使土尔扈特部回归，基本上解决了北疆的问题。南疆，主要指天山以南的维吾尔族地域，清代称"回部"。准噶尔部强大时，回部受准噶尔贵族的欺凌与侵逼。但是，清军平定北疆后，回部贵族试图摆脱清朝，自长一方。为此，清军同回部军在库车、叶尔羌（莎车）等几座南疆重镇进行了激战，最终获胜，重新统一南疆。

第六件是完善治理西藏。乾隆两次派兵打败廓尔喀（今尼泊尔）的侵犯，制定《钦定西藏章程》。规定：设驻藏大臣督办藏内事务；在西藏驻军，分驻前藏、后藏；喇嘛、班禅额尔德尼等圆寂后，在驻藏大臣亲监下，灵童转世设立金奔巴瓶制，用金奔巴瓶掣签决定继承人，这是乾隆的一个创造；西藏对邻国贸易必须进行登记；西藏货币一律用白银铸造，正面铸"乾隆宝藏"四个字等。《钦定西藏章程》是西藏历史上的重要文献，标志着清朝对西藏进行全面有效的管辖。在雍和宫的"金奔巴瓶"已成历史文物，大昭寺内的"金奔巴瓶"制沿袭至今。

第七件是中华各族一统。清朝已经历"三祖三宗"——太祖努尔哈赤、世祖顺治、圣祖康熙和太宗皇太极、世宗雍正、高宗乾隆六代，乾隆则是集大成者。乾隆在其祖宗既有成就的基础上，进一步巩固并开拓了中国的疆域版图，维护并加强了中华的多民族统一。乾隆时的中国疆域，东起大海，西达葱岭，南极曾母暗沙，北跨外兴安岭，西北到巴尔喀什湖，东北到库页岛。清乾隆时的人口达3亿。清朝"三祖三宗"对中国历史最大的贡献是维护了中国的边疆版图，巩固了多民族国家的统一。

后世对乾隆的评价

正面评价

第一，他是世界上统治时间最长的君王。

有人说，统治纪录的创造者应该是法国"太阳王"路易十四，此人在位 72 年之久。然而众所周知，太阳王 5 岁登基，22 岁才对统治国家产生兴趣，他的实际掌权时间不过 50 年。而从胤禛咽气那一分钟起，到自己咽气那一刻，弘历手握专制皇权 64 年，一天也没有与他人分享。

第二，他是世界上运气最好的君王之一。

其一，他一生身体健康，没有遇到大灾大病。其二，他在 25 岁的盛年继位，获得最高权力的过程非常顺利，毫无波折。其三，他在一个恰到好处的历史节点登上帝位。在此之前，三位皇帝——顺治、康熙和雍正 91 年（1644–1735 年）的统治，已经给他打下了良好的统治基础。

第三，他是世界上统治成绩最辉煌的君王之一。

乾隆年间的满清帝国，政治安定，满人旗人的特权地位较为稳固；经济繁荣，人口大幅度增长。他远征回疆，一举拓土二万余里，帝国的疆域由此巩固。此时的清朝帝国气派恢宏、威震遐迩，环顾四周，悉为属国，"通译四方，举踵来王"。甚至以前从来和清朝没有交往的国家也纷纷遣使来朝，"以亘古不通中国之地，悉为我大清臣仆，稽之以牒，实为未有之盛事"。

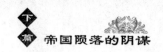

除了统治的成功之外，他在其他方面也都很成功。

第四，他是一个深情而专一的丈夫。

他17岁与出身名门的富察氏（即孝贤皇后）结为夫妇，两人感情极好，伉俪情深，可谓举案齐眉，恩爱无比。皇后不幸于乾隆十三年去世后，他悲痛欲绝，追念终生，写下数百首悼亡之诗，其辞句感情真挚，令人动容，是他所有诗词中最见真情的上乘之作。

第五，他是一个极为孝顺的儿子。

戴逸先生在《乾隆帝及其时代》中说："乾隆对他的母亲，感情深挚，发自天性。故礼敬有加，始终不渝。"他平时3天问安，5天侍膳，对母亲的生活起居关心备至。皇太后逝世后一年之内，本来几乎每天都要写诗的他诗兴大减，作品寥寥。

负面评价

第一，他是中国历史上最大的专制者。

他积六十余年努力，完成了中国历史上最缜密、最完善、最牢固的专制统治，把皇权推到了顶点。他的乾纲独断，严重压抑了民众甚至官僚阶层的主动性和创造性，强化门同时也僵化了专制体制，给以后的发展制造了巨大障碍。他蛮不讲理地利用专制权力，对社会进行了前所未有的严密控制，使所有人都不敢乱说乱动，消灭了任何不稳定的萌芽。乾隆推行"臣奉君，子遵父，妻从夫，不可倒置也"的机构制度，强调不得"越级上访"，对于群众的聚众抗议，维护自己的权利的行为，他总是视如大敌，一再强调要"严加处置"，甚至"不分首从，即行正法"。因此，普通民众无论被贪官污吏如何压榨剥削，走投无路，也只能听天由命，不得"越级上访"。而对受百姓反对的官员，加以保护，"于官员应得处分，不即汲汲究治。独虑匪徒因此长奸，不可不防其渐也"。

第二，他是中国历史上最残忍、最疯狂的文字狱制造者。

乾隆年间的文网之密，文祸之多，在中国历史上空前绝后。在这个所谓的"圣主"、"十全老人"的乾隆时期，文字狱达到顶峰，共发生一百三十余案。其中四十七案的案犯被处以死刑，这意味着生者凌迟、死者戮尸、男性亲族十五岁以上者连坐立斩。而由牵强附会、望文生义、捕风捉影造出的文字狱，如脱缰野马不可控制。甚至一些疯子的胡乱涂抹也被定为"逆案"，凌迟处死，荒唐到极点。

第三，他是中国历史上最恶毒的文化毁灭者。

乾隆皇帝借修书而禁书的阴谋实在比秦始皇还要阴毒万分。他一生禁毁图书有记载者三千一百多种，十五万一千多部，而民间因惧祸而自行毁掉的书更是不计其数。比起秦始皇的焚书坑儒，乾隆有过之而无不及。

第四，他固步自封，错过了了解西方世界的最佳机会。

乾隆时期是清朝入关后的的顶峰，也是清朝被世界甩下的时期。欧洲这时建造出新式战舰，在各个方面迅猛变革、发展之时，也正是乾隆皇帝自我陶醉之际，西方与清朝帝国擦肩而过，迅速超越。

青年时还是皇子的乾隆，曾搞过一个古代帝皇排行榜，他认为唯一可以值得自己效法的皇帝只有唐太宗李世民，乾隆对他推崇备至，乾隆梦想成为最伟大最成功的皇帝。他是完美主义者，他熟读中国历史，认为最成功的只有汉文帝、唐太宗、宋仁宗。乾隆觉得唐太宗"三代以下行出之贤君。虚心待物，损己益人，爱民从谏，躬行仁义"。唐太宗为人行政的特点是开明宽厚。他也要这样做。

纵观乾隆一生，仁孝宽和，勤政爱民（乾隆每天都是 5 点多就起床)，"揆文奋武，于斯为盛"，确为古代帝皇中有作为者中最出类拔萃的那一类。

《清史稿》："高宗运际郅隆，励精图治，开疆拓宇，四征不庭，揆

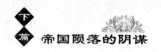

文奋武，于斯为盛。享祚之久，同符圣祖，而寿考则逾之。自三代以后，未尝有也。惟耄期倦勤，蔽于权幸，上累日月之明，为之叹息焉。"

乾隆轶事：六下江南

乾隆最为百姓津津乐道的就是六下江南。

乾隆下江南是仿其皇祖父康熙，目的之一是为了探访民情，古代信息不发达，皇帝要想了解民情，就得多到民间走走；其二是为了加强清朝政权与江南地主士绅的联系。江南是明王朝起家之地，当地居民对明王朝最拥护，清军入关后反抗也最激烈，也遭到了最惨烈的屠杀。而江南经济发达，帝国财赋又大半来源于此，所以康熙、乾隆都利用下江南的机会加强与江南地主士绅的联系，以巩固统治；其三是为了河工，乾隆下江南除了视察大坝，还视察浙江海塘等水力工程。乾隆自己说："南巡之事，莫大于河工。"

然而，和康熙相比，乾隆下江南游乐的目的大大增加。康熙帝六次南巡轻车简从："所有巡狩行宫，不施彩绘，每处所费，不过一二万金。较之河工岁费三百余万，尚不及百分之一。"而乾隆帝则是前呼后拥，大批后妃、王公亲贵、文武官员相随。沿途修行宫、搭彩棚、舳舻相接、旌旗蔽空。为搬运帐篷、衣物、器具，动用马六千匹，骡马车四百辆，骆驼八百只，征调夫役近万人。不仅沿途地方官要进献山珍海味，还要从全国各地运来许多食品，连饮水都是从北京、济南、镇江等地远道运去的著名泉水。

嫡子即位话道光：旻宁入继大统之谜

　　道光帝在位期间，清朝积贫积弱，他为挽救清朝衰落做了一些努力，如整顿吏治、整厘盐政、通海运、平定张格尔叛乱、严禁鸦片……起到了一定积极作用。他本人力行节俭、勤于政务，但作为一个帝王，他的资质不高，加之社会弊端积重难返，清王朝在道光帝的统治时期进一步衰落，和西方的差距也越来越大，1842年清朝在鸦片战争中失败，签订丧权辱国的《南京条约》，此后十年道光帝苟安姑息，得过且过，没有任何学习西方，振兴王朝的措施。其于道光三十年（1850）正月十四日去世，在位30年，终年69岁，庙号宣宗，葬慕陵。关于这位资质一般的旻宁，到底是怎么被选为皇位的继承者的，历史上也是众说纷纭。

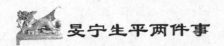 旻宁生平两件事

清道光帝爱新觉罗·旻宁，乾隆四十七年（1782年）生，属虎。他

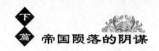

39 岁登基，在位 30 年，享年 69 岁。道光皇帝在清朝十二帝中，是唯一嫡子继承皇位的皇帝。清代第一个继位者皇太极，不是嫡出；皇太极的儿子福临，是第九子，母亲为庄妃；顺治的儿子康熙，是第三子，母亲佟佳氏，也是妃子；康熙的儿子雍正，是第四子，母乌雅氏，为德妃；雍正的儿子乾隆，是第四子，母钮祜禄氏，也是妃子；乾隆的儿子嘉庆，是第十五子，母魏佳氏，为皇贵妃。以上是道光皇帝的先辈，再看他的后辈：道光的儿子咸丰，是第四子，母钮祜禄氏，为贵妃；咸丰的儿子同治，是独子，母为懿贵妃；光绪、宣统都不是皇子。所以，只有道光是嫡子继承皇位的皇帝。

道光是嘉庆的第二子，母喜塔拉氏，生前正式册立为皇后。喜塔拉氏，副都统、内务府总管和尔经额之女。乾隆三十九年（1774 年），乾隆为颙琰册喜塔拉氏为嫡福晋，这年颙琰 15 岁。乾隆四十七年（1782 年）八月初十，喜塔拉氏在皇宫撷芳殿生下一子，名绵宁（旻宁），就是后来的道光皇帝。嘉庆即位，册喜塔拉氏为皇后。但她没有福气，当了一年零三十七天皇后，便得病死去。这年旻宁 16 岁。

皇父对旻宁格外关怀、悉心教导，要他静心读书，修心养性。旻宁受到儒家教育，"经史融通，奎藻日新"，以此自诩，学而有成。他"日与诗书相砥砺"，写成《养正书屋诗文》40 卷。他亲笔书写"至敬、存诚、勤学、改过"四个条幅，挂在屋中，以提示自己要修身养性，也向皇父表露心迹。他曾写道："事愈大，心愈小；情愈急，气愈和。"可见旻宁在当皇子时，时常注意磨炼自己的性格。

道光皇帝旻宁这一辈子经历过许多风风雨雨的事情，但印象最深刻的，却有两件。

一件事情，发生于嘉庆十八年（1813 年）九月十五日，那时旻宁还是皇子。天理教教主林清领了 200 名乌合之众，动作娴熟地攻进了紫禁

城东华门、西华门，冲着养心殿奔杀而来。史称"癸酉之变"。这件事情的发生有点奇怪，林清其人做过药店店员、官府佣人及运粮船夫，一辈子都在基层厮混，他凭什么本事轻易就突破了号称壁垒森严的紫禁城的防线呢？当时，昭梿是清太祖第二子代善之后，嘉庆时授散秩大臣，袭亲王爵。林清在紫禁城弄出动静之时，昭梿正与书童下棋消磨时间，听到这个消息，昭梿赶紧驰马入宫抢新闻，后来，昭梿在《啸亭杂录》中便以战地记者的身份，报道了这场发生于深宫之中的遭遇战："贼由门外诸廊房得逾墙窥大内，皇次子立养心殿阶下，以鸟枪击毙二贼，贝勒绵志亦趋入，随皇次子捕贼。""有刘姓者（指教徒）缚卧隆宗门侧，闻火枪声，自相怨艾曰：吾早言是物凶狠，终不能成事，若辈不听好语至此。"皇次子即旻宁，旻宁手中拿着的那把凶猛的火枪，有人说是鸟铳，当时刚刚从西洋传入的一件时尚武器，也有人讲是明永乐时的神机枪。总之，当时的旻宁手持这件劳什火枪，犀利无比，教民在他的精确点射下大为气馁，官军这才一举取得了紫禁城保卫战的辉煌胜利。嘉庆对于旻宁的"有胆有识，忠孝兼备"，当然感到开心，因此，便给旻宁加封了一个"智亲王"的光荣称号。这应该是旻宁一生中所做过的一件最快意人生的事情了。

至于第二件事情，就令旻宁难以接受了。中国有史可查的王朝过去了83个，大大小小、高高矮矮的皇帝也已过去了559位，大家都说自己是上天的儿子，可是，为什么就嘉庆帝这一个儿子特别的倒霉呢？他竟然是被雷电劈死的。当时，嘉庆帝在承德的避暑山庄木兰秋狝，有关他的死，大臣中悄悄流传着各种不同的说法。一说是嘉庆帝晚饭后躺在床上打饱嗝儿，突然，热河上空雷鸣电闪，一个滚地雷猝不及防地冲着嘉庆帝扑面而来，嘉庆帝当即"触电"身亡。另一种说法则是嘉庆帝领了大队人马在木兰围场围猎。但是，这一年，嘉庆帝的手气特别差，大型

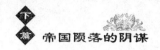

的野生动物老虎、黑熊什么的，连毛都没捞着一根，只猎获一些小兔子、小鸟，因此，嘉庆帝特别的无趣。就在嘉庆帝决定回京的这一天，半路上忽然下起倾盆大雨，雷电交加，忽然一声霹雳，嘉庆帝在众人的簇拥中跟跄掉落于马下，一瞬间变成了一具死尸，所有的人均惊得目瞪口呆！最后一种说法尤其诡异，说是嘉庆帝与一小太监长期保持着断袖之好。嘉庆帝正与小太监在避暑山庄烟波致爽殿中鬼混，忽然一道道的闪电穿过一层层的乌云，朝着烟波致爽殿奔腾而来。其中一个小火球钻进了小楼，在嘉庆帝的身上炸开。嘉庆帝就此成为一个永恒的传说。

早在嘉庆八年（1803 年），嘉庆帝在宫中就险些被陈德刺死。当时，大难不死的嘉庆帝曾经在《遇变罪己诏》中，心有余悸地讲过这么一句话："朕虽未能仰绍爱民之实政，亦无害民之虐事，突遭此变，实不可解！"

宫中对于嘉庆帝的死因是讳莫如深的。可是，父皇嘉庆帝的惨死，却在道光帝的心理投下了一个很深的阴影。后来，道光帝执政时老是表现出一种前怕虎、后怕狼的犹豫，做什么事情都有一种战战兢兢、如履薄冰的慎微。道光帝越是怕出错，越是祸事连连，这也难怪大清朝的气场不行了。

随着嘉庆帝的死亡，旻宁即将面临一场政治危机，他能否顺利继承大统，这其中又会有什么样的波折……

继承皇位之匣

　　嘉庆二十五年（1820年）七月十八日，嘉庆到热河木兰秋狝，自圆明园启程。命皇次子智亲王旻宁、皇四子瑞亲王绵忻随驾。这年，嘉庆61岁，"身体丰腴，精神强固"。二十四日，嘉庆到达热河行宫，"圣躬不豫"。当天，嘉庆到城隍庙拈香，又到永佑宫行礼。二十五日，嘉庆病情严重，当夕崩逝。嘉庆暴死，死因不明。有人据皇族后人的口碑，说嘉庆死于雷击。如果此说属实，清人官私著作，定不敢如实记载。嘉庆死亡的原因，可能是年逾花甲，身体肥胖，天气暑热，旅途劳顿，诱发心脑血管病而猝死。嘉庆皇帝突然驾崩，国不可一日无主，皇位继承成为当时朝廷的头等大事。但是，旻宁继位，史有疑案。

　　按祖制家法，皇帝立储的匣应放在乾清宫"正大光明"匾后面。雍正元年（1723年）八月十七日，雍正皇帝在乾清宫西暖阁，宣布实行"秘密立储"。皇帝立皇太子的御书匣，悬置于乾清宫"正大光明"匾额之后。在道光之前，开启"匣"宣示传位密旨继位者，只有乾隆和嘉庆。乾隆叙述开启"匣"的过程说："逮皇考传位联躬，宣示密缄，仓猝之际，朕不敢自行启封，召同大学士鄂尔泰、张廷玉，当面展缄敬阅。"这就是所谓"公同手启，立定大统"。由此可见，"宣示密缄"是嗣君与朝臣共同开启的。乾隆内禅皇位给嘉庆，是由乾隆亲自开启匣宣谕的。乾隆三十八年（1773年），密立皇十五子颙琰（嘉庆）为皇太子，并按照

雍正帝立下的规矩收藏秘密立储诏书。乾隆六十年（1795年）九月初三日，乾隆在圆明园勤政殿，召集皇子皇孙、王公大臣等"将癸巳（乾隆三十八年）所定密缄嗣位皇子之名，公同阅看，立皇十五子嘉亲王颙琰为皇太子"云云。嘉庆秘密立储御书的匣，自然不应例外。嘉庆在避暑山庄病逝后，本应立即派大臣急驰北京，到乾清宫取下正大光明匾后的秘密立储御书。但是，当时并没有这样做。那么秘密立储御书收藏在何处？据包世臣所撰《戴公（均元）墓碑》文记载当时情状，匣御书由嘉庆随身携带。《碑文》记载，嘉庆二十五年（1820年）春，戴均元拜文渊阁大学士，晋太子太保，管理刑部。七月，戴均元和托津等随从嘉庆帝到热河木兰秋狝，"甫驻跸，圣躬骤有疾，不豫。变出仓猝，从官多皇遽失措"。戴均元和托津督促内臣翻检皇帝遗物，最后在嘉庆皇帝近侍身边的"小金盒"里找到了传位诏书。"匣"没有放在乾清宫"正大光明"匾之后，"匣"开启时也没有储君等在场，这是违背清室"家法"的。于是有的学者认为："'匣'随嘉庆带往避暑山庄的记载，实难采信。"此为历史疑云之一。

宗室建议，嘉庆刚断气，总管内务府大臣禧恩，建议由旻宁继位。禧恩，宗室，满洲正蓝旗，睿亲王淳颖之子。这里要补充一句，当年睿亲王多尔衮没有儿子，其弟多铎的儿子多尔博过继给多尔衮，袭睿亲王。多尔衮被革王爵、撤庙享后，多尔博又归宗多铎后。乾隆给多尔衮平反，恢复多尔衮睿亲王封号，多尔博仍为多尔衮的继承者。其时多尔博已死多年，命他的五世孙淳颖袭睿亲王爵。睿亲王淳颖是嘉庆惩治和珅所依靠的重要亲信和得力大臣，他的儿子禧恩，初入宫为头等侍卫，继升为御前侍卫，后升为内务府大臣。嘉庆二十五年（1820年）七月，禧恩作为内务府大臣，随嘉庆皇帝车驾到避暑山庄。《清史稿·宗室禧恩传》记载："仁宗崩于热河避暑山庄，事出仓猝，禧恩以内廷扈从，建议宣

宗有定乱勋，当继位。枢臣托津、戴均元等犹豫。禧恩抗论，众不能夺。会得秘匦朱谕，乃偕诸臣，奉宣宗即位。"禧恩出身宗室，地位重要，影响也大，其建议没有得到军机大臣托津、戴均元等认同，这道光《情殷鉴古图》说明，奉旻宁嗣位一事在当时似曾经过一场激烈的争论。禧恩建议旻宁继位，表明嘉庆生前并未就嗣位之事在大臣中公布，禧恩建议时也未公启匦。否则，托津、戴钧元等不会"犹豫"而不表态。所谓"公启匦，宣示御书"之说，存在矛盾，大可存疑。禧恩只是内务府大臣，按照"家法"，他没有资格"建议旻宁继位"，可是他又为什么违背"家法"而这样"建议"？此为历史疑云之二。

另有太后懿旨一讲，即孝和睿皇后传懿旨让旻宁嗣位。嘉庆先后有两位皇后，第一位是孝淑睿皇后，喜塔拉氏，为道光的生母，她只当了一年多的皇后就病死。第二位皇后是孝和睿皇后，钮祜禄氏。她生下两个儿子——皇三子绵恺和皇四子绵忻，但她对旻宁备加照顾，他们关系很好。孝和睿皇后并不知嘉庆皇帝密诏匦在什么地方，她应当也不知道"秘密立储"所立的皇太子是谁。然而，当她在北京皇宫惊悉嘉庆崩于热河行宫噩耗时，便发出懿旨："今哀遭升遐，嗣位尤为重大。皇次子智亲王，仁孝聪睿，英武端醇，现随行在，自当上膺付托，抚驭黎元。但恐仓卒之中，大行皇帝未及明谕，而皇次子秉性谦冲，素所深知。为此特降懿旨，传谕留京王大臣，驰寄皇次子，即正尊位。以慰大行皇帝在天之灵，以顺天下臣民之望。"皇太后懿旨对于旻宁嗣位，关系极为重要。旻宁在热河接奉懿旨时，伏地叩头，感恩不尽！后来所有正史均只记载了避暑山庄公启匦之事。道光复奏皇太后文曰："子臣（旻宁）跪奏：本月二十五日，皇父圣躬不豫，至戌刻大渐……维时御前大臣、军机大臣、内务府大臣，恭启匦，有皇父御书：嘉庆四年四月初十日卯初，立皇太子（旻宁）朱谕一纸。该大臣等，合词请遵大行皇帝成命，以宗

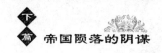

社为重，继承大统。子臣逊让，至再至三。该大臣等，固请不已。本日（二十九日），恭奉懿旨，子臣即正尊位。皇父、皇母，恩慈深厚，子臣伏地叩头，感悚不能言喻……谨将匣所藏皇父朱谕，恭呈懿览，谨缮折复奏，恭谢慈恩。七月二十九日。"当年康熙继位，是孝庄太后的意思，但是用顺治遗诏名义宣布的，而不是用皇太后"懿旨"的名义。这里产生了问题，皇太后指令旻宁继位违背"祖制"、"家法"，如果懿旨同遗诏发生矛盾怎么办？此为历史疑云之三。

当时朝臣态度，据《清史稿·托津传》记载："仁宗崩于热河避暑山庄，事出仓猝，托津偕大学士戴均元，手启宝盒，奉宣宗即位。"托津，为满洲富察氏，自嘉庆十年（1805 年）任军机大臣，又任正白旗领侍卫内大臣、东阁大学士，可谓枢密老臣、朝廷重臣。《清史稿·戴均元传》也记载："扈从热河，甫驻跸，帝不豫，向夕大渐。戴均元，乾隆进士，官协办大学士、军机大臣、上书房总师傅。均元与大学士托津督内侍检御箧，得小金盒，启，宣示御书立宣宗为皇太子，奉嗣尊位，然后发丧。"这两条记载，同《清史稿·宗室禧恩传》记载不一致。包世臣所撰《戴公（均元）墓碑》文，记载当时寻找并开启匣的情状：在嘉庆临终时，由托津、戴均元督促太监，翻箱倒箧，寻觅匣，最后由近侍于身间找出小金盒。而前引《清史稿·宗室禧恩传》所载，禧恩建议立旻宁，托津、戴均元均犹豫，则并无其事。托津、戴均元开启金盒时，也没有见记载当事人旻宁在场。人们对此事的真伪产生怀疑。此为历史疑云之四。

实录记载，嘉庆秘密立储朱谕密旨缄藏在"匣"内。《清仁宗实录》载："上（嘉庆）疾大渐，召御前大臣赛冲阿、索特纳木多布斋，军机大臣托津、戴均元、卢荫溥、文孚，总管内务府大臣禧恩、和世泰，公启匣，宣示御书：嘉庆四年四月初十日卯初，立皇太子旻宁。"《清仁宗

实录》是道光继位之后修纂的。《清宣宗实录》也记载："仁宗疾大渐，召御前大臣赛冲阿、索特纳木多布斋，军机大臣托津、戴均元、卢荫溥、文孚，总管内务府大臣禧恩、和世泰，公启匣，宣示御书：嘉庆四年四月初十日卯初，立皇太子旻宁朱谕一纸。戌刻，仁宗崩……扈从诸臣，遵奉硃笔遗旨，请上即正尊位。上号恸仆地，良久方起。"《清宣宗实录》是咸丰修的，不会同他父皇纂修的《清仁宗实录》相违背。以上两个"实录"总算将这件事自圆其说。在相关的档案中，"公启匣"为"公启密缄"。据此，当嘉庆病危时，临终前召戴均元、托津、禧恩等八大臣，"公启匣"，立旻宁为皇太子。然而，这同前面《清史稿·宗室禧恩传》的记载相矛盾。此为历史疑云之五。

八月二十二日，嘉庆帝的灵柩从避暑山庄运回北京，在乾清宫停放。嘉庆暴卒，事前毫无准备，避暑山庄没有准备棺木。旻宁命速送"梓宫"来热河，嘉庆遗体在避暑山庄入殓，由承德运往北京。旻宁跟随灵柩而行，并已开始处理政务。八月二十七日，旻宁正式即位于太和殿，颁诏天下，成为清朝入关后的第六代皇帝。

由上看出，旻宁继位，得到了以禧恩为代表的宗室之建议和认同，又得到皇太后的中宫懿旨和皇弟瑞亲王绵忻的赞同，最主要是有军机大臣等开启匣的御书圣旨。旻宁继位，皇太后与瑞亲王绵忻、宗室禧恩、军机大臣等达成共识，和平过渡。但是，在官私记载中，前后矛盾，彼此抵牾，仍给人们留下重重迷雾。

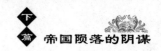

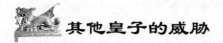
其他皇子的威胁

其实，对于道光帝的即位，下面的臣子也不是没有闲言碎语的。

嘉庆帝猝死，根据王氏《东华录》的说法："嘉庆四年四月初十，仁宗遵密建家法，亲书上命，缄藏匣，默体先志，慎简元良。"似乎道光帝的上位是笃定的。

但是，仔细观察此阶段其他史料中流传出来的种种说法，却又另有隐情。因为后来，嘉庆帝可能改变主意，把密藏于乾清宫"正大光明"匾额之后的匣撤了出来。根据御制《古今储贰金鉴》的说法，雍正帝制定的秘密确立储君圣旨，皇帝在选定继承人之后并不需要向群臣宣布，而是预立密诏两道，一道藏于乾清宫"正大光明"匾额的后面，一道藏于皇帝随身携带的金盒之中。一旦皇帝升天了，大家把两道密旨放在一起印验无误，即可以举行新皇帝登基的手续。当时，嘉庆帝崩驾后，朝廷重臣们只从服侍嘉庆帝的一个小太监身上搜出了密旨的副本，而"正大光明"匾额后的正本却失踪了。按照大清朝新君确立的严格程序，道光道的继承权并不明朗，因此，道光帝当时面临着他人生的第一次重大的政治危机。

当然了，中国官方史书对于这一段秘史秘而不宣。倒是来自于朝鲜国的一个叫朴绮寿的书状官，为这件事提供了想象的空间。韩国出版的《同文汇考》一书中，记载有他在嘉庆二十二年（1817年）三月二十九

日所写下的一段日记："皇帝有三个儿子，长子面貌凉薄，人且凡庸。第二子则广颊丰耳，人亦宽弘。第三子则最为颖悟，有文艺，年虽少而颇练达事务，皇帝最喜欢他。"朴绮寿所描绘的"皇帝三子"，为当时的长子绵宁，36岁（道光帝担心绵字老百姓不容易避讳，当皇帝后便改名旻宁），次子绵恺22岁，最小的儿子绵忻12岁。绵恺、绵忻均为道光帝的继母孝和睿皇太后所生。当时，36岁的道光人瘦削得像一只猴子，又没有多少精气神儿，整个人的精神状态像极了一个昏昏欲睡的乡下人，这难保后来的嘉庆帝不会产生其他的想法。

嘉庆四年（1799年），道光帝被确定为储君之时，道光的生母孝淑睿皇后去世还不到两年，后来的孝和睿皇太后当时还没有升为皇后，只不过是一位贵妃，因此，绵宁以嫡长子的身份跻身于储君，那是任何人都不敢说闲话的。何况当年嘉庆帝膝下还只有18岁的绵宁、4岁的绵恺，小绵忻还没有来到这个世界，作为一种预防性的建储措施，嘉庆帝舍道光便没有其他更合适的人选了。

但是，到了嘉庆二十五年（1820年），嘉庆帝暴毙那一年，绵宁的优势已一点点地流失。绵宁除了在嘉庆十八年（1813年）那年，露了一手好枪法之外，在以后的岁月中表现得乏善可陈。嘉庆帝发现绵宁的性格比自己更加墨守成规，而且容貌猥琐，嘉庆帝担心即位后的绵宁不能镇住下面那些营私结党的臣子。如此，嘉庆帝对绵宁产生了"望之不似人君"的复杂想法。其次，则在于幼子绵忻的伶俐喜人。14岁的绵忻，人长得犹如晨月朗朗生辉，优雅极了。他的生机跟绵宁的枯淡恰成为一种鲜明的对比。何况，这时，绵宁的生母孝淑睿皇后已经死了很久，孝和睿皇太后却仍处于一个女子的盛年，从来只闻新人笑，有谁听得故人哭？其时，嘉庆帝的万千宠爱，正在幼子绵忻的生母钮祜禄氏皇后（即孝和睿皇太后）身上，嘉庆帝如果是爱母及子的话，绵忻则拥有很大的机会

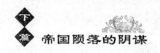

即位。如此，嘉庆二十五年这一年，14 岁的绵忻被嘉庆皇帝晋封为瑞亲王，而其同母的兄长绵恺尽管已经成年，却只得到了一个郡王的封爵。

事实上，不要以为这种事情全是后人臆想出来的，它在当时是有草蛇灰线的蛛丝可寻。包世臣在为戴均元写铭文时讲，仁宗崩后，从官多皇遽失措，"公与文恪（托津）督内臣检御箧十数，最后近侍于身间出小金盒，锁固无钥，文恪拧金锁发盒得宝书，公即偕文恪奉今上即大位"。包世臣在这里有点说大话，实际上，当时的军机大臣戴均元、托津面对这种复杂的政治局面，态度均有点犹豫，这时候，任何人只要在政治上走错半步，就可能惹来诛灭九族的滔天大罪。因此，拿不定主意的朝廷重臣们，便让内务府大臣和世泰回一趟北京城，瞧瞧皇后钮祜禄氏是什么态度。

于是，邓之诚在《骨董琐记》中，便躲躲闪闪地扯出另一段话茬儿："嘉庆二十五年七月戊寅，帝暴崩，无遗诏。内务府大臣禧恩，援立智亲王，是为成帝，禧恩由是贵幸无比。孝全选妃时，二次被摈，以为决不入选矣，遂字（许配）禧宁之子。末次忽中选，并专宠。禧宁于道光中叶得显官，畀重任，皆内援也。"这事儿又絮絮叨叨地牵扯到了道光帝第三个皇后孝全成皇后钮祜禄氏，其是孝和睿皇太后的内侄女，即后来咸丰帝的亲生母亲。她后来跟禧恩、禧宁兄弟二人倚立而为，缓急时成为可以依靠的同党。《清史稿·禧恩传》也把这段故事移抄了过去：仁宗崩后，"禧恩以内廷扈从，建议宣宗有定乱勋，当继位。枢臣托津、戴均元等犹豫，禧恩抗论，众不能夺。会得秘匮朱谕，乃偕诸臣奉宣宗即位"。

孝和睿太后这时候，孝和睿太后的个人态度对于新帝的确立，似乎也是至关重要的。当时，孝和睿太后听完和世泰的情况介绍之后，审时度势，觉得她与绵恺、绵忻娘仨，未必争得赢在朝廷中经营多年的旻宁，

便识趣地从这一场政治旋涡中退了出来。孝和睿太后从北京深宫向热河发了一道懿旨，这对于道光帝的入承大统起了一锤定音的作用："今哀遭升遐，嗣位尤为重大。皇次子智亲王，仁孝聪睿，英武端醇，现随行在，自当上膺付托，抚驭黎元。但恐仓卒之中，大行皇帝未及明谕，而皇次子秉性谦冲，素所深知。为此特降懿旨，传谕留京王大臣，驰寄皇次子，即正尊位。以慰大行皇帝在天之灵，以顺天下臣民之望。"

此后，道光帝的一生，与孝和睿太后的一生基本走成了两条平行线。乾隆五十六年（1791 年），孝和 14 岁时嫁给了嘉庆，道光二十九年（1849 年）十二月十一日去世，孝和与道光相处了整整一个 60 年的甲子。正史上夸奖道光帝服侍孝和睿太后比自己的亲额娘还亲切，实际上这两人的关系却充满了纠结。

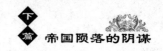
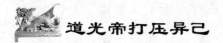

道光帝打压异己

朝鲜国使者朴绮寿当年评价道光的性格为"面貌凉薄"，这话也不是没有一点道理。

道光坐上皇帝宝座的第十天，就对三心二意的军机大臣们下手了。嘉庆二十五年九月初七（1820年10月13日），道光帝搞了一个"嘉庆帝遗诏"的政治事件。道光帝抓住军机大臣们代拟的嘉庆帝遗诏中的一句话："况避暑山庄为皇考降生之地。"事实上，乾隆帝到底是出生于避暑山庄，还是出生于北京城中的雍和宫，这本来就是一本糊涂账。乾隆帝在诗中曾经自称降生于雍和宫；后来他的儿子嘉庆帝却又几次在公众场合声称，父亲乾隆帝是出生于避暑山庄的。当时，大家都不以为意。这个时候，道光帝要整人了，便借此追究众军机大臣们的失言之罪：我的皇祖乾隆帝生前，明明已经承认过自己是出生于雍和宫的。为什么你们几个老东西偏偏要把朕的皇祖，塞到偏僻的避暑山庄去呢？这是何居心！

军机大臣托津、戴均元两人对道光帝只有干瞪眼的份儿。两人知道这是道光帝在借机找碴儿，只得乖乖地打起包袱走出了军机处，回家养老去了。另外两个军机处大臣卢荫溥、文孚则背了降五级的行政处分，留在军机处行走。道光帝不动声色地露了这一手，以后，再也没有人敢在背后议论道光帝像一个昏昏欲睡的乡下人。

另外，就是孝和睿皇太后的两个倒霉的亲生儿子绵恺与绵忻。他们在生性薄凉的道光帝手中，似乎也没过上几天的舒心日子。《清史稿·诸王列传》在讲到绵恺时，曾经轻飘飘地说："宣宗即位，进亲王。道光三年正月，命绵恺内廷行走。旋以福晋乘轿径入神武门，坐罢，罚王俸五年。上奉太后幸绵恺第，仍命内廷行走，减罚王俸三年。七年，坐太监张明得私相往来，复匿太监苑长青，降郡王。八年十月，苍震门捕贼，急难御侮，复亲王，谕加意检束。十三年五月，绵恺以议皇后丧礼引书'百姓如丧考妣，四海遏密八音'，于义未协，退出内廷，罚王俸十年。十八年五月，民妇穆氏诉其夫穆齐贤为绵恺所囚，命定郡王载铨按实，复降郡王，罢一切职任。十二月，薨，复亲王。"道光帝把绵恺翻来覆去地折腾了十数年，最后，绵恺终于一口气上不来，呜呼哀哉了。道光帝这才冠冕堂皇地把绵恺请上了神坛。至于道光帝那曾经的潜在政治对手绵忻，正应了古人常说的一句话："得势早，走得也早。"《清皇室四谱》中说："绵忻生于嘉庆十年二月初九日子时，嘉庆二十四年正月封瑞亲王，二十五年七月管理武英殿御书处内翻书房事务，八月赏戴红绒结顶冠。道光三年正月奉旨在内廷行走，五年十一月被解去武英殿御书处事务，道光八年八月十九日巳时薨，享年 24 岁，谥曰怀，有一子。"一个曾经充满嘉庆帝希望的热心青年，竟然是这样的来也匆匆，去也匆匆，走过去了，就不再回头，无论生母孝和睿太后如何泪眼蒙眬。这令道光的心底恍然生发出了一种无可言说的惆恍感。

但是，孝和睿太后生前，也曾经向道光帝发动过一次相当有效的偷袭。

上文中曾经提到过的道光帝第三任皇后孝全成皇后，与孝和睿皇太后曾经是一对关系很亲近的姑母侄女。后来，孝全成皇后很受道光帝的宠爱。文献中形容这位皇后说"知书达理、娇媚可人"。事实上，孝全成皇后长得一点也不好看，她天生就是一个龅牙女。如果道光帝认为一个龅牙女是天下第一美女的话，那只能说明他的审美倾向有问题。最初，孝和睿皇太后在宫中大力抬举自己的这位内侄女，私心里是想为自己在宫中添一个制约道光帝的羽翼。谁知孝全成皇后生下了四阿哥奕𬣞之后，就渐渐不把自己的姑姑孝和睿皇太后放在眼里了，这是孝和睿皇太后所不能忍受的。于是，道光二十年正月十一（1840 年 2 月 13 日），正值春秋盛年的孝全成皇后，在喝过了孝和睿皇太后赐予的数杯药酒之后，竟然驾鹤仙逝于钟粹宫之中。当时，道光帝心里虽然觉得很哀伤，却又无可奈何。后来，有一位化名为塘九钟主人的文人，特意写了一首《清宫词》讽咏这件事情：

"如意多因少小怜，蚁杯鸩毒兆当筵。温成贵宠伤盘水，天语亲褒有孝全。"

作者唯恐后来的读者不好理解，特意在原诗的下方添了一行蝇头小楷的注解："孝全皇后由皇贵妃摄六宫事，旋正中宫，数年暴崩，事多隐秘。其时孝和太后尚在，家法森严，宣宗亦不敢违命也，故特谥之曰：'全'。"其实，向来这种宫闱斗争，不是东风压倒西风，便是西风盖住了东风。道光想追究真相，但即使知道了真相又能如何呢？古往今来有多少宫廷高层的血雨腥风，不都被"宫闱事秘，莫得闻矣"八字轻轻掩盖过去了吗……

道光二十九年（1849 年），孝和睿太后终于走完了自己磨难的人生，享年 74 岁。而这年的道光帝已 68 岁。据说，孝和睿太后死后，道光帝亲手为她换上了寿衣，又在慎德堂停灵"席地寝苫"，俨然天下第一孝子的礼节。道光帝是在哀伤自己的英雄寂寥吗？或许孝和睿太后的离去抽走了道光帝在这个世界上的最后一点斗志，不久，道光帝便追随着孝和睿太后到另一个世界去了。

节俭皇帝难挽颓势

道光执政 30 年，做了不少事情。他在惩治贪污、整顿吏治、治河通漕、清厘盐政、开通海运等方面，也有或多或少的成绩。道光一生中最大的政绩，是平息回部张格尔的骚乱，巩固了新疆。道光 30 年的皇帝生涯，算是勤政，也算是节俭。他自诩道："自御极至今，凡批览章奏，引对臣工，旰食宵衣，三十年如一日，不敢自暇自逸。"

《清朝野史大观》有几则关于道光帝生活简朴的逸闻。

道光帝即位后，内府依例给他 40 方砚，砚后镌有"道光御用"四字。道光帝认为太多，闲置可惜，便将它们分给了臣下。

以前皇帝用笔须送紫毫中最硬的。笔管上刻有"天章"、"云汉"字样。道光帝觉得不合用，让户部尚书英协揆到坊间买一般常用的纯羊毫、兼毫两种。

道光帝穿的套裤，膝盖处破了，让人在上面补了一块圆绸，这就是一般说的打掌。臣子效法他。一次，他见军机大臣曹振镛裤子膝盖处有补缀痕迹，便问："你的套裤也打掌吗？"曹振镛回答："裤子易做，但花钱多，所以也打补丁。"——道光御笔《恭俭惟德》

道光帝又问："你裤子打掌要多少钱？"曹说："要三两银子。"道光帝说："你们在宫外做东西便宜，我在宫内还要五两。"

但是，史学家们评论道光帝的节俭时，往往带有一些揶揄的色彩。

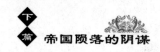

那么，道光帝的节俭为何没有为他留下美名，却被人取笑为抠门、吝啬呢？作为一国之君，他究竟能俭朴到什么程度？道光帝这种过度的节俭，是天性使然还是别有用意呢？

道光帝的节俭，在他还是皇子的时候就已经表现出来了。那是嘉庆二十三年（公历1818年）的九月，道光随父亲嘉庆皇帝前往盛京，也就是今天的沈阳祭奠先祖。晚上就住在沈阳故宫里，虽说是宫廷，但实际上相当局促简陋，不要说无法与北京的紫禁城相比，就是山西晋商的王家大院，也不知比沈阳故宫阔气多少倍。

嘉庆皇帝特意把道光领到了清宁宫东暖阁，又叫人从仓库里拿来了太祖努尔哈赤、太宗皇太极用过的遗物：已经没人会用的糠灯、牛皮制成的蠢笨的乌拉、不施油彩不加雕琢的拐杖。看着这些简陋的物品，听着父皇的讲解，回想着祖先创业的艰难，道光立志要节俭律己。

回京后，道光与妻子一说，二人一拍即合，立即找人搬走了房间里除了床铺桌椅以外的家具陈设。此后，每日下午4点前后打发太监出宫买烧饼。来回路远，太监怀里揣着烧饼，一路小跑，烧饼仍不免冰凉坚硬。夫妻二人毫无怨言，沏上一壶热茶，啃完烧饼，立即上床睡觉，这样，连灯都不用点了。

道光皇帝带头过紧日子，他使用的只是普通的毛笔、砚台，每餐不过四样菜肴，除了龙袍外，衣服穿破了就打上补丁再穿。《满清外史》记载：道光帝"衣非三浣不易"，什么叫"三浣"？每月的上旬、中旬、下旬分别也叫上浣、中浣、下浣，三浣就是一个月，可见，他一个月才换一套衣服，说明衣服不多。又规定除了太后、皇帝、皇后以外，非节庆不得食肉，嫔妃平时不得使用化妆品，不得穿锦绣的衣服。多亏皇后是个贤内助，苦苦支应，仍感入不敷出，想了很多办法，平衡多方利益，协调各面关系，才把皇家的日子对付着过下去。

道光帝对皇后的贤惠十分满意，逢皇后生日，决定为皇后祝寿。满朝亲贵重臣献上寿礼，拜完寿，自然留下赴宴。众多文武百官心想皇家御宴将是何等排场，不料开宴才见一人一碗打卤面，后来听说，为此次寿筵，道光帝特批御膳房宰了两头猪。而皇后更是高兴，因为道光帝曾明确规定：万寿节（皇帝生日）、皇后千秋节（皇后生日）及除夕、元旦、上元（元宵节）、冬至的庆贺礼仪筵宴停止举行，这回算是破例。

道光的节俭也体现在对子女的教育方面。道光十一年（公历1831年）夏，道光帝曾经作《御制慎德堂记》，他告诫皇子皇孙，祖宗创业不易，切勿"视富贵为己所应有"，应该做到"饮食勿尚珍异，冠裳勿求华美，耳目勿为物欲所诱，居处勿为淫巧所惑……不作无益害有益，不贵异物贱用物，一丝一粟，皆出于民脂民膏，思及此，又岂容逞欲妄为哉"。

道光之意是，不要把富贵看成是受之无愧的，吃饭不要追求山珍海味，穿衣戴帽不要追求华美时髦，耳目不要被视听享乐所引诱，居住不要被豪华气派所迷惑。不要做那些无益的事情，不要把那些罕见的东西看得很珍贵，一丝一粟，都是百姓的血汗，想到这一点，怎么能任意挥霍呢？一个万乘之尊的封建帝王能认识到这点，实属不易。

皇室婚嫁是一件劳民伤财的大事。道光帝有九个儿子、十个闺女。儿子中，长大成人的有六位；闺女中，长大成人的有五位。道光帝得子较晚，在他逝世的时候，儿子大多未到议婚的年纪，但他指示将来婚礼一律从简，而且，要求女方家置备装也不得奢华，否则，不仅将奢靡之物掷还，还要接受处分，儿媳妇给公婆的各种礼物也一概豁免。

至于公主出嫁，费用不得超过二千两白银。额驸（驸马）家对皇家的聘礼也须相应减少，如在公主下嫁前额驸家应进的"九九礼"则干脆免掉，这样反倒使皇家省去了一顿招待额驸的筵席开支。后来，道光心

疼自己养大的闺女白送了人，又恢复了"九九礼"，但改为象征性的"羊九只"，依然不设宴，把羊收下后赶到御膳房，与客人寒暄几句就端茶送客了。

道光皇帝以身作则，以此转变官场奢侈腐化的风气。他一看到官员衣服光鲜，就露不悦之情，甚至规定旗员六品以下，不得衣着绸缎，一律布衣布靴。对于不节俭的官员，他加以处分。道光十年（公历1830年），有人举报盛京将军经常在家里演戏宴乐，道光帝立即革了他的职。

《清宣宗实录》里记载了这样一件事，道光十四年（公历1834年）冬天，道光检阅京城的禁卫军，看到官兵都穿着朴素的衣服，高兴地说："一洗过去的恶习，崇实务本，不失满洲旧风，将几位主管官员各提升一级。"

在道光帝的影响下，官场风气有所转变，至少北京如此。几天过后，官员们上朝都穿上了打补丁的衣服。议事结束，红日东升，乾清门内外光明一片，只见满朝文武个个灰头土脸，虽不至于衣衫褴褛，但当时的一般中产阶层也不致于这副打扮。临散朝，彼此之间免不了拉拉家常，或者互相哭穷，或者交流节俭经验，比如哪儿可以买到便宜蔬菜，如何将一斤米煮出五斤饭等。

道光皇帝哪里知道，此时北京城里旧货铺子的破衣烂衫都卖了好价钱，品相稍好的旧衣服比新的还贵呢。有些穷京官儿买不起，就只好自己做旧，把新袍子弄脏、弄破、加上补丁。道光帝眼见满朝文武都穿旧衣破袍，认为自己勤俭节约的理念已经深入人心，于是节俭得更加起劲。

道光皇帝崇尚节俭，一则是生性吝啬，视节俭为理想、乐趣；再则，是以此作为挽救财政危机的一种对策。道光初年，清朝政府面临财政危机。清政府国库年收入从乾隆中期起就达四千余万两白银，至嘉道年间，总收入虽未比乾隆朝减少，但日子却越过越紧。显然，这是因为支出的

增加而造成的。此时，国家财政上的黑洞越来越多，越来越大。

那么，道光帝的"节俭"有助于解决国家的经济危机吗？尽管道光皇帝为国家节省了一些经费，却无助于经济危机的解决，财政状况也未见彻底好转，反而每况愈下。以至有的大臣发出了这样的质问：为什么乾隆朝挥金如土而国库充盈，如今日日节俭却民生罕裕，"岂愈奢则愈丰，愈俭则愈吝耶"？这个疑问何尝不同样困扰着道光帝呢。总之，作为一国之君，不去大刀阔斧地开源兴利，而在一饭一衣上锱铢必较，这就不是节俭，而是舍本逐末的抠门儿、吝啬了。

旻宁执政的时间长达 30 年。据说也算是一位饱受传统儒学文化浸润的有学之君，"经史融通，奎藻日新"。他在做皇子时，曾亲笔手书"至敬、存诚、勤学、改过"的条幅，悬于室内，日夜自省。不过，到了道光时期，世界形势比嘉庆帝掌权时更加日新月异，所谓"坐地日行八万里，巡天遥看一千河"，恬静的道光帝，却仍然只想凭借从故纸堆中学得的那一点知识，同外面缤纷的世界打交道，难怪他会有"绿水青山枉自多，一样悲欢逐逝波"的哀叹了。

《清史稿》："宣宗恭俭之德，宽仁之量，守成之令辟也。远人贸易，构衅兴戎。其视前代戎狄之患，盖不侔矣。当事大臣先之以操切，继之以畏葸，遂遗宵旰之忧。所谓有君而无臣，能将顺而不能匡救。国步之濒，肇端于此。呜呼，悕矣！"

历史学家孟森认为："宣宗之庸暗，亦为清朝入关以来所未有。"称这时期为"嘉道中衰"。

英年早逝同治帝：死因至今难揭开

　　咸丰十一年十月初九在太和殿举行了载淳的登基大典，改号为同治。实际上这时慈禧已一人总揽大权，开始了她长达48年之久的统治。这使年轻自负的载淳皇帝不甘忍受，不到两年就死了。对于同治帝的死，尽管清代宫廷史料，特别是档案内均有较明确的记载，但由于上述的种种原因，在一些私人著述和笔记中，还是提出了各种不同的说法，并加了一些演义性的描绘，有的说他死于天花，有的说他死于梅毒，也有的说他死于天花和梅毒，众说纷纭，莫衷一是。

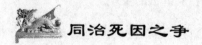

同治死因之争

惠陵是清穆宗爱新觉罗·载淳（同治帝）的陵寝，位于景陵东南三公

里处的双山峪，载淳在位十三年（1862-1874年），生前一直未建陵寝。死后，于光绪元年（1875年）二月，清廷选择双山峪为万年吉地，二月二十三日确定陵名为惠陵。自光绪元年八月初三日动工，至光绪四年九月竣工，（1875-1878年）历时三年零一个月，共耗银4359110.89两。承修大臣有醇亲王奕譞、左都御史魁龄、户部侍郎荣禄、署理工部侍郎翁同和等。

惠陵建筑规制依照定陵，除未建圣德神功碑亭和二柱门外，又裁了石像生和接主神道的神路。建筑布局从南往北依次为：五孔拱桥一座、平桥两座、石望柱两根、牌楼门一座、东西下马牌各一座、神道碑亭一座、神厨库一座、井亭一座、三孔拱桥三路、平桥两座、东西朝房各一座、东西值班房各一座、隆恩门一座、东西燎炉各一座、东西配殿各一座、隆恩殿一座、琉璃花门三座、台石五供一座、方城、明楼、宝城、宝顶各一座，宝顶下为地宫。陵寝外围环以砂山。除东西值班房为布瓦盖顶外，其他建筑屋顶均覆黄琉璃瓦。

该陵虽是清晚期营建的皇帝陵，但所用木料均为楠梃木，木质坚硬，俗有"铜梁铁柱"之称，因而大木构架至今保存完好。

同治皇帝名载淳，6岁登基，在位13年，19岁病死，13年皇帝，19年的人生，是有幸还是不幸？同治出生在帝王之家，享受着"普天之下莫非王土，率土之滨莫非王臣"的尊荣，过着锦衣玉食，钟鸣鼎盛的生活，没有兄弟跟他竞争，顺利地登上了皇帝的宝座。

但是同治也是不幸的，第一大不幸，幼年丧父，6岁父亲就死了。第二大不幸，童年就被放到宝座上，不能享受童年之乐。第三大不幸，跟他母后关系不好，经常受到训斥。第四大不幸，婚姻不如意，他想娶的不行，不想娶的，指配给你。第五大不幸，才19岁，就一命呜呼了。

同治十三年（1874年）十二月初五，同治帝崩于养心殿。同治之死，传说颇多，主要有死于天花、死于梅毒、死于天花和梅毒三说。尤其一些野史小说，无中生有，添枝加叶，起到了推波助澜的作用。

例如，影响很大的《清史演义》第七十九回写道"同治帝患天花"，并将其死因归于"御医未识受病缘由"患天花而死。另部影响亦很大的《清宫历史演义》卷十二第九十六回也称"穆宗（同治帝）一向在外胡闹不已，早就沾染了天花"，并在该书《编辑大意》中讲"本书事实，或采辑名人文集，或依据私家笔记，语有来因，事可微信，绝非凭空结撰、向壁虚造之作品所可比拟"。这样，百年来给广大读者一个印象：同治帝确系死于天花，"绝非凭空结撰、向壁虚造"。广为流传的台湾作家高阳写的长篇巨著《慈禧全传》第二部《玉座珠廉》（下）的《恶疾初起》一节中，认定"是天花"。特别是电影《一代妖后》的公演，片尾说同治皇帝本患天花，但在慈禧授意下，外称"梅毒"，还篡改档案，将御医们写的"脉案"，篡改成梅毒病症。使得同治帝患天花致死之说，尽人皆知。

主同治死于天花说，主要是根据历史档案和翁同龢日记。翁的日记记载，同治于十月"二十一日，西苑着凉，今日（三十日）发疹"。十一月初二，"闻传蟒袍补褂，圣躬有天花之喜"。又记载"昨日治疹，申刻，始定天花也"。初九，召见御前大臣时，"气色皆盛，头面皆灌浆泡饱满"。上谕云"朕于本月遇有天花之喜，经惇亲王等合词吁请静心调摄"云云。经学者研究清宫历史医案《万岁爷进药用药底簿》后认为，同治帝系患天花而死。在同治得了天花以后，太医公布病情与药方，宣布同治之病为"天花之喜"。慈禧太后暨文武大臣对同治之病，不是积极地寻求新医药和新疗法，而是依照祖上传下的规矩，在宫内外进行"供送痘神"的活动，敬请"痘神娘娘"入皇宫养心殿供奉。宫内张挂驱邪红联，王公大臣们身穿花衣，按照"前三后四"的说法，要穿7天花衣。

同治的"花衣期"延长为"前五后七",可望 12 天度过危险期。慈禧、慈安两宫太后,还亲自到景山寿皇殿行礼,祈求祖先神灵赐福。内务府行文礼部,诸天众圣,皆加封赏。一身疮痍的同治在皇宫求神祭祖的喧嚣中离开了人世。他死在养心殿,这里恰是他的祖先顺治被天花夺去性命的寝殿。《崇陵传信录》记载:"惠陵上仙,实系患痘,外传花柳毒者非也!"近年专家们发现了御医给同治看病的《脉案》,医学史专家对相关档案进行了认真分析,结论是同治皇帝死于天花。

主同治死于梅毒说,也主要是根据历史档案和翁同龢日记分析出的,野史中也有载述。《清宫遗闻》记载,同治到私娼处,致染梅毒。翁同龢日记云,十一月二十三日,"晤太医李竹轩、庄某于内务府坐处,据云脉息皆弱而无力,腰间肿处,两孔皆流脓,亦流腥水,而根盘甚大,渐流向背,外溃则口甚大,内溃则不可言,意甚为难"。二十八日又记,太医云"腰间溃如椀,其口在边上,揭膏药则汁如箭激,丑刻如此,卯刻复揭,又流半盅"。二十九日再记,见"御医为他揭膏药挤脓,脓已半盅,色白而气腥,漫肿一片,腰以下皆平,色微紫,看上去病已深"。李慈铭日记也记载:"上旋患痈,项腹皆一,皆脓溃。"但他又说:"宫廷隔绝,其事莫能详也。"

但清宫史专家指出,清朝的典章制度是非常严格的,皇帝私自出紫禁城寻花问柳,是没有什么可能性的。另一种意见却认为,同治重修圆明园计划遭百官反对而失败后,百般无聊,便在太监引导下,微服出宫,寻欢取乐。时外国人可能已知同治帝之病,如美国公使给本国政府的报告说:"同治皇帝病若以西医及科学方法诊治,决无不可医治之理,决非不治之症。"然而,同治帝是一国之君,太医开方要经过严审,

出于为君者讳，不能公布病症实情，也不能按病开方，下药不对症，医治无疗效。

主同治死于天花梅毒说，也主要是根据历史档案与文献资料推断。御医诊断同治的症状是：湿毒乘虚流聚，腰间红肿溃破，漫流脓水，腿痛盘挛，头颈、胳膊、膝上发出痘痈肿痛。这种看法认为，同治或先患天花未愈又染上梅毒，或先患梅毒而又染上天花，两种疾病并发，医治无效而死。

民间对于同治皇帝死因有种种说法，清朝官方则保持沉默，不予申辩。因此，同治到底死于什么病，成了一个历史疑案。

其实，同治皇帝的病情和死因，可以从清代皇帝"脉案档簿"中看得一清二楚，《万岁爷进药底簿》中详细记录了自同治十三年十月三十日未刻载淳得病，至同年十二月初五日酉刻死去前后三十六天的脉案、病情和用药情况，它完全证明了载淳最后死于天花。

这是详实可靠的。1979年中国第一历史档案馆、中医研究院和北京医院的有关专家教授，对同治皇帝的病情发展及用药情况进行了专门的研讨，大家的结论仍认为同治皇帝死于天花是无疑的。

母亲慈禧身世之谜

慈禧的地位很特殊，辛酉政变后开了皇太后"垂帘听政"的先河。慈禧皇太后是同治的第一位老师，又一直掌握着朝政大权。慈禧因掌控同治、光绪两代皇帝而成为中国近代史上朝廷权力的中心长达48年。因此，讲同治不能不先讲慈禧，而讲慈禧不能不先了解慈禧的身世。

慈禧身世异说

同治的母亲慈禧太后，由于她的特殊地位、身份、影响与作用，对其身世，有多种异说。尤其是慈禧的出生地，可谓众说纷纭。除北京说之外，还有五种说法，即甘肃兰州、浙江乍浦、内蒙古呼和浩特、安徽芜湖和山西长治。

慈禧出身于满洲镶蓝旗（后抬入满洲镶黄旗）一个官宦世家。慈禧的曾祖父吉朗阿，曾在户部任员外郎，遗下银两亏空，离开人世。祖父景瑞在刑部山东司任郎中，相当于现在部里的一个司局长。道光二十七年（1847年）时，因没能按时退赔其父吉朗阿在户部任职时的亏空银两而被革职。外祖父惠显，在山西归化城当副都统。父亲名惠征，在吏部任笔帖式，是一个相当于人事部秘书、翻译的八品文官，后屡有升迁。根据清宫档案《内阁京察册》（清政府对京官三年一次的考察记录）记载，慈禧的父亲惠征在道光十一年（1831年）时是笔帖式，道光十四年（1834年）考察被定为吏部二等笔帖式，十九年（1839年）时是八品笔

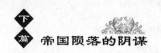

帖式，道光二十三年（1843年）再次考察定为吏部一等笔帖式，二十六年（1846年）调任吏部文选司主事，二十八年（1848年）、二十九年（1849年）因为考察成绩又是一等，受到皇帝接见，被外放道府一级的官职。同年四月，任山西归绥道。咸丰二年（1852年），调任安徽徽（徽州府）宁（宁国府）池（池州府）太（太平府）广（广德州）道的道员。

从慈禧之父惠征的履历看，他曾先后在北京、山西、安徽等地任职。那么，慈禧出生在何处？

慈禧的出生几乎没有留下任何文献记载，因为谁也没有料到，几十年后这个普通官宦之家的女子，会成为执掌大清国朝政近半个世纪的圣母皇太后。近几年，北京的学者从清宫档案中找到了新的史料，就是清朝皇帝选秀女的名单，这在档案中叫做"排单"。其中有咸丰五年（1855年）慈禧的亲妹妹被选为秀女的记录。慈禧的这位妹妹后来成了醇郡王奕譞的侧福晋，光绪皇帝的生母。"排单"上明确记载：此女属满洲镶蓝旗，姓叶赫那拉氏，父亲名叫惠征，是最高官职做到五品的道员。一些学者主要根据这份"排单"认定，咸丰五年之前，慈禧的娘家住在北京西单牌楼北劈柴（辟才）胡同。所以，这里应该是慈禧太后的出生地。按照京师八旗分城居住的规定，乾隆三十五年（1770年），镶蓝旗满洲都统衙门在阜成门内华嘉寺胡同，到民国初年，镶蓝旗满洲都统衙门旧地在阜成门内华嘉寺14号。劈柴胡同距华嘉胡同很近，慈禧的父亲属于满洲镶蓝旗，应当住在劈柴胡同一带。

此外，还有人认为慈禧出生在北京东城方家园。《清朝的皇帝》记述："慈禧母家在东城方家园，父官至安徽徽宁池太广道，时当道光末年，洪杨起事，惠征守土无方，革职留任，旋即病殁，遗妻一、子女各二，慈禧居长。"有书说："恭亲王曾慷慨言之：'大清天下亡于方家

园'!"注云："方家园在京师东北角，为慈禧母家所在地。"慈禧之弟照祥，袭承恩公。《翁同龢日记》同治九年（1870年）八月十七日记载了慈禧母亲发丧一事："昨日照公（照祥）母夫人出殡，涂车刍灵之盛，盖自来所未有，倾城出观，几若狂矣！沿途祭棚络绎，每座千金，廷臣往吊者皆有籍，李侍郎（军机大臣、户部侍郎李鸿藻）未往，颇忤意旨。"

慈禧家的具体地点至今没有定论，慈禧入宫时选秀女的"排单"至今也没有发现，所以慈禧的出生地点以及身世仍存在着如下五种异说。

第一，甘肃兰州说。慈禧的父亲惠征曾任过甘肃布政使衙门的笔帖式，传说慈禧出生在当年其父住过的兰州八旗马坊门（今永昌路179号院）。但是，经过专家查阅文献、档案，发现惠征虽然做过笔帖式，但工作地点是在北京的吏部衙门，而不是兰州的布政使衙门。

第二，浙江乍浦说。慈禧的父亲惠征曾在浙江乍浦做官。《人民日报》曾发表一篇小文，题目是《史界新发现——慈禧生于浙江乍浦》。这篇文章说，慈禧的父亲惠征，在清道光十五年至十八年（1835–1838年）间，曾在浙江乍浦做过正六品的武官骁骑校，而慈禧正是在这段时间出生的，所以她的出生地在浙江乍浦。这篇文章又说，在现今乍浦的老人当中，仍然流传着关于慈禧幼年的传说。当时的规定，京官每三年进行一次考核。学者查阅清朝考核官员的档案记载，这时的惠征被考核为吏部二等笔帖式，三年后又被"懿妃（慈禧）遇喜大阿哥"档案作为吏部笔帖式进行考试，可见这时惠征在北京做吏部笔帖式，为八品文官。所以，这种说法值得怀疑。其一，惠征不能同时既在北京做官又在浙江做官；其二，官职不对，在京师是文官，在浙江是武官；其三，品级不合。

第三，今内蒙古呼和浩特说。慈禧的父亲惠征曾任过山西归（化）

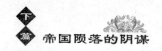

绥（远）道的道员。清代的绥远城，今为内蒙古自治区呼和浩特市，这种说法又称为内蒙古说。慈禧的父亲惠征当年曾任山西归绥道，道署在归化城（今呼和浩特市）。据说在呼和浩特市有一条落凤街，慈禧就出生于落凤街的道员住宅里，甚至传说，慈禧小时候常在归化城河边玩耍。但文献记载，道光二十九年（1849 年），惠征任山西归绥道道员时，慈禧已经 15 岁，所以说慈禧不可能出生于归化城。不过，慈禧可能随父惠征在归化城住过。慈禧的外祖父惠显，从道光十一年至十七年（1831-1837 年）在归化城做官，当过副都统。慈禧可能在外祖父家住过。以上就成为慈禧出生归化（今呼和浩特）说的一个历史的影子。慈禧的母亲不可能从北京回娘家生孩子，因为这在当时，既路途遥远，也不合礼法。所以，慈禧不大可能出生在今呼和浩特市。

第四，安徽芜湖说。慈禧的父亲惠征曾做过安徽徽宁池太广道的道员，道员衙署在芜湖，因此说她出生在芜湖。慈禧既然生长在南方，便善于演唱江南小曲，由此得到咸丰帝的宠幸。电影《火烧圆明园》中有一个情节，兰贵人（就是后来的慈禧）在圆明园"桐荫深处"唱一曲缠绵小曲，咸丰皇帝听得如醉如痴，从此加以宠爱。显然，不能以慈禧擅唱南方小曲，孤立地作为她出生在南方的证据。就像北方人会唱黄梅戏，不能证明出生在安徽一样。根据历史记载，惠征当徽宁池太广道员是在咸丰二年（1852 年）二月，正式上任是在同年七月。而慈禧在咸丰元年（1851 年）入宫，被封为兰贵人；档案中还保存有兰贵人受到赏赐的赏单。可见慈禧不会生于安徽芜湖。

第五，今山西长治说。这是近年来的一种新说法。此说认为慈禧不是满洲人，生父也不是惠征。今山西长治当地传说，慈禧原是山西省潞安府（今长治市）长治县西坡村王增昌的女儿，名叫王小慊，4 岁时因家道贫寒，被卖给上秦村宋四元家，改姓宋，名龄娥。到了 11 岁，宋家

遭到不幸，她又被转卖给潞安府（今长治市）知府惠征做丫头。一次，惠征夫人富察氏发现龄娥两脚各长一个瘊子，认为她有福相，就收她作干女儿，改姓叶赫那拉氏，取名玉兰。后来玉兰被选入宫，成了兰贵妃。说慈禧是王家的女儿，当地提出的根据是：王姓家谱从乾隆五十九年（1794 年），一直续谱到现代。王氏家谱上更写着"王小慊后来成为慈禧太后"。但是，这份家谱不是原家谱，是后来重抄的。当地还传说，在西坡村外边的山脚下，有据说是慈禧生母的坟。坟前有碑，原来是木牌，后来竖立石碑。说慈禧是宋家的女儿，当地提出的根据是：在上秦村里至今保存着一处娘娘院，被认为是慈禧入宫前住过的院落。在宋家的炕上曾刨出了当年慈禧给宋家写的家信等，据说她娘家六代侄孙还保存着这封信。在上秦村居住的宋家老人说"慈禧太后是咱家的"。为此，宋家曾联名写信，要求政府调查澄清这件事。上面的传说，有文有物，具体生动。长治地方众口一词，画押证明，说慈禧是长治人。长治市还为此专门成立"慈禧童年研究会"。上述动人的传说，真是太传奇了。经专家考证，在这段时间，历任潞安府的知府共有七个人，但是没有惠征。既然惠征没有在山西潞安府做过官，那么慈禧怎会在潞安被卖到惠征家呢？

总之，不管慈禧生长在哪里，她都出身于官宦家庭。再加上慈禧在咸丰身边的政治阅历，使她具有一般女子所没有的远见、胆识、机智、谋略和手腕。慈禧在咸丰皇帝死后，帝后集团与帝胤集团结合，发动宫廷政变，摧毁"赞襄政务"八大臣集团。这场政变发生在咸丰十一年（1861 年）即农历辛酉年，所以史称"辛酉政变"。

这次政变，因载淳登基后拟定年号为祺祥，故史称"祺祥政变"；这年为辛酉年，又称"辛酉政变"；因政变发生在北京，又称为"北京政变"。其时，"辛酉政变"的三个主要人物——慈安皇太后 25 岁，慈禧皇太后 27 岁，恭亲王奕訢 30 岁。

"辛酉政变"取胜的直接原因有以下几点。

第一，两宫皇太后和恭亲王奕䜣，抓住并利用官民对英法联军入侵北京、火烧圆明园的强烈不满，对"承德集团"不顾民族、国家危亡而逃到避暑山庄的不满，把全部历史责任都加到顾命八大臣头上，也把咸丰皇帝到承德的责任加到他们头上。从而两宫皇太后和恭亲王奕䜣取得政治上的主动，争取了官心、军心、旗心、民心，顾命八大臣则成了替罪羊。

第二，两宫皇太后和恭亲王奕䜣，利用了顾命大臣对慈禧与奕䜣力量估计过低而产生的麻痹思想。帝后虽是孤儿寡母，却掌握"御赏"、"同道堂"两枚印章——顾命大臣虽可拟旨，不加盖这两枚印章就不能生效，两宫太后与奕䜣可由大臣拟旨，加盖这两枚印章便能生效。

第三，两宫皇太后和恭亲王奕䜣抢占先机，先发制人，没有随大行皇帝灵柩同行，摆脱了顾命大臣的控制与监视，从间道提前返回，利用自七月十七日咸丰死，到咸丰灵柩运到皇宫，其间74天的充分时间，进行政变准备。原定九月二十三日起灵驾，二十九日到京，因下雨道路泥泞，而迟至十月初三到京，比原计划晚了4天。两宫太后于二十九日到京，三十日政变，时间整整差了3天。这为她们准备政变提供了时间与空间，打了一个时间差与空间差。

第四，两宫皇太后和恭亲王奕䜣，意识到并预感到这是他们生死存亡的历史关键时刻，唯一的出路就是拼个鱼死网破。慈禧曾风闻咸丰帝生前肃顺等建议他仿照汉武帝杀其母留其子的"钩弋夫人"故事，免得日后皇太后专权。这个故事，在《汉书·外戚传上》记载。汉武帝宠幸钩弋夫人赵婕妤，欲立其子，以"年稚母少，恐女主颛恣乱国家"为由，赵婕妤遭汉武帝谴责而死。汉武帝临终前，立赵婕妤之子为皇太子，以大司马、大将军霍光辅少主，是为汉昭帝。但是，咸丰帝没有像汉武帝

那样做，而是用"御赏"和"同道堂"两枚印章来平衡顾命大臣和两宫太后之间的关系，并加以控制。结果，这两枚印章被两宫太后所利用，打破了初始的权力平衡结构。

"辛酉政变"是君权与相权的一次大冲突，表现了两宫皇太后和恭亲王奕䜣的聪明才智。它所产生的结果令清朝体制大为改变。经过"辛酉政变"，否定"赞襄政务"大臣，而由慈安皇太后与慈禧皇太后垂帘听政，这是重大的改制。"辛酉政变"后，恭亲王奕䜣为议政王，这是当年睿亲王多尔衮辅政的再现。但有一点不同，帝胤贵族担任议政王、军机大臣，同时又由两宫太后垂帘听政，这样皇权出现二元。议政王奕䜣总揽朝政，皇太后总裁懿定。这个体制最大的特征是由皇太后与奕䜣联合主政，后来逐渐演变为慈禧独揽朝政的局面。随之产生一个制度：领班军机大臣由亲贵担任，军机大臣满洲两人、汉人两人。在同治朝，大体维持了这种五人军机结构的局面。

"辛酉政变"就满洲贵族而言，主要是宗室贵族同帝胤贵族的矛盾与拼杀。两宫皇太后，特别是慈禧皇太后，利用和依靠帝胤贵族，打击宗室贵族，取得了胜利。

在辛酉政变后，同治皇帝内有两宫皇太后垂帘听政，外有议政王奕䜣主政，从而开始了同治新政。

重修圆明园之争

英法联军破坏圆明三园，本想将其夷为平地，但终因三园的范围太大，未能达到目的。有不少建筑还是侥幸地存留下来，特别是北部，免于灾难的更多。同治十二年（1873年）冬天，内务府大臣明善堂郎中贵宝的调查报告称：圆明园尚存有十三处建筑，计"庄严法界"、"双鹤斋"、"紫碧山房"、"鱼跃鸢飞"、"耕云堂"、"慎修思永"、"知过堂"、"课农轩"、"顺木天"、"春雨轩"、"杏花村"、"文昌阁"、"魁星楼"。

其实圆明园所残留的宫殿，不仅仅是这十三处，报告中遗漏很多。如"蓬岛瑶台"、"林渊锦镜"、"藏舟坞"及长春园内的"海岳开襟"、万春园的"大宫门"、"正觉寺"等，此外尚存留着不少的附属建筑。只要翻开雷氏重修的图样里，常见粘有"现存"二字，就可以证明贵宝所报的并不是焚后的全貌。

以贺寿为由修复

同治继位时，年纪很小，由他的母亲——东、西两宫太后垂帘听政。表面上看，两个太后都有权过问政治，实际上，大权掌握在西太后慈禧一人手里。当时与太平军的战事日益吃紧，西方列强也阴谋再举进犯以便达到其瓜分中国的目的，形势对清廷十分不利。

这种局势未能引起统治者的足够认识。他们反而惋惜自己生活的突

变——由于圆明园及其附属园苑的焚毁，同治年间不得不改变清廷历代园居的生活习惯，呆板地住在皇宫里。统治者们感到紫禁城内的殿阁结构太谨严，生活很不习惯，曾发出"红墙绿瓦黑阴沟"之幽叹，魂牵梦绕着圆明园中的美丽风景。

1873年慈禧的40岁，此时同治帝已经成人，觉得该做些举动，才能庆祝母亲寿辰，于是奏请两宫太后，提出修复圆明园。他要对两位太后表达孝心，让她们能在一个安静的宫苑环境里好好颐养。

实际上慈禧也想重修圆明园，她过惯了奢侈的生活，不愿在禁宫里居住。

这一次的重修计划，共涉及三千多间殿舍。包括圆明园大宫门、二宫门、正大光明殿、勤政亲贤、九州岛清晏、上下天光、杏花春馆、万方安和、武陵春色、紫碧山房、鱼跃鸢飞、绮春园、天地一家春等21个景区，还有围墙、道路、桥梁、船坞、码头、船只等杂项。

现存的修缮蓝图显示，整修工程并无意准确恢复原状。在重建的过程当中，在这里增加一点或在那里添置一些新的东西，具有一定的弹性，甚至有个别的建筑做了大幅度的更动，意在使新的比旧的更好。

财政吃紧被迫停工

重修工程经常受到预算问题的困扰，这不是皇上的权力或太后的热情所能解决的，营建工程常常因为财务吃紧，缺乏必需的建材，尤其是缺少大根的原木，而被迫延宕。没有多久，大量的城墙、道路、桥梁、水闸、庭院和游船等都无法完工，许多重要地点的营建工程，包括"清夏斋"、"鸿慈永祜"、"上下天光"、"万方安和"、"鱼跃鸢飞"等，都无法开工。在修建工程停止前，只有少数个别的建筑得以完成。无数未使用的建材堆放在还没完工的空地上，整个营建地点只用木栏杆围起来作为保护。

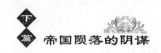

在财政的压力下，同治帝同意把原来万春园内为了供两位太后颐养而修复 3000 间厢房的工程减少至 1420 间，减幅超过 50%。同治皇帝显然十分焦急，想要及时完成部分工程来庆祝他母亲即将来临的 40 岁生日。

内务府的记录显示，经常是工程将开，而经费尚无着落。虽然尽了最大的努力去要求私人奉纳和捐献，但到 1874 年 5 月 17 日为止，也仅仅筹集了 30 万两白银，而工程经费估计高达几千万两白银。尽管捐献总金额无足轻重，官员们还是感到不胜痛苦，兵部主事王家璧就指出，捐献已经让许多官员的家庭破产。王家璧因此建议同治皇帝寻找更多可行的财源，例如从海关征收鸦片税，或放缓重修圆明园的进度。

当时不仅缺钱，也缺乏建筑材料。在工程进行中，他们拆掉园内藏舟坞和三山（万寿山、玉泉山、香山）等处的旧材，来补救一时的急需。但旧材不足全部工程所需的十分之一。于是又将近春园与熙春园、器皿库与灯笼库等地的木材、石料、瓦片都计算在内。修缮需要至少三千根重木，他曾多次向湖北、湖南、福建、浙江和四川等生产林木的省府官员寻求协助。

清朝统治者为了自身的享受，几乎动员了全国力量。清廷内务府的经济来源，除了婚、丧、万寿大典由户部供应外，其他的经常费用，在同治十年后，每年由户部拨给六十万两，作为补助，此外尚有各省的关余和盐款，也是主要收入。在雍正、乾隆两朝的所谓全盛时期，因收入丰盈，国库每月都有盈余，最高峰时盈余相当于两年财政收入的总和，虽然频年大兴土木，也从不动用户部的钱款。鸦片战争后，鸦片贸易导致大量白银外流，加之外国资本主义的经济入侵，给中国社会经济造成严重破坏，清政府的财力枯竭，同治时内务府也濒于绝境。在这样的经济情况下，重修圆明园，自然不会顺利，也不可能完成。

同治帝在无可奈何的情况下，做出工程暂缓的决定，仅在紫禁城附近适度翻修三海，即北海、中海和南海，以供两位太后颐养。修复工程正式叫停的时候，已耗费掉481万两白银。尚未使用的木材和石材只好储存起来，挂在"鸿慈永枯"屋顶上的大梁也被拆下来保管。

从此以后，清朝统治者十多年没有大兴土木。到了光绪十年（1884年），中法战争失败，1885年设立海军衙门，慈禧动用了海军造舰费，修复了"清漪园"，改名为"颐和园"。这影响了海军后备力量的补充，成为甲午中日战争失败的原因之一。慈禧太后极为欣赏有大湖与翠山环绕的颐和园，似乎把已经沦为废墟的圆明园忘掉了。

同治年间这些重修之举，仅仅为了讨慈禧等几个人的欢欣，却对圆明园遗址造成了重修性的破坏。涉及遗存山水、花木、屋宇、桥涵、路径等园林要素的位置、布局、体量等项的改变，彻底抹掉了部分实物，破坏了初始阶段遗址的部分原始形态。

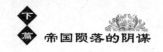

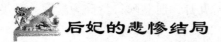
后妃的悲惨结局

　　同治做皇帝，每天到养心殿摆样子，两宫皇太后垂帘听政。他还要抽出半天时间，到弘德殿读书。同治从小没有得到严父的教育，母后皇太后与圣母皇太后都没有什么文化，不得教育皇子读书的要领。她们常在重华宫漱芳斋办事、传膳、听戏，没有给同治以文化的熏陶。同治贪玩，不爱读书，"见书即怕"，不好学习，没有长进。他的师傅教他看奏折，但他"精神极散"，听讲奏折，也极不用心。他的伴读奕详、奕询，本意在陪同读书、互相激励、彼此切磋，实际上往往代其受过，起到"杀鸡儆猴"的作用。在课堂上，"无精神则倦，有精神则嬉笑"，实在是一个顽皮的学生。同治到十七八岁的时候，"折奏未能读"，连"在内背《大学》皆不能熟"。

　　就其个人来说，同治皇帝出生于帝王之家，享受着"普天之下莫非王土，率土之滨莫非王臣"的独尊荣光，过着"钟鸣鼎食"的生活，没有兄弟竞争便顺利地登上皇帝宝座，这是他人生之喜。但是，同治也有人生的悲剧——他短暂的19年生命中就有六大不幸：幼年丧父是为第一大不幸＇童年担当社稷重任而不能享受正常快乐是为第二大不幸；同圣母皇太后关系不好是为第三大不幸；婚姻不如意是为第四大不幸；无子无女是为第五大不幸；19岁便早亡是为第六大不幸。下面简单说一下他的后妃。

同治有一后三妃，选皇后时，慈安皇太后喜欢侍讲崇绮的女儿阿鲁特氏，慈禧皇太后则喜欢员外郎凤秀的女儿富察氏。两宫太后意见不一，要同治自选。同治选定蒙古正蓝旗崇绮的女儿阿鲁特氏。于是奉两宫皇太后懿旨，同治十一年（1872年）九月，册立阿鲁特氏为皇后，时年同治17岁，皇后19岁，又册富察氏为慧妃。

皇后的祖父为大学士、军机大臣赛尚阿，外祖父是郑亲王端华。皇后的父亲崇绮，是有清一代唯一的"蒙古状元"，是有清一代满洲、蒙古以汉文获翰林院编修的第一人。满蒙士林以其为荣。同治九年（1870年），选侍讲，后充日讲起居注官，再调盛京将军。义和团事起，崇绮同朝廷勋贵多人信仰，事败之后，随荣禄走保定，住居莲池书院，自缢而死。崇绮妻，瓜尔佳氏，在京师陷落时，阖门死难。《清史稿·崇绮传附崇绮妻传》记载："崇绮妻，瓜尔佳氏，先于京师陷时，预掘深坑，率子、散秩大臣葆初及孙员外郎廉定，笔帖式廉容、廉密，监生廉宏，分别男女，入坑坐瘗，阖门死难。"

皇后出身于官宦名门、诗书大家，自幼习书达礼，性格耿爽，不善阿谀。据记载，皇后阿鲁特氏"雍容端雅"、"美而有德"，且文才好。皇后幼年在家，崇绮亲自授课，读书聪颖，十行俱下，"后幼读书，知大义，端静婉肃，内外称贤。及正位六宫，每闻谏阻，自奉俭约，时手一编"。她被册为皇后，同治帝很喜爱她，也很敬重她，据说不久即怀有身孕。慈禧皇太后不喜欢这个皇后儿媳妇，常难为这位小皇后。慈禧不许她与同治皇帝同房，而要同治对慧妃好。同治帝不敢违抗，但他不喜欢慧妃，只好赌气独宿养心殿，生活寂寞寡欢。因为慈禧处处刁难，皇后日子过得很不舒心。同治病重，皇后护侍，也遭到慈禧的苛责。《我的前半生》记载：同治病重，皇后前去养心殿探视，二人说了些私房话，被慈禧皇太后知道。慈禧怒不可遏，闯入暖阁，"牵后发以出，且痛挟

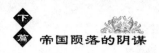

之"，并叫来太监备大杖伺候。据说皇后情急之下说了句："媳妇是从大清门抬进来的，请太后留媳妇的体面！"慈禧一直以侧居西宫为遗憾，也为咸丰临终前没有册封自己为皇后而不满。听闻此语，慈禧动怒，同治被吓晕，病情加重。慈禧见状，才未对皇后动刑。

同治之死，慈禧将责任栽到皇后头上。皇后阿鲁特氏见同治皇帝死，大恸大悲，不思饮食，吞金自杀，获救得生。皇后之父崇绮，奏告慈禧皇太后。皇太后回答："可随大行皇帝去罢！"皇帝死了，尚未入葬，称大行皇帝，就是说可以随夫殉死，崇绮只得将此话告诉女儿。而且慈禧不为同治立嗣，却让同治堂弟兼姨表弟载湉继承皇位，实际上是不为皇后留余地，皇后只有自尽一条路可走。光绪元年（1875 年）二月，同治帝死后 75 天，皇后阿鲁特氏"遽尔崩逝"，年二十二。野史或谓："皇后阿鲁特氏怀孕，慈禧恐其生男孩，将来缵承大统，自己不能垂帘听政，故逼其死。"

同治生活放纵，同家庭关系不和谐有关。据说，同治既近女色，或著微服冶游。有人给他进"小说淫词，秘戏图册，帝益沉迷"。他常到崇文门外的酒肆、戏馆、花巷。野史记载："伶人小六如、春眉，娼小凤辈，皆邀幸。"又记载同治宠幸太监杜之锡及其姐："有奄杜之锡者，状若少女，帝幸之。之锡有姊，固金鱼池娼也。更引帝与之狎。由是溺于色，渐致忘返。"据记载，醇亲王奕譞曾经泣谏其微服出行，同治质问从哪里听来的，醇亲王怫然语塞。又召恭亲王奕䜣，问微行一事是听何人所言？答："臣子载澄。"同治微行，沸沸扬扬，既不能轻信说其有，也不能断然说其无！

同治死后，慈安皇太后、慈禧皇太后急召各个亲王大臣入内，奉懿旨，以醇亲王之子载湉——既是同治的堂弟，又是同治的姨表弟，入继文宗（咸丰），为嗣皇帝。

《清史稿·穆宗本纪》论曰："冲龄即祚，母后垂帘。国运中兴，十年之间，盗贼划平，中外乂安。非夫宫府一体，将相协和，何以臻兹!"同治年间，机遇难得。内处"太平军"与"义和团"两大社会动荡之间，外处英法联军与八国联军两次入侵之间。太后垂帘，亲王议政，宫府一体，尚能协和，推行新政，有一定成效。

同治寿短病故，载湉入继大统，就是光绪皇帝。

傀儡光绪帝：密诏与阴谋之辩

　　光绪皇帝名载湉，4 岁登基，在位 34 年，享年 38 岁。年号光绪，意为继承光大咸丰统绪。载湉是清朝第一位非皇子而入继大统的皇帝，是大清国的第十一位皇帝。光绪皇帝 38 年的人生历程，可以分作四个时期：从出生到 4 岁为醇亲王子时期，从 4 岁到 17 岁为少帝时期，从 17 岁到 28 岁为亲政时期，从 28 岁到 38 岁为"囚帝"时期。其最为精彩的一役就是发动戊戌变法，试图救国图强，却因慈禧太后打压而最终失败。在这段历史中，光绪皇帝曾发过两个密诏，密诏究竟是什么内容，为何让慈禧如此震怒，以至于囚禁光绪长达 10 年之久？

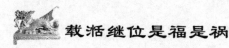

载湉继位是福是祸

同治十三年（1874 年）十二月初五，同治皇帝病死。同治帝死后，

慈禧皇太后懿旨，由其外甥醇亲王奕譞之子载湉入继大统。据《清史稿·奕譞传》记载："忽蒙懿旨下降，择定嗣皇帝，仓猝昏迷，罔知所措。"尔后，"舁回家内，身战心摇，如痴如梦"。儿子载湉入继大统当皇帝，这是福还是祸？事情叵测，吉凶难料。

慈禧一言定载湉（光绪）继承皇位，这是对清朝皇室祖制的重大改变。太后懿旨召见列名者有 29 人之多，可谓空前。这说明非皇子入承大统，为大清首次，既示郑重，又免物议。载湉继承咸丰为嗣皇帝，这实在是清朝皇储立嗣的又一次大改制。慈禧立载湉继承皇位，其目的只有一个：垂帘听政，独掌朝纲。

光绪入继皇位后，从 4 岁到 17 岁的 12 年间，是他作为儿皇帝——少帝的时期。

载湉继承皇位后，按照清朝皇室的"家法"，小皇帝到了 6 岁，就要到上书房读书，他自然也不例外。因为光绪年龄太小，母亲又在醇亲王府不能见面，只好由他父亲醇亲王奕譞到宫里帮助照顾。醇亲王奕譞是一位知进退、明荣辱的人，也是深知慈禧的性格与为人的人。

先说醇亲王奕譞在儿子做了皇帝之后，他做的几件事情。

第一，上《豫杜妄论》的密奏。先讲一个历史故事，明朝武宗正德皇帝（朱厚照）死后无子，由他的堂弟朱厚熜继承皇位。嘉靖被从湖北安陆接到北京登上皇位后，演出了一场"大礼仪"的闹剧。正德的父亲、嘉靖的父亲应用怎样称谓？一些朝臣的意见是，"本生父曰兴献帝"、过继父称"皇伯父敬皇帝"；另一种意见则相反。何孟春等大臣 136 人汇聚在金水桥南跪伏，撼门大哭，声震阙廷，长达两个时辰。嘉靖帝大怒，命惩治 220 人，其中编修王相等 180 余人遭到廷杖（因病创而死者 17 人），成为震动朝野的大事件。醇亲王提出，将来如果有人以嘉靖之说奏进，就以此奏驳斥。慈禧将此密奏留中，后来吴大澂果然有此奏，慈禧

便出示醇亲王的密奏做回应。

第二，请求免去一切职务。醇亲王的官职主要有都统、御前大臣、领侍卫内大臣、管神机营事、管善捕营事、步军统领、弘德殿行走等。他上奏"诚恳请罢一切职任"，说："惟有哀恳矜全，许乞骸骨，为天地容一虚糜爵位之人，为宣宗成皇帝留一庸钝无才之子。"慈禧皇太后在奕譞请求下，免除其一切职务，仅接受亲王双俸的待遇。光绪二年（1876年），光绪帝在毓庆宫入学，奕譞受命加以照料。

第三，日日敬敬慎慎，夜夜乾乾翼翼。奕譞住的正房名为"谦思堂"；书斋名为"退省斋"；几案上摆放"欹器"，欹器是一种"巧器"，它的特点是"虚则欹，中则正，满则覆"。孔子曾命弟子将水注入欹器里，结果正是如此。孔子叹曰："吁！恶有满而不覆者哉！"醇亲王将"欹器"作为座右器，上有"满招损，谦受益"的铭句。奕譞以"恭谨敬慎"四个字，为待人处世的准则，更作为侍奉慈禧的圭臬。奕譞子女的房中，挂着他写的治家格言：

"财也大，产也大，后来子孙祸也大。若问此理是若何？子孙钱多胆也大。天样大事都不怕，不丧身家不肯罢！"

这说明奕譞警惕自己"满招损"，告诫子孙"骄招祸"，自身和家庭就像醇亲王府邸旁边的"太平湖"一样，求得一个"太平"。

再说光绪到了皇宫之后的生活。

初六，就是宣布载湉嗣承皇位的第二天，光绪皇帝由醇亲王府邸乘轿前往皇宫，进了午门，到养心殿。他向两宫皇太后请安，并在大行皇帝同治灵前祭奠后，便"剪发成服"，入继大统，做了皇帝。

初七，光绪奉慈安皇太后居住在东六宫的钟粹宫，俗称慈安皇太后为"东太后"；奉慈禧皇太后居住在西六宫的长春宫，俗称慈禧皇太后为"西太后"；光绪住在养心殿。慈安皇太后与慈禧皇太后实行垂帘听政，

皇帝训谕称"谕旨"，皇太后训谕称"懿旨"。

光绪元年（1875 年）正月二十日，两宫皇太后懿旨光绪皇帝在太和殿举行即位大礼，并告祭天、地、庙、社。光绪皇帝继位后，到乾清宫向同治帝御容（画像）行礼，又到钟粹宫向慈安皇太后行礼，再到长春宫向慈禧皇太后行礼，复到储秀宫向嘉顺皇后（同治皇后）行礼。这时光绪皇帝称 5 岁，实际年龄只有 3 周岁半。

光绪二年（1876 年）四月二十一日，光绪帝开始在毓庆宫读书。毓庆宫在东六宫东侧斋宫与奉先殿之间。师傅为署侍郎、内阁学士翁同龢和侍郎夏同善。翁同龢与夏同善为同榜进士。翁同龢主要教光绪读书，夏同善主要教光绪写仿格（写字）。御前大臣教习满语文、蒙古语文和骑射。幼年皇帝读书先有顺治，继有康熙，再有同治，他们登基时，顺治 6 岁，康熙 8 岁，同治 6 岁，而光绪只有 4 岁。所以，光绪从 6 岁，实际 4 周岁半开始读书。光绪刚开始就读，对环境、师傅、学习内容、伴读都很陌生，很不习惯。他对授读师傅感到很生疏，有时又哭又闹，还摔书本。师傅没有办法，奏告慈禧皇太后。慈禧懿旨皇帝生父奕譞到毓庆宫光绪皇帝《临颜真卿自书告》轴，照看小皇帝读书。随着岁月推移，载湉年岁渐长，逐渐习惯读书生活。光绪读书很用功，慈禧夸赞他："实在好学，坐、立、卧皆诵书及诗。"他把读书同做国君相联系，如在《乙酉年御制文》中写道："为人上者，必先有爱民之心，而后有忧民之意。爱之深，故忧之切。忧之切，故一民饥，曰我饥之；一民寒，曰我寒之。凡民所能致者，故悉力以致之；即民所不能致者，即竭诚尽敬以致之。"这一年为光绪十一年（1885 年），光绪才 15 岁。他很想当一位有所作为的皇帝，还因此还写了一首《围炉》。

西北明积雪，万户凛寒飞；

惟有深宫里，金炉兽炭红。

从诗中可以看出，少年皇帝光绪胸中念边塞、心中挂庶民的心境。

光绪有父亲奕譞在毓庆宫照料读书，但以君臣之礼取代父子之情。奕譞"谦卑谨慎，翼翼小心"的性格，对光绪影响并不大。影响光绪性格的重要因素主要有三：一是遗传因素，光绪的性格，更多的不是继承其父"敬谨"的因素，而是母亲一支的"桀骜"基因。他的外祖父惠征曾因携银逃走被免官，可见其不守本分。她的姨妈慈禧太后的强悍性格更是表露鲜明。这些或对光绪皇帝的性格形成有着先天的影响。二是教育因素，光绪在毓庆宫长达十余年读书学习，儒家经典，师傅薰陶，是其性格形成的教育因素。三是社会因素，光绪面临战败赔款，民族灾难，则是其性格形成的社会因素。

变法失败后被囚瀛台

光绪经过 12 年的少帝生活，早已到了亲政的年龄。光绪十二年（1886 年）六月初十，慈禧皇太后懿旨："前因皇帝冲龄践祚，一切用人行政，王大臣不能无所禀承，因准廷臣之请，垂帘听政。本日召见醇亲王及军机大臣、礼亲王世铎等，谕以自本年冬至大祀圜丘为始，皇帝亲诣行礼，并著钦天监选择吉期，于明年举行亲政典礼。"光绪十三年（1887 年），光绪帝开始亲理朝政。

载湉从太监视和殿亲政大典时起，就被慈禧掌控在手里。他或被慈禧作为显示威严的权杖，或被慈禧看作御座上的玩偶。慈禧规定，每隔一日，光绪必须亲自向她奏报政务，听候训示。光绪经常披星戴月，往来奔波。遇有重大事情，更得随时请旨。名为皇帝，实则傀儡。光绪临朝亲政后，53 岁的慈禧表面退居颐和园颐养天年，实际上权势依旧，仍把持着国家政务。她一方面处处限制光绪的权力，国家大事都要秉承她的懿旨去办理；另一方面又通过自己的侄女隆裕皇后及亲信太监李莲英等人，暗中注意光绪的行踪。光绪在宫内、宫外遇到的困局，超过了他的先祖。

光绪遇到的国际环境也与同治不一样。这时，日本经过明治维新，开始向外扩张，进攻矛头指向朝鲜和中国东北；俄国也极力向远东、向中国东北和西北扩张；英、法等西方殖民者，更从海上对中国进行新的

侵略。光绪皇帝面临国际、国内局势，亲政后 10 年间，在政治上最大的举动是两件大事：第一是在甲午战争中"主战"，第二是在戊戌变法中"求变"。

甲午战争，光绪"主战"。在中法战争结束后，清政府成立了海军衙门。19 世纪 80 年代末，清政府的海军有北洋、南洋、福建、广东四支水师，拥有大小 70 多艘军舰。其中北洋水师实力最强，拥有军舰 20 余艘，其主力舰皆购自英国和德国。南洋水师也有 20 余艘军舰，多系江南制造局和福州船政局制造，也有购自英国的几艘炮艇。福建水师的 20 艘军舰由福州船政局生产，还有几艘购自英、美的炮艇。这些拼凑的军舰，战斗能力薄弱，无力参加重大海战。19 世纪 90 年代，世界造船技术又有新的发展，相形之下清政府的海军力量没有跟上舰船制造技术的发展。清政府虽从没有军舰、没有海军，到拥有四支舰队，数十艘军舰，尤其拥有实力较强的北洋舰队，但日本明治维新后，也建立起了一支具有力量的海军舰队。

日本明治维新后，把侵略的矛头指向朝鲜和中国，从而爆发了中日甲午战争。光绪在这场战争中，坚决主战。清军在平壤之战、黄海之战中，都以失败告终。结果被迫签订《马关条约》，割让辽东半岛、台湾、澎湖列岛及附近岛屿给日本，赔偿日本军费白银二万万两（相当于清政府三年的财政总收入）等。

这时的慈禧在做什么？在准备庆贺自己的 60 大寿。据文献记述，慈禧 60 大寿，一切筹划都仿照乾隆二十六年（1761 年）皇太后 70 大寿庆典办理。当年是清朝的全盛时期，所谓"物产丰盈"、"富有四海"。而慈禧 60 大寿之时，已经是今非昔比。慈禧庆寿，从头一年就开始准备。改清漪园名为颐和园，大兴土木。自皇宫到颐和园沿途布置彩棚、彩灯，备赏的饽饽 850 桌，用彩绸 10 万匹，红毡条 60 万尺。《藏园群书题

记》载"用银至七百万两",其中户部库银 400 万两,京官报效银 121 万两,外官报效银 167 万两。两淮盐商各捐银 40 万两。太监、宫女等也都报效银两。当时灾荒严重,北京开设粥厂,救济难民。有人不满,题写门联,贴于京城。

> 万寿无疆,普天同庆。
> 三军败绩,割地求和。

说来也算巧合,慈禧逢甲不吉利。甲戌(同治十三年),独子同治死;甲申(光绪十年),50 大寿,中法战争;甲午(光绪二十年),60 大寿,中日战争;甲辰(光绪三十年),70 大寿,日俄战争。

维新运动就是在这样的历史背景下开始的。1895 年,当时在北京参与科举会试的十八省举人,收到《马关条约》中,中国割去台湾及辽东,并向日本赔款二万万两的消息,一时间群情激动,4 月,康有为、梁启超作成上皇帝的万言书,提出拒和、迁都及变法的主张,得到一千多位参加科举考试的人的连署。5 月 2 日,康、梁二人,十八省举人及数千市民集合在都察院门前要求代奏。因为外省举人到京是由朝廷的公车接送,事件亦被称为公车上书。虽然公车上书在当时没有得到实质的结果,但却形成了国民问政的风气,之后也催生了各式各样不同的议政团体。当中由康、梁二人发起的强学会最为声势浩大,更曾一度得到帝师翁同龢、南洋大臣张之洞等清朝高级官员的支持。

面对列强瓜分的危险,光绪于 1898 年(戊戌年)向慈禧索要实际的权力,让他进行朝政的改革。1898 年 6 月 8 日,徐致靖上书《请明定国是疏》(康有为代拟)请求光绪帝正式改变旧法,实施新政。上书后第三天,光绪颁布《定国是诏》,表明变更体制的决心,百日维新开始。

之后光绪召见康有为，调任他为章京行走，作为变法的智囊。其后又用谭嗣同、杨锐、林旭、刘光第等人协助维新。

1898 年 6 月 11 日，光绪帝发布《明定国是诏》，变法从此正式开始，直到 9 月 21 日慈禧太后发动政变，共 103 天，史称百日维新。1898 年 6 月 16 日，光绪帝召见康有为，商讨变法具体步骤和措施。光绪帝根据康有为等人的建议，在百日维新期间颁布了几十道新政诏令。其中经济方面主要有：设立农工商总局，开垦荒地；提倡私人办实业，奖励发明创造；设立铁路、矿务总局；鼓励商办铁路、矿业；裁撤驿站，设立邮政局；改革财政，创办国家银行，编制国家预、决算。军事方面主要有：严查保甲，实行团练；裁减绿营，淘汰冗兵，采用新法编练陆、海军。文教方面主要有：改革科举制度，废除八股，改试策论；改书院和淫祠（不在祀典的祠庙）为学堂；鼓励地方和私人办学，创设京师大学堂，各级学堂一律兼习中学和西学；准许民间创立报馆、学会；设立译书局，翻译外国新书；派人出国留学、游历。政治方面主要有：广开言路，准许各级官员及民众上书言事，严禁官吏阻格；删改则例，撤消重叠闲散机构，裁汰冗员；取消旗人的寄生特权，准其自谋生计。这些抵制和反对措施有利于民族资本主义经济的发展和资产阶级文化思想的传播，受到维新派和地主阶级开明人士的热烈欢迎。

戊戌新政一开始便遭到原有各大臣的抵制。特别是北洋大臣、直隶总督荣禄，更是保守派的头目。9 月 16 日，光绪帝在颐和园召见统率北洋新军的直隶按察使袁世凯，面谈后升任他为侍郎候补。另一方面，直隶总督荣禄以英俄开战为由，催袁急回天津。据袁世凯的日记，之后谭嗣同於 9 月 18 日夜访袁世凯住处，透露皇上希望袁世凯可以起兵勤王，诛杀荣禄，包围慈禧太后住的颐和园。1898 年 9 月 20 日，袁世凯回到天津，将谭嗣同的计划向荣禄报告。1898 年 9 月 19 日，慈禧太后回宫，

1898 年 9 月 21 日临朝，宣布戒严，火车停驶，并即幽禁光绪帝，废除新政，搜捕维新党人，结束了只有一百零三天的维新。维新党人中，康有为早离开北京，梁启超逃入日本使馆。谭嗣同拒绝出走，表示："各国变法，无不从流血而成；今中国未闻有因变法而流血者，此国之所以不昌也。有之，请自嗣同始。"其他数十人被捕，1898 年 9 月 28 日，谭嗣同、杨锐、林旭、刘光第、杨深秀、康广仁六人被斩首于菜市口。徐致靖处以永远监禁，张荫桓则发放新疆，唯一在地方彻底实施变法的地方巡抚湖南巡抚陈宝箴被革职，且永不叙用。所有新政，除京师大学堂（即现北京大学）和各地新式学堂被保留外，其余主要新政措施均被废止。

戊戌变法后，康有为、梁启超出逃，谭嗣同等"戊戌六君子"遇害。光绪也被囚禁于中南海瀛台或颐和园玉澜堂（至今还存留当时防范光绪逃走的隔墙），他的政治生涯到此结束。此后，光绪度过了 10 年没有人身自由的"囚帝"生活。戊戌变法失败后，慈禧又将光绪挚爱的珍妃囚在钟粹宫后北三所，并且给她立下了一条规矩，今后不许再见皇上。慈禧重新出面训政，多方凌辱折磨光绪。起初，慈禧想把光绪废掉，光绪也深知慈禧的险恶用心，日夜担惊害怕、提心吊胆，对天长叹道："我连汉献帝都不如啊！"自光绪被囚禁在瀛台后，慈禧太后重新掌权。

 ## 两封密诏缘何惹怒慈禧

1898 年 6 月 11 日，27 岁的光绪皇帝在征得慈禧太后的同意后，正式颁发《定国是诏》，启动维新变法。在接下来的日子里，光绪帝颁布了一系列废除八股、整顿军队、发展农商工业、建学校、开议院等改革举措，圣旨一下，立刻受到了维新派和各级开明人士的支持，举国上下一片沸腾。

然而改革并不顺利，从百日维新的第一天开始，维新派与守旧派之间就展开了激烈的斗争，其背后更是光绪帝与西太后慈禧的权力之争。很快，新旧两派冲突的导火线便出现了。

"礼部六堂官事件"

仔细研读史料，事实上，慈禧在百日维新初期对光绪帝所颁布的一系列改革措施是默许的。百日维新期间，光绪帝曾 12 次前往颐和园听训。据苏继祖《清廷戊戌朝变记》记载："皇上自四月以来所有举办新政，莫不先赴太后前禀白，而后宣示，虽假事权，并未敢自专也。每有禀白之件，太后不语，未尝假以辞色；若事近西法，必曰：'汝但留祖宗神主不烧，辫发不剪，我便不管。'"慈禧与光绪的矛盾，不在变与不变法，而在权力的争斗；维新派与守旧派的矛盾冲突，也在于此。

有一天，礼部主事、维新派人士王照上疏建议光绪帝和慈禧太后游历日本诸国，以考察各国情况，从而开拓眼界。这一建议，礼部尚书怀

塔布、许应骙并不赞同，因此不肯向上传达这个建议，阻挠王照上疏。光绪得知后勃然大怒，因为按照新政的改革措施，部院大臣是不能阻挠各级官吏上书的，他认为这是守旧大臣公开挑战新政。为了立威，光绪帝在9月4日下令将怀塔布、许应骙、堃岫、徐会沣、溥颋、曾广汉等阻挠变法的六堂官全部罢免。史称"礼部六堂官事件"。这是清代有史以来从未有过的。

怀塔布立刻通过自己的妻子将此事告诉了西太后慈禧，慈禧认为光绪处罚过重，立即表示反对。慈禧还没来得及有所行动，光绪便在第二天擢升杨锐、刘光第、林旭、谭嗣同四人为四品卿衔，在军机章京行走。9月13日，光绪帝根据康有为的建议，准备开懋勤殿以代替军机处，并召李端棻、徐致靖、宋伯鲁、梁启超等8人共议新政，同时，康有为还在光绪皇帝面前保荐梁启超为懋勤殿顾问。

这一举措无异于宣告维新派开始正式与守旧派夺权，这是慈禧决不允许的。所以，当光绪帝于当天赴颐和园请求慈禧批准成立懋勤殿时，慈禧便将光绪扣留在那里。

两封密诏

光绪帝被慈禧扣留在颐和园，心知情况不妙，顿时慌了手脚，无奈之下，他只好派出心腹密诏维新派人士迅速筹划营救皇帝的策略，挽救当时的局势。9月15日，光绪帝召见军机章京杨锐时，曾发出如下密诏：

"……朕问汝：可有何良策，俾旧法可以全变，将老谬昏庸之大臣尽行罢黜，而登进通达英勇之人，令其议政，使中国转危为安，化弱为强，而又不致有拂圣意？尔其与林旭、刘光第、谭嗣同及诸同志妥速筹商，密缮封奏，由军机大臣代递，候朕熟思，再行办理。朕实不胜十分焦急翘盼之至，特谕。"

值得注意的是，这份密诏虽然表现出光绪皇帝的焦急不安，但在他

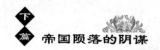
所列"顾命大臣"中，只有杨锐、林旭、刘光第、谭嗣同四人的名字，并未包括康有为。而且光绪帝此时只想找到一个能够避免政变、同时又能够让改革继续下去的方案，并不想得罪慈禧。

9月17日，光绪皇帝预感大祸临头，再次发出密诏，这一次的密诏是发给康有为的，内容如下：

"工部主事康有为前命其督办官报局，此时闻尚未出京，实堪诧异。朕深念时艰，思得通达时务之人，与商治法，康有为素日将求，是以召见一次，令其督办官报，试以报馆为开民智之本，职任不为不重，现筹有的款，着康有为迅速前往上海，毋得迁延观望。"

这是一封命康有为迅速离开京城、前往上海的密诏。光绪希望康有为远离京城，并非是为康有为的人身安全考虑，而是为了息事宁人，赶走康有为以求自保。在光绪帝看来，以懋勤殿代替军机处进行权力更替的主意是康有为出的，如果将他赶走，慈禧或许会原谅自己，事态也就不会变得太复杂。

康有为的打算

康有为显然不愿意就此离去，因为当时正是维新变法开展得如火如荼的时候，而他自己也终于接触到了清政府的统治核心。尽管实际权力都掌握在以慈禧为首的守旧大臣手中，但康有为还有最后一根救命稻草：袁世凯。

于是，就在这一天，当杨锐秘密地将光绪帝写给他的第一份密诏的抄写本交给康有为，并让他想出妥善的方法时，康有为将密诏改成了如下内容：

"朕唯时局艰难，非变法不足以救中国，非去守旧衰谬之大臣而用通达英勇之士，不能变法。而皇太后不以为然，朕屡次几谏，太后更怒，今朕位且不保，汝康有为、杨锐、林旭、谭嗣同、刘光第等可妥速密筹，

设法相救。朕十分焦虑，不胜企盼之至。特谕。"

康有为将两份密诏（包括被篡改的那份）交给梁启超、谭嗣同等人看后，众人相对痛哭了一场。康有为决定让谭嗣同连夜劝说袁世凯，让他起兵勤王，并前往颐和园逼迫慈禧彻底交权。

但他没有想到的是，袁世凯并不是一个可以依赖的人，他的告密让康有为的所有计划全部流产。9月20日，慈禧太后从颐和园返回紫禁城，直入光绪寝宫，将光绪皇帝囚禁在中南海瀛台；9月28日，谭嗣同、林旭、杨锐、刘光第、康广仁、杨深秀六人惨遭杀害；康有为、梁启超等人则四散逃亡。

变法失败后，康有为从日本流亡到美国、欧洲，处处打着保皇的旗号。联想到杨锐已经被杀，死无对证，他便将自己篡改的假密诏公诸天下。当慈禧得知这份假诏后，误以为光绪对自己有谋害之心，勃然大怒，将光绪终生囚禁在瀛台，直到死也没有原谅他。

康有为自认为死无对证，没想到有一个人却对此事洞若观火。戊戌变法后，与康有为同样逃亡日本的维新人士王照曾经在一则笔谈中揭露康有为篡改密诏的真相：

"今康刊刻露布之密诏，非皇上之真密诏，乃康所伪作者也。皇上密谕章京谭嗣同等四人谓'朕位今将不保，尔等速为计划，保全朕躬，勿违太后之意'云云。此皇上不欲抗太后以取祸之实在情形也。另谕康有为祗令其速往上海，以待他日再用，无令其举动之文也。"

王照虽然知道真相，但苦于没有直接证据，直到1909年宣统改元后，杨锐的儿子将密诏原件上交都察院，当时章炳麟执掌京畿，他将密诏原件转呈光绪帝的弟弟摄政王载沣，康有为篡改密诏的真相自从此才大白于天下。

袁世凯为何出卖光绪皇帝

袁世凯（1859~1916），字慰庭，号容庵，是中国近代史上赫赫有名的人物。1859年9月16日，他出生在河南项城县一个世代官宦的大家族。因科举不第，便弃文投军，投到淮军将领吴长庆门下。1892年，袁世凯被派往朝鲜，并取得李鸿章的信任。1895年，袁世凯在李鸿章的保举之下以道员衔赴天津督练"新式陆军"。开始成为有军权的实力人物。

1898年，清廷年轻的光绪皇帝在康有为、梁启超等维新派人物的推动下，冲破顽固派的阻挠，开始实行变法维新。

变法运动初期，袁世凯曾经表现出支持变法、积极推动变法的热忱。1895年，在康有为发动公车上书以后，袁世凯也曾亲自向光绪皇帝上书，条陈变法事宜。1895年夏，康有为第四次上书光绪，都察院等部门拒绝代陈，袁世凯还曾请求督办军务处代递。强学会成立之后，袁世凯也积极参与，为强学会的发起人之一。十一月，袁世凯受命往天津小站编练陆军时，康有为还曾亲自为他设酒饯行，康有为对袁的印象极好，认为："袁倾向我甚至，谓吾为悲天悯人之心，经天纬地之才……"七月，变法运动达到高潮之后，袁世凯又派徐世昌到北京与维新派保持紧密地联系。袁世凯对戊戌变法的关心，骗取了维新志士和光绪皇帝对他的信任。光绪二十四年八月初一，光绪帝在颐和园召见袁世凯，破格提升他为候补侍郎，专办练兵事务。并允许他可以不受荣禄节

制，各办各事。

1898 年 6 月 11 日，光绪帝毅然颁布《明定国是》诏书，正式宣布变法。但是，变法运动一开始就遭到以慈禧太后为首的封建守旧派的敌视与破坏。慈禧太后在守旧势力的怂恿之下，预谋在光绪陪同慈禧到天津阅兵的时候，由但任直隶总督的大将荣禄发动兵变，罢黜光绪帝，推翻一切新政，让慈禧太后重新上台垂帘听政。光绪帝听到消息之后惊恐万分，于 9 月 14 日与 9 月 17 日连续两次给康有为下达密诏，密诏中说："朕位且不能保，何况其他？"要维新派筹商对策。康有为等人读诏之后，知道形势严峻。他们计划一方面要争取手握"新建陆军"、又热心变法事业的袁世凯发动兵变，诛杀荣禄，发兵围困颐和园；另一方面派会党首领毕永年带领侠士潜入颐和园，捕囚慈禧。计划的关键在于袁世凯。9 月 18 日深夜，谭嗣同只身前往袁世凯的寓所法华寺，劝说袁世凯举兵诛杀荣禄，包围颐和园。谭嗣同见到袁世凯后，问他："你认为皇上是怎样一个人？"袁世凯说："是旷代这圣主！"谭嗣同又说："荣禄准备借天津阅兵废黜皇上，现在只有你一个人可以救我们的圣主。你如果愿意救，就请救之；如果不愿意救，可以到颐和园向西太后告发我，也可因此享尽荣华富贵。"袁世凯说："你把我袁世凯看成什么人了，皇帝是我们共同的英主。有什么事情你就说，有用到我的，将万死不辞！"谭嗣同见袁世凯说的信誓旦旦，就把诛杀荣禄，围困颐和园，囚禁慈禧的计划告诉给袁世凯。袁世凯当时还激昂地说："如皇上在我军营里，令我下手，那么，杀荣禄如杀一狗耳！"就这样，谭嗣同以为袁世凯答应帮忙了，便返回寓所同康有为商量下一步的事情。

9 月 20 日（农历八月初五日）袁世凯向光绪请训，当天便乘火车返回了天津。9 月 21 日早晨，慈禧太后发动戊戌政变，将光绪帝囚禁于中南海瀛台，并假借光绪帝的名义，吁请慈禧"训政"。慈禧执掌清廷大权

后，下令捉拿康有为，查抄康的住地南海会馆。康有为、梁启超逃亡。在这同时，慈禧下令废除在变法期间颁布的几乎一切新政法令与措施。戊戌变法遂告失败。

百日维新失败之后，传统的史学观点认为，袁世凯的告密导致了慈禧太后发动政变。他当天乘火车返回天津向荣禄告密，出卖了光绪帝和维新派。当夜，荣禄又从天津乘车赶到北京向慈禧太后告了密，慈禧一怒之下便发动了政变。后人甚至还编写了一首打油诗来讽刺袁世凯卖友求荣："六君子，头颅送；袁项城，顶子红；卖同党，邀奇功；康与梁，在梦中；不知他，是枭雄。"

悲剧皇帝死因成谜

光绪皇帝生命中的第四个时期是10年"囚帝"生活。这10年他过得太苦了。八国联军侵入北京，签订《辛丑条约》；大清国的皇帝居然做了"囚帝"。可以说，光绪皇帝的一生，政治生活是悲剧，家庭生活也是悲剧。

在光绪家庭生活中，除了他的生母之外，影响他最大的3个女人是慈禧太后、隆裕皇后和珍妃。慈禧既是光绪的恩人、亲人，又是光绪的仇人、敌人。据瞿鸿《圣德记略》载述，慈禧对光绪也有怨气："外间疑我母子不如初年。试思皇帝入承大统，本我亲侄；以外家言，又我亲妹之子，我岂有不爱怜者？皇帝抱入宫时才4岁，气体不充实，脐间常流湿不干，我每日亲与涤拭。"所以，光绪不听话，搞变法维新，慈禧既痛又气。光绪同慈禧的关系，贯穿在光绪一生中，不单独讲述；光绪同隆裕皇后和珍妃的关系，本节略作介绍。

光绪帝有一后二妃，没有子女。这在清朝皇帝中是独特的（宣统6岁逊位另当别论）。

光绪十五年（1889年）正月二十日，19岁的光绪皇帝举行大婚典礼。光绪的一位皇后和两位妃子都是慈禧做主选的。

光绪的皇后叶赫那拉氏，是慈禧亲弟都统桂祥的女儿，就是隆裕皇后。隆裕皇后长得不漂亮，既瘦弱，又驼背。这门亲事是慈禧皇太后懿旨给定的，光绪虽不满意，却也无奈。皇后叶赫那拉氏与光绪皇帝，完全是政治婚姻。慈禧将自己侄女嫁给自己外甥，目的就是在宫闱椒房探悉皇帝的内情，控制和操纵皇帝，并为之后母族秉政、太后垂帘听政做铺垫。光绪皇帝同皇后叶赫那拉氏大婚后，情不投，意不合，始终是一门不美满的婚姻。光绪死后，宣统继位，皇后徽号为"隆裕"，是为隆裕皇太后。隆裕皇太后在民国二年（1913 年）正月十七日，死于太极殿。

光绪有两位妃子，一位是瑾妃，另一位是珍妃，二人是亲姐妹，他他拉氏，但相貌和性格却大不相同。瑾妃相貌一般，性格柔和脆弱。后因其妹珍妃忤慈禧皇太后，被降为贵人。宣统时，尊为瑾贵妃，民国十三年（1924 年）死。

珍妃，初为珍嫔，晋珍妃。影视作品中的珍妃，聪慧明敏，妩媚艳丽，机敏多情，非常感人。艺术作品把珍妃理想化，甚至于说她帮助光绪推行戊戌变法。其实，珍妃不像影视作品中那么漂亮，而且略胖。光绪十四年（1888 年）十月，年仅 13 岁的珍妃与其姐瑾妃，同时被选为嫔。次年二月，姐妹二人一起入宫。光绪二十年（1894 年），慈禧皇太后 60 大寿，宫外虽然硝烟弥漫，宫内却是歌舞升平。在这喜庆之年，宫里的人，该赏的赏，该升的升。瑾嫔与珍嫔，沾了喜气，同时晋封：姐姐为瑾妃，妹妹为珍妃。珍妃这年刚满 19 岁，是花样的年华。珍妃年轻热情，性格活泼，博得光绪帝的宠爱。而正宫隆裕皇后叶赫那拉氏，却引不起皇帝的情趣。皇后与珍妃，宫闱之内，渐起情波。隆裕皇后因失宠而生妒，又因妒忌而生怨恨。她利用自己统摄六宫的地位与慈禧姑侄的身份，"频频短之于慈禧"，向姑母、慈禧太后告珍妃的状。珍妃入宫后，对光绪的同情和体贴，激起了光绪对生活的热情。大婚后的数年间，光绪与珍妃共度了一段愉悦的时光。而这正是慈禧和皇后所不愿意看到的。皇后叶赫那拉氏经过长时间观察、了解，终于抓到珍妃的把柄。据

《西太后遗事》记载：裕宽谋求福州将军一职，先请托于太监李莲英，因李莲英索银多，又以与珍妃娘家亲近关系，"乃辇金献之珍妃，俾伺便言之上前"。这件事被李莲英的耳目探得，于是引起一场风波。

光绪二十年（1894 年）十月二十八日清晨，光绪皇帝如同往常一样到长春宫东暖阁向慈禧皇太后下跪请安。慈禧坐在御榻上，对光绪闭目不视，也不答话。光绪跪在地上，不敢抬头，也不敢多言。皇太后同光绪帝僵持了约有一个时辰，慈禧太后才放话："下去吧！瑾妃、珍妃的事，你不管，我可要管。不能让她们可着性子，不遵家法，干预朝政，胡作非为！"光绪莫名其妙，唯唯称是，以礼告退，回养心殿。光绪正在纳闷时，有太监跪奏：清晨，皇太后下令总管太监李莲英，对瑾妃、珍妃杖责处罚。珍妃位下太监高万枝，被慈禧太后懿旨正法。珍妃的胞兄志锐被革职，发遣乌里雅苏台。至于慈禧皇太后对珍妃的严惩，有书说是"褫衣廷杖"——这对皇妃来说，是宫史前所未闻的，也是对珍妃最大的羞辱。

慈禧皇太后杖责珍妃，正史没有记载，宫廷御医档案，留下一些资料：十月二十八日，太医张仲元请得珍妃脉息，六脉沉伏，抽搐气闭，牙关紧闭，周身筋脉颤动。十一月初一日，亥刻（21-23 时），太医张仲元请得珍贵人脉息，左寸关沉伏，右寸关滑数，抽搐渐止，仍觉筋惕肉颤，神识已清，惟气血未调，痰热尚连下行，以致胸膈烦闷，两肋串痛。有时恶寒发烧，周身筋脉疼痛。同日子刻（23-1 时），张仲元请得珍贵人脉息，左关沉伏，右寸沉滑，抽搐又作，牙关紧闭，人事不醒，周身筋脉颤动。同一日深夜，将御医连连请进内宫急诊，可见珍妃病情之急重。根据上述医案，珍妃确受重杖。

慈禧皇太后之所以重惩珍妃，其原因主要有五：

第一，对光绪。甲午兵败，慈禧太后将责任推到光绪身上，觉得光

绪亲政 8 年，胆子越来越大，甚至有些事情不把圣母皇太后放在眼里。慈禧太后想"杀鸡给猴看"，藉廷杖珍妃，告诫光绪"要是不听话，就给眼色看"。

第二，对皇后。慈禧太后觉得，皇帝结婚 5 年，对懿定的皇后，既不亲爱，也不敬重。皇帝一心喜欢那个珍妃，使自己太伤心。慈禧太后便借此机会，严厉惩治珍妃，给侄女出口气。

第三，对珍妃。珍妃自恃长得娇俏，能说会道，深受皇帝喜爱，太后心里气不过。特别是慈禧年轻守寡，见到别人甜蜜爱情，心理总是嫉妒怨恨，借机惩罚诊妃。

第四，对宫女。内宫应是一片"纯净乐土"，竟然有人串通外朝，卖官鬻爵。珍妃也好，太监也好，卖官之事，确被抓住。于是，慈禧皇太后惩罚珍妃，名正言顺，诫训宫女。

第五，对自己。慈禧太后藉廷杖珍妃，舒解积愤。

慈禧皇太后"廷杖珍妃"之举，收到一石五鸟之效。

光绪二十六年（1900 年）七月二十一日，八国联军入侵北京，慈禧带着光绪皇帝仓惶出逃。相传她临行前命令太监崔玉贵把珍妃推到宁寿宫外的井中害死。这件事情正史没有记载，但珍妃确实是那时死的。因为从那以后，清宫档案中就没有出现关于珍妃的记载。后来有太监回忆录曾提到珍妃被慈禧害死的情况。珍妃之死给光绪造成极大的精神刺激，形成极大的悲苦。光绪帝过着"囚帝"的生活，心情抑郁，病情益重。光绪虽常年多病，但医药条件极好，不会突然死亡。而光绪在慈禧死去的前一天，突然崩驾。噩耗传出，朝野震惊。于是，光绪被人谋害致死的说法随之流传开来。

光绪帝的死因，主要有两说：一说是患病正常死亡；二说是被人下毒致死。

光绪正常病死说。有人认为，根据光绪37岁时的病案，遗精已经将近20年，前几年每月遗精十几次，近几年每月二三次，经常是无梦不举就自行遗泄，冬天较为严重，腰腿肩背经常感觉酸沉，稍遇风寒，耳鸣头疼。光绪身体一直不好，体弱多病。从现代医学角度来看，光绪患有严重的神经官能症、关节炎和骨结核等疾病。这是导致光绪壮年死亡的直接病因。光绪御医六人，每日一人轮诊，各抒己见，治法不一，也耽误了医治。

光绪三十四年（1908年）三月初九，脉案记载：皇上肝肾阴虚、脾阳不足、气血亏损，病势严重。在治疗上不论是寒凉药，还是温燥药都不能用，处于无药可用的地步，宫中御医们束手无策。五月初十日脉案记载：调理多时，全无寸效。七月十六日，江苏名医杜钟骏看过光绪的病症说："我此次进京，以为能治好皇上的病，博得微名。今天看来，徒劳无益，不求有功，只求无错。"九月的脉案记载：病状更加复杂多变，脏腑功能已经失调。十月十七日，三名御医会诊脉案记载：光绪的病情已经出现肺炎症，及心肺衰竭的临床症状。一致认为光绪皇帝已是极度虚弱，元气大伤，病情危重。十月二十日，光绪的脉案记载：夜里，光绪开始进入弥留状态、肢体发冷、白眼上翻、牙关紧闭、神志昏迷。十月二十一日，脉案记载：光绪的脉搏似有似无，眼睛直视，张口倒气。傍晚时，光绪死。

有的学者根据清宫医案记载认为：光绪帝从开始病重，一直到临终，病状逐渐加剧，既没有中毒的迹象，也没有暴死的症象，属于正常死亡。

光绪被人毒死一说又分解为慈禧、李莲英、袁世凯下手等多种说法。

其一，说慈禧临终前派人毒死光绪。《崇陵传信录》和《清稗类钞》等书里认为：慈禧太后病危期间，唯恐自己身后光绪重新执政，推翻前案，倒转局势，于是令人下毒手，将光绪害死。《我的前半生》一

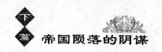

书载述："有一种传说，是西太后自知病将不起，她不甘心死在光绪前面，所以下了毒手。"人们普遍认为，年仅38岁的光绪，反而死在74岁的慈禧的前面，而且只差一天，这不会是巧合，而是慈禧处心积虑的谋害。

其二，说李莲英毒死光绪。英国人濮兰德·白克好司的《慈禧外传》和德龄的《瀛台泣血记》等书中，认为清宫大太监李莲英等人，平日里仗着主子慈禧的权势，经常中伤和愚弄光绪，他们怕慈禧死后光绪重新掌权，对自己不利，就先下毒手，在慈禧将死之前先把光绪害死。

其三，说袁世凯毒死光绪。溥仪在《我的前半生》一书中，谈到袁世凯在戊戌变法时，辜负了光绪帝的信任，在关键时刻出卖了皇上。又说："袁世凯担心一旦慈禧太后死去，光绪决不会轻饶他，所以就借进药的机会，暗中下毒，将光绪毒死。"

其四，说不知姓名之人毒死光绪。曾做过清宫御医的屈贵庭，在民国间杂志《逸经》上著文说："在光绪临死的前三天，他最后一次进宫为皇上看病，发现皇上本已逐渐好转的病情突然恶化，在床上乱滚，大叫肚子疼，没过几天，光绪便死了。"这位御医认为，虽不能断定是谁害死了光绪，但肯定光绪是被人暗中害死的。

清代官方文献和宫廷档案表明光绪是病死的。但是，从光绪死的那天开始，人们就怀疑他不是正常死亡。人们总觉得他死在慈禧前面，而且只比慈禧早死了一天，这件事太奇怪了！但所有这些猜疑，到今天为止，也只是猜疑，因为至今没有确凿史料证明光绪是被人害死的。

光绪无子，皇嗣只能在宗室中选择。慈禧太后懿旨："摄政王载沣之子溥仪，著入承大统，为嗣皇帝。"这就是宣统皇帝。

《清史稿》论曰："德宗亲政之时，春秋方富，抱大有为之志，欲张挞伐，以前国耻。已而师徒饶败，割地输平，遂引新进小臣，锐意更

张，为发奋自强之计。然功名之士，险躁自矜，忘投鼠之忌，而弗恤其闾济，言之可为于邑。洎垂帘再出，韬晦瀛台。外侮之来，衅自内作。卒使八国连兵，六龙西狩。庚子以后，怫郁摧伤，奄致殂落，而国运亦因此而倾矣。呜呼，岂非天哉。"光绪驾崩后，清越四年而亡。

　　无论从哪个角度看，光绪帝都是一个充满悲剧色彩的人物。在家庭生活方面有"八大不幸"；作为一个政治人物，他在位长久却傀儡一生，不甘沉沦却难有作为。

沦落的溥仪：帝国灭亡的秘闻

爱新觉罗·溥仪，字耀之，号浩然。清朝最后一位皇帝，也是中国封建帝制历史上的最后一位皇帝。作为清朝皇帝在位时，他的年号为"宣统"，故后世称之为"末代皇帝"或"宣统皇帝"。1911年辛亥革命爆发，第二年2月12日隆裕太后被迫代溥仪颁布了《退位诏书》，溥仪退位，清王朝正式结束了在中国的统治。

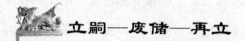 **立嗣——废储——再立**

立嗣

慈禧发动"戊戌政变"，囚禁光绪皇帝。慈禧认为，光绪从4岁进宫，自己费心抚养成人，却不听话，搞戊戌变法。慈禧很伤心，想废掉他。在光绪皇帝即位时，两宫太后曾有一个说法，等将来光绪帝载湉有

了儿子，再过继给同治帝载淳为嗣。但光绪无子，由谁来继承？废帝后，光绪又怎么处置？慈禧反复思考这两个难题。《崇陵传信录》记载：光绪二十五年（1899年）十一月二十八日，上完早朝之后，慈禧单独召见荣禄。慈禧与荣禄有一段对话。

荣禄问："传闻将有废立事，信乎？"

慈禧答："无有也。事故可行乎？"

荣禄答："太后行之，谁敢谋其不可者！顾上（光绪）罪不明，外国公使将起而干涉，此不可不慎也。"

慈禧问："事且露，奈何？"

荣禄答："无妨也，上（光绪）春秋已盛，无皇子，不如择近宗近支建大阿哥为上嗣，兼祧穆宗，育之宫中，徐篡大统，则此举为有名矣！"

慈禧曰："汝言是也。"

慈禧与荣禄议立大阿哥，作为同治和光绪帝的继承人，逐步取代光绪皇帝。

由谁来做大阿哥呢？慈禧选中了载漪之子溥儁，为什么？

第一，从溥儁的父系来说，溥儁是爱新觉罗的血统。溥儁的曾祖父为嘉庆帝。嘉庆帝第三子惇亲王绵恺没有儿子，以道光（旻宁）第五子奕誴过继给绵恺为后。奕誴是溥儁的祖父。奕誴第二子载漪是溥儁的父亲。载漪又过继给嘉庆帝第四子瑞亲王绵忻之子瑞郡王奕约为后，袭贝勒。后载漪晋封为端郡王（应作瑞郡王，因述旨疏误，错瑞为端，遂因之）。

第二，从溥儁的母系来说，溥儁有叶赫那拉氏的血统。《清史稿·绵忻传》记载："载漪福晋，承恩公桂祥女，太后姪也。"就是说，溥儁既是慈禧太后娘家姪女的儿子，又是慈禧婆家堂姪的儿子，真是亲上加亲。

近年有学者考证，《清史稿·绵忻传》的上述记载有误，溥儁的母亲不是慈禧的侄女。这个问题有待进一步考证。

15 岁的溥儁处在爱新觉罗氏与叶赫那拉氏两支血缘的交叉点上，因此被慈禧选作大阿哥。

光绪二十四年（1898 年）戊戌政变后，光绪皇帝被囚，慈禧太后训政。二十五年（1899 年）十一月二十八日，慈禧同荣禄作了上述对话后，十二月二十四日，慈禧太后懿旨，溥儁入继穆宗同治为嗣，号"大阿哥"。随后大阿哥在弘德殿读书，师傅为同治帝的岳父、承恩公、尚书崇绮和大学士徐桐。二十六年（1900 年）正月初一日，溥儁恭代皇上到大高殿、奉先殿行礼。

废储

慈禧预定庚子年，即光绪二十六年（1900 年）举行光绪禅位典礼，改年号为"保庆"。京师内外，议论纷纷。大学士荣禄与庆亲王奕劻以各国公使有异议，各种势力也反对，建议此事停止。不久，义和团事起，载漪笃信义和团，认为义和团是"义民"，不是"乱民"。五月，载漪任总理各国事务大臣。日本使馆书记杉山彬、德国驻华公使克林德被杀，义和团围攻东交民巷使馆。七月，八国联军逼进京师，慈禧太后同光绪等一行西逃，载漪、溥儁父子随驾从行。慈禧逃到大同，命载漪为军机大臣。十二月，以载漪为这次事变的祸首，夺爵位，戍新疆。二十七年（1901 年），慈禧等回銮。途中，以载漪纵容义和团，获罪祖宗，其子溥儁不宜做"皇储"，宣布废除"大阿哥"名号。溥儁归宗，仍为载漪儿子。后来溥儁生活落魄，死得很惨。

这出"大阿哥"的闹剧刚收场，溥仪继位的正剧又开场。

再立

《清德宗实录》记载：光绪皇帝临终前一天，慈禧懿旨由溥仪继承

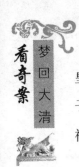
皇位。慈禧皇太后又懿旨："醇亲王载沣，授为摄政王。"醇亲王载沣之子溥仪入承皇位，承继同治皇帝为嗣，兼承光绪皇帝为嗣。后一天，慈禧皇太后叶赫那拉氏崩于西苑仪鸾殿。

慈禧为什么选择溥仪继承皇位？这要从溥仪的家世说起。

第一，溥仪的祖父奕譞的嫡福晋叶赫那拉氏，为慈禧皇太后胞妹。在溥仪的曾祖父道光皇帝的儿子中，对后代影响最大的有三个人：第四子奕宁（咸丰皇帝）、第六子奕䜣、第七子奕譞（光绪父亲、溥仪祖父、咸丰同父异母之弟）。溥仪的祖父奕譞有四位福晋，共生7个儿子。那拉氏，为慈禧皇太后胞妹，生下四子：第二子载湉（光绪帝），其余三子早殇。第一侧福晋颜扎氏，去世早，无子。第二侧福晋刘佳氏，生有三子：第五子载沣、第六子载洵、第七子载涛。第三侧福晋李佳氏，无子。简单地说，奕譞嫡福晋叶赫那拉氏虽生育四个儿子，实际上只有一个存活，就是光绪皇帝。第一、第三侧福晋没有儿子。第二侧福晋刘佳氏虽生育三个儿子，但过继出去两个，家中只剩下第五子，就是溥仪的父亲载沣。就是说，奕譞七个儿子中，早殇三位，继承皇位一位（光绪帝），过继出去二位，只留下一位，就是溥仪的父亲载沣。

第二，溥仪的母亲是慈禧的养女。奕譞过世时，载沣8岁，因醇亲王"世袭罔替"而承袭为醇亲王。载沣承袭醇亲王后，18岁开始于朝廷效力，后任阅兵大臣。慈禧懿旨将心腹权臣荣禄之女，又是慈禧认作养女的苏完瓜尔佳氏，指配给载沣为嫡福晋。在这里，简单介绍一下溥仪的外祖父荣禄。

荣禄，苏完瓜尔佳氏，满洲正白旗，是清开国五大臣之一费英东的后裔。荣禄曾因贪污罪，险些被肃顺处斩。后花银子买了个直隶候补道。同治初，荣禄为慈禧的亲信，任总管内务府大臣。同治帝死，光绪即位。慈禧遇到难题：将来新皇帝的儿子与新皇帝、与同治帝的关系怎样处置？

对此，荣禄建言：等嗣皇帝（光绪）有子，承继同治为嗣，兼承光绪之桃。这为慈禧提供了解决上述关系的方案，很讨慈禧喜欢。光绪元年（1875年），荣禄兼步军统领，后擢工部尚书。二十年（1894年），任步军统领，疏荐袁世凯练新军，任兵部尚书、协办大学士。二十四年（1898年），兼直隶总督、军机大臣。在戊戌政变中，袁世凯出卖机密，通过荣禄奏报慈禧太后。当时任步军统领的荣禄，奉懿旨捉拿康有为与梁启超，斩谭嗣同等六君子。慈禧西逃回銮后，加太子太保，转文华殿大学士，即首席大学士。荣禄身兼将相，权倾朝野。《清史稿·荣禄传》记载："荣禄久直内廷，得太后信仗。眷顾之隆，一时无比。事无巨细，常待一言决焉。"荣禄之女，常入宫中，慈禧喜爱，认作养女。慈禧将她指配给载沣。时载沣的生母刘佳氏已为他定亲，奏告慈禧太后。慈禧坚持给载沣指婚，刘佳氏只有将儿子已订婚之福晋退亲。

载沣有两位福晋，共有四子。嫡福晋姓苏完瓜尔佳氏，名幼兰，大学士、军机大臣荣禄之女、慈禧太后之养女，光绪二十八年（1902年）与载沣完婚，生有两子——长子溥仪，次子溥杰。侧福晋邓佳氏，民国二年（1913年）完婚，生有二子：三子溥倛，早殇；四子溥任，后改名金友之，民国七年（1918年）生。

从上可以看出，慈禧亲手指定的三位皇位继承人——光绪帝载湉是亲胞妹的儿子，大阿哥溥儁是亲侄女的儿子，宣统帝溥仪是养女的儿子。这表明慈禧在爱新觉罗宗室中一直挑选同叶赫那拉氏有关系之人。一代大清兴亡，系于懿亲宫闱！

虽然两代醇亲王家出了两个皇帝，但两代醇亲王还是谨谨慎慎，乾乾翼翼。溥杰先生在《回忆醇亲王府的生活》中写道："在慈禧和光绪的多年反目当中，在两派你死我活常年明争暗斗的既复杂又尖锐的政局中，一方面能和慈禧方面的荣禄等人诗酒往还，终成亲戚关系；一方面

也和光绪方面的翁同龢等人以文会友地保持着相当的关系。这是我的祖父所以能够一生荣显未遭蹉跌的主要原因。"醇亲王载沣继承乃父奕譞的家风,小心谨慎,明哲保身。他的厅堂挂着楹联:"有书真富贵,无事小神仙。"表明自己超然政治,读书为乐,只求平安无事。这既有真情的流露,也为做给别人看。他还在团扇上写道:

蜗牛角上争何事,石火光中寄此身。
随富随贫且随喜,不开口笑是痴人。

他借布袋和尚的偈诗,表示自己与世无争,超然物外。但这对溥仪似乎没有多少影响。

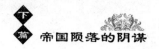

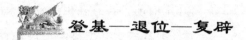登基—退位—复辟

溥仪短暂的皇帝生涯，经历了"登极—退位—复辟"的曲折复杂过程。这是清朝十二帝中独一无二的。

登基

慈禧皇太后于十月二十日懿旨由溥仪继承皇位。醇亲王载沣领受要溥仪入宫的懿旨后，当日傍晚，同军机大臣、内监们回府，将溥仪从醇亲王府北府（今宋庆龄故居）迎入宫中。溥仪在《我的前半生》中回忆当时的情形……

"光绪三十四年（1908 年）旧历十月二十日的傍晚，醇王府里发生了一场大混乱。这边老福晋不等听完新就位的摄政王带回来的懿旨，先昏过去了，王府太监和妇差丫头们灌姜汁的灌姜汁，传大夫的传大夫，忙成一团；那边又传过来孩子的哭叫和大人们哄劝声。摄政王手忙脚乱地跑出跑进，一会儿招呼着随他一起来的军机大臣和内监，叫人给孩子穿衣服，这时他忘掉了老福晋正昏迷不醒；一会被叫进去看老福晋，又忘掉了军机大臣还等着送未来的皇帝进宫。这样闹腾好大一阵，老福晋苏醒过来，被扶到里面去歇了。这里未来的皇帝还在"抗旨"，连哭带打地不让内监过来抱他。内监苦笑着看军机大臣怎么吩咐，军机大臣则束手无策地等摄政王商量办法，可是摄政王只会点头，什么办法也没有——那一场混乱后来还亏着是乳母给结束的。乳母看我哭得可怜，拿

出奶来喂我，这才止住了我的哭叫。这个卓越的举动启发了束手无策的老爷们。军机大臣和我父亲商量了一下，决定由乳母抱我一起去，到了中南海，再交内监抱我见慈禧皇太后。"

紫禁城西六宫溥仪从出生到3岁离开王府前，一直在祖母刘佳氏的抚育下成长。醇王府的府例，头生孩子过满月后离开生母归祖母抚育，第二个孩子由母亲抚育。所以，溥仪降生满月之后，就在祖母刘佳氏膝下抚育。溥仪回忆录写道："祖母非常疼爱我。听乳母说过，祖母每夜都要起来一两次过来看我。她来的时候连鞋都不穿，怕木底鞋的响声惊动了我，这样看我长到三岁。"慈禧太后让溥仪进宫的懿旨，改变了溥仪一生的命运。

溥仪离府进宫，第二天光绪皇帝死。溥仪是3岁的孩童，一会儿到光绪灵前磕头哭祭，一会儿到慈禧病榻前叩头祈福。溥仪面对光绪的遗体，也面对慈禧行将入木的躯体，在惊恐、陌生、寒冷与悲哀的气氛中受着折磨。第三天慈禧太后死。光绪灵柩停在乾清宫，慈禧灵柩停在皇极殿。两丧并祭，一片悲戚。

十一月初九，溥仪登基大典在太和殿举行。溥仪在《我的前半生》中回忆道：

"我被他们折腾了半天，加上那天天气奇冷，因此当他们把我抬到太和殿，放到又高又大的宝座上的时候，早超过了我的耐性限度。我父亲单膝侧身跪在宝座下面，双手扶我，不叫我乱动，我却挣扎着哭喊：'我不挨这儿，我要回家！我不挨这儿，我要回家！'父亲急得满头是汗。文武百官的三跪九叩没完没了，我的哭叫也越来越响。我父亲只好哄我说：'别哭，别哭，快完了，快完了！'

典礼结束后，文武百官窃窃私议：'怎么可以说快完了呢？''说要回家可是什么意思呵？'王公大臣们，议论纷纷，垂头丧气，认为这是大

清皇朝的不祥之兆。"

宣统皇帝溥仪在宫内宫外，共有"三父七母"。"三位父亲"：一位是生身父亲醇亲王载沣，一位是同治皇帝（过继给同治为嗣子），再一位是光绪皇帝（过继给光绪为嗣子）。还有"七位母亲"：第一位是生身母亲瓜尔佳氏，第二位是庶母邓佳氏，第三位是同治帝瑜妃赫舍里氏，第四位是同治帝珣妃阿鲁特氏，第五位是同治帝瑨妃西林觉罗氏，第六位是光绪皇后叶赫那拉氏（隆裕太后），第七位是光绪瑾妃他他拉氏。溥仪进宫后，离开生母，便被隆裕皇太后（光绪皇后）抚养，但实际是由乳母王焦氏照料，一直用乳汁喂养。宣统在母亲众多却没有母爱的环境中长大。

宣统从继位到退位只有3年，还是个幼儿。他6岁开始在毓庆宫读书，9岁开始写日记。朝廷政务由摄政王载沣和隆裕太后执掌。这3年时间，朝廷上下，宫廷内外，大事要事，多不胜举。其中影响宣统一生最重大的事情，就是辛亥革命。

清朝饱受鸦片战争、第二次鸦片战争、中日甲午战争、日俄战争、英法联军侵入北京、八国联军再侵入北京等一次接一次的失败。《南京条约》、《天津条约》、《北京条约》、《瑷珲条约》、《马关条约》、《辛丑条约》等一次接一次的屈辱。"人心所向，天命可知。"人们厌恶帝制、希望共和，厌恶君主、渴望民主。孙中山发动的辛亥革命，顺应了历史的潮流，适应了人们的要求，"近慰海内厌乱望治之心，远协古圣天下为公之义"。

光绪三十一年（1905年），中国同盟会在日本东京成立，推举孙中山先生任总理，以"驱除鞑虏，恢复中华，建立民国，平均地权"为纲领。

光绪三十二年（1906年）七月，清廷颁诏宣布"仿行宪政"。先是，

诸大臣面奏请行宪政，但清廷谕旨"大权统于朝廷"，"民智未开"，数年之后，再定期限。

光绪三十三年（1907年）四月，同盟会组织民众在广东黄冈（今饶平）、安徽安庆、浙江绍兴等地起义，均告失败。

宣统二年（1910年）正月，同盟会发动广东新军起义，失败。

宣统三年（1911年）八月十九日，同盟会组织武昌新军起义，起义军成立湖北军政府，以黎元洪为都督，废除宣统年号。随之，湖南等13省纷纷响应，宣布独立，清政府迅速解体。不久，各省代表到南京会议，推选孙中山为临时大总统，决议改用公历纪元。本年为辛亥年，史称这年的鼎革之变为辛亥革命。辛亥革命结束了268年的清朝统治，也结束了中国两千多年的帝制。

宣统三年（1912年）十一月十三日，孙中山在南京就任中华民国临时大总统，宣告中华民国成立。此间，袁世凯与孙中山秘密协商，孙中山许袁世凯继任大总统。

退位

1912年2月12日（宣统三年十二月二十五日），以清廷的名义，颁布了宣统皇帝退位诏书。其文曰：

"前因民军起事，各省响应，九夏沸腾，生灵涂炭。特命袁世凯遣员，与民军代表，讨论大局。议开国会，公决政体。两月以来，尚无确当办法。南北暌隔，彼此相持。商辍于途，士露于野。徒以国体一日不决，故民生一日不安。今全国人民心理，多倾向共和。南中各省，既倡议于前；北方诸将，亦主张于后。人心所向，天命可知。予亦何忍因一姓之尊荣，拂兆民之好恶。是用外观大势，内审舆情，特率皇帝将统治权公诸全国，定为立宪共和国体。近慰海内厌乱望治之心，远协古圣天下为公之义。袁世凯前经资政院选为总理大臣，当兹新旧代谢之际，宜

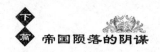

有南北统一之方，即由袁世凯以全权组织临时共和政府，与民军协商统一办法。总期人民安堵，海宇义安。仍合满、蒙、汉、回、藏五族完全领土为一大中华民国。予与皇帝得以退处宽闲，优游岁月，长受国民之优礼，亲见郅治之告成，岂不懿欤！"

上述诏文，由张謇幕僚杨廷栋捉刀。廷栋，清末举人，留学日本。归国后，以其知识渊博，思维敏捷，文笔流畅而为张謇器重。廷栋受命起草诏文后，经张謇润色，袁世凯审阅，隆裕太后发布。《退位诏书》最后说："予与皇帝得以退处宽闲，优游岁月，长受国民之优礼，亲见郅治之告成，岂不懿欤！"一代皇朝之终结，中华两千年帝制之终结，说得如此之轻松，如此之清雅，极致文思，颇为得体，可谓大格局，亦为大手笔！

同日，颁布《关于大清皇帝辞位之后优待条件》、《优待皇室条件》。其中规定了退位后，溥仪所享受到的待遇：大清皇帝辞位之后，尊号仍存不废，中华民国以待各外国君主之礼相待。岁用四百万两，俟改铸新币后，改为四百万元，此款由中华民国拨用等。

溥仪因为年幼对清朝历史，没有独立政治责任。对宣统皇帝的历史是非功过，不用加以评论。溥仪只是作为一个清朝末帝的历史符号，而存在于历史典册。

清朝有两个巧合的历史现象。

第一，清朝太祖高皇帝兴起于今抚顺市所属新宾赫图阿拉，清朝末代皇帝溥仪又监押在抚顺战犯管理所。抚顺——既是清朝首位皇帝兴起的地方，又是清朝末位皇帝被囚禁的地方，这是历史的巧合。

第二，清朝兴起时的皇后是叶赫那拉氏，清朝覆亡时的太后也是叶赫那拉氏。蔡东藩《清史演义》第二回有一段话说：努尔哈赤建祭天之所堂子时，掘出一块石碑，上书六个大字"灭建州者叶赫"！后果然叶赫

那拉氏慈禧太后、叶赫那拉氏隆裕太后时清亡。这是小说家言，属附会之词。可以肯定地说，所有满文、汉文、朝文史料，没有关于这块石碑的记载。

宣统冲龄登极，成为大清末帝。中国自公元前221年秦始皇称皇帝以降，到1912年宣统皇帝退位，历经2132年，有492位皇帝。溥仪不仅是清朝最后一位皇帝，而且是中国历史上最后一位皇帝。溥仪退位，既是大清皇朝的终结，又是中华帝制的终结。辛亥革命与宣统退位是中华历史上划时代的大事件！从此，共和代替帝制，民主代替君主。

复辟

溥仪退出皇位后，上演了一出张勋兵变、宣统复辟的闹剧。

袁世凯死后，黎元洪为大总统，段祺瑞为内阁总理。黎、段意见不合，时有冲突，称"府院之争"。黎元洪召张勋率军入京相助。张勋，少孤贫，后投军。曾参加了中法之战，升至参将。光绪二十一年（1895年），参加袁世凯天津小站练兵，后升副将。三十四年（1908年），升云南提督。宣统三年（1911年），任江南提督。武昌起义时，张勋镇守南京，与起义新军激战于雨花台，战败后退守徐州。清廷任张勋为江苏巡抚兼署两江总督。袁世凯当大总统后，张勋任长江巡阅使、安徽督军。宣统退位，张勋禁止部下剪辫，以示忠于清室，被称为"辫帅"，其兵被称为"辫子军"。张勋以调解"府院之争"为名，于民国六年（1917年）五月，带3000辫子兵入京。五月十二日（6月30日）夜，张勋等潜入故宫，与陈宝琛等会议，将复辟事告知前清宗室。五月十三日（7月1日）凌晨，张勋穿纱袍马褂，戴红顶花翎，率康有为、北京政府参谋总长兼陆军总长王士珍等50余人进入宫中。溥仪在《我的前半生》中回忆道："到养心殿，召见张勋。张勋说：'共和不合咱的国情，只有皇上复位，万民才能得救。'溥仪说：'我年龄小，当不了如此大任。'张勋给溥仪讲了康熙 8 岁做皇帝的故事。溥仪说:'既然如此,我就勉为其难吧!'"溥仪将当天改为宣统九年五月十三日(7 月 1 日)。溥仪连发九道上谕封官授爵:封黎元洪为一等公;授七位内阁议政大臣,张勋、王士珍、陈宝琛、梁敦彦、刘廷琛、袁大化、张镇芳;授梁敦彦为外务部尚书、张镇芳为度支部尚书、王士珍为参谋部大臣、雷震春为陆军部尚书、朱家宝为民政部尚书;授徐世昌、康有为为弼德院正副院长;授赵尔巽等为顾问大臣;授原各省督军为总督、巡抚;授张勋兼直隶总督、北洋大臣,仍留北京;冯国璋为两江总督、南洋大臣等。十四日(7 月 2 日),授瞿鸿等为大学士,补授沈曾植为学部尚书、萨镇冰为海军部尚书、劳乃宣为法部尚书、李盛铎为农工商部尚书、詹天佑为邮传部尚书、贡桑诺尔布为理藩部尚书。要求全国"遵用正朔,悬挂龙旗"。当天,北京街上出现大门挂龙旗的现象。

张勋率兵入京,溥仪第二次登基当皇帝,称为溥仪复辟或宣统复辟。这年为丁巳年,史称"丁巳复辟"。但是,历史教科书及论著文章称作"张勋复辟",这很值得商榷。"复辟"二字:"复",《史记·平原君列传》:"三去相,三复位。"其意思是恢复;"辟",《尔雅·释诂》:"辟,君也。"其意思是君位。"复"与"辟"两个字合起来的意思,就是恢复君位或恢复帝位。这次宣统复辟,是由张勋统兵进京,扶持溥仪重新恢复皇位。张勋何许人也?张勋仅是一个长江巡阅使、安徽督军,相当于省军区司令。许多书文称"张勋复辟",其有何"辟"之可"复"?实际上是张勋兵变,溥仪复辟或宣统复辟,而不是张勋复辟。

然而,黎元洪拒不受命,避居日本公使馆,电令各省出师讨伐;电请冯国璋代行大总统,重新任命段祺瑞为国务总理。湖南等省督军通电反对复辟。十五日,段祺瑞组织讨逆军,自任总司令,讨伐张勋。十八日,冯国璋在南京就任代理大总统,任命段祺瑞为国务总理。十九日,

南苑航空学校派飞机向宫中投下三枚炸弹。太妃们有的钻到桌子底下，有的吓得惊叫，太监们更为惊慌，宫里乱成一团。同日，讨逆军败张勋军于廊坊。二十一日，北京公使团照会清室，劝告其解除张勋武装。二十四日，讨逆军进入北京，勋兵与战，兵寡失败。张勋逃到东交民巷荷兰公使馆内。溥仪的师傅和父亲替他拟好批准张勋辞职的谕旨和退位诏书。这是溥仪的第二个退位诏书，溥仪看了放声大哭。这年溥仪14岁。历时12天的张勋兵变、溥仪复辟的闹剧结束。

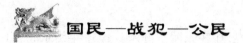国民—战犯—公民

溥仪复辟的一个后果是许多人觉得"宣统太不安分了"！留溥仪在宫中，就等于给中华民国留一条辫子。旧皇宫成为复辟势力的大本营。于是，北京政变。

民国十三年（1924 年）10 月 23 日，冯玉祥发动北京政变，改所部为国民军，任总司令兼第一军军长。11 月 4 日，民国政府国务会议讨论并通过冯玉祥关于驱逐溥仪出宫的议案。5 日，正式下令将溥仪等驱逐出宫，废除帝号。溥仪等成为国民。

溥仪被逼出宫，事情来得突然。北京警备总司令鹿钟麟，限溥仪等要在 2 小时内全部搬离紫禁城。溥仪觉得太匆忙，来不及准备。他想找庄士敦、找醇亲王商量，但电话已被切断。这时隆裕太后已死，敬懿（同治妃）、荣惠（同治妃）两位太妃死活不肯走。载沣进宫也没有主意。鹿钟麟极力催促，声言时限已到，如果逾时不搬，外面就要开炮。王公大臣要求宽限时间，以便入告，尽快决定。鹿钟麟对军警说："赶快去！告诉外边部队，暂勿开炮，再限二十分钟！"内务府大臣绍英入告溥仪，限 20 分钟，否则就开炮。溥仪在修正优待条件上签了字，决定出宫，去醇亲王府北府。溥仪交出"皇帝之宝"和"宣统之宝"两颗宝玺。当日下午 4 时 10 分，从故宫开出五辆汽车——北京警备总司令鹿钟麟乘第一辆，溥仪乘第二辆，婉容、文绣及其他亲属、随侍人员乘第三辆、第四

辆，警察总监张璧乘第五辆，首尾相连地直奔溥仪当年的出生地——醇亲王府北府。这真是应了在宣统登极时说的那句话："我不挨这儿，我要回家！"现在溥仪回家了！

战犯

1925年溥仪移居天津，先后住在张园、静园。1931年到东北，1932年任伪满洲国"执政"，1934年3月改称"满洲帝国皇帝"。1945年日本投降后被苏军俘虏，在伯力（今俄罗斯哈巴罗夫斯克）收容所。1950年8月被移交中国政府，后入抚顺战犯管理所。溥仪前后共度过了15年的监狱生活。

公民

1959年溥仪得到特赦。1964年任全国政协委员。1967年10月17日，因患肾癌病故，终年61岁。溥仪死后，爱新觉罗家族商量，决定将溥仪的骨灰安放在北京八宝山公墓骨灰堂。之后，又将溥仪骨灰重新安放在八宝山革命公墓。这里补充一下。溥仪3岁登基后，清室曾考虑为其选择"万年吉地"。此事有两说：一说溥仪登极后选"吉壤"在清西陵崇陵旁旺隆村，并于宣统二年（1910年）破土动工；另一说1915年溥仪10岁时选定"吉壤"，也在旺隆村。溥仪生前是否建陵，毓嶦（溥仪之侄）先生与笔者函中说："梁鼎芬为（崇）陵工大臣，岂能同时为溥仪建陵？"所以，溥仪在位时，并没有建陵。1994年，香港人张世义出资，在清西陵崇陵（光绪陵）西北辟建"华龙陵园"。张世义同溥仪遗孀李淑贤商量后，李淑贤1995年1月26日，将溥仪骨灰迁葬于华龙陵园内。李淑贤生前遗嘱，据毓君固《末代皇帝的二十年——爱新觉罗·毓嶦回忆录》记载："我的骨灰坚决不要和溥仪葬在一起，我要去八宝山人民公墓。"所以，李淑贤的骨灰没有在"华龙陵园"内同溥仪的骨灰合葬。

溥仪先后共有 5 位妻子：

一是"皇后"郭博勒氏（又作郭布罗氏），名婉容，达斡尔族。民国十一年（1922 年），溥仪 18 岁时同婉容结婚。婉容结婚前住在北京东城鼓楼南帽儿胡同今 35、37 号院。溥仪退位后结婚，但根据《优待条件》，其尊号仍不废。故其结婚仍称"大婚"，婉容仍称"皇后"。而实际上此时溥仪已经不是皇帝，郭布罗·婉容也就不成皇后。

二是"淑妃"额尔德特·文绣，与婉容同日和溥仪结婚。后来文绣在天津与溥仪离婚。

三是"祥贵人"他他拉氏，后改姓谭，名玉龄，与溥仪在长春结婚，于 1942 年逝。

四是"福贵人"李玉琴，1943 年与溥仪在长春结婚，1957 年离异，于 2001 年病逝。

五是夫人李淑贤，1924 年生，于 1962 年"五一"同溥仪结婚，属平民婚姻，于 1997 年病逝。

皇后皇妃不同命运

婉容是紫禁城内最后一个拥有皇后地位的女性。

公元1922年12月1日，溥仪娶了一后一妃。皇后叫郭布罗·婉容。淑妃就是文绣。婉容的曾祖父曾任清代吉林将军，婉容册封皇后时年方17，她长得很美。杏眼玉肌，黑发如云，亭亭玉立，姿色迷人，而且是百里挑一的才女。但是，溥仪一开始并没有选中她，原因是溥仪选皇后时并未见到其真人，是用照片代替的。

因为那时的照相技术不佳，溥仪自己回忆说：在我看来，四张照片都是一个模样，实在分不出丑俊来。他便不假思索地在文绣照片上用笔画了个圈儿。但是溥仪之母——端康太妃不满意，溥仪又顺从地在婉容的相片上画了一下，立婉容为后，文绣为妃，从此决定了两人的命运。

据说溥仪对他圈选的皇后还是挺喜欢的。婉容未入宫时，常常接到来自养心殿的电话，皇上与她絮絮长谈。可是，婉容入宫的头一天就和皇上闹了别扭。按旧例，于大婚前一日进宫的淑妃，要对皇后行跪迎之礼。因皇帝常看新书，多少受到人权平等说的熏染，免去了这项礼节。这下可惹怒了皇后。洞房花烛夜，婉容竟拒绝皇上入房。溥仪只得在养心殿冷冷清清独宿了一夜。

婉容在紫禁城中生活了近两年。她很"摩登"，喜爱骑马和吃西餐，还跟美国人学英语。她经常用英文和皇上通信，溥仪给她起了个英国名字——伊丽沙白。最初几年，溥仪与婉容的关系还好，后来婉容和文绣的矛盾日益加深，两人常由猜疑而生事，溥仪不得不常常给她们"断官司"。婉容比较霸道，自恃是皇后，总存心排挤文绣。溥仪为了减少罗嗦，有许多夜晚，既不去储秀宫，也不去重华宫，只在自己的养心殿中。婉容在空虚和寂寞的环境中生活着，她虽然每天要用去100-200两银子的生活费，换回的也不过是无聊，由于无法消除的郁闷，逐渐染上了吸鸦片的嗜好，最终因烟瘾断送了生命。

溥仪失去了皇帝身份，被逐出宫后，婉容在1925年随溥仪到了天津，在日租界的张园里过着奢华的生活。婉容常常以"济贫"为手段，把自己打扮成救世善人。1931年江淮发大水时，婉容献出一串珍珠救灾，一时传为美谈，京、津、沪的报纸纷纷刊出"皇后"玉照和那串闪亮的珍珠。

"九·一八"事变后，溥仪在日本帝国主义的诱骗下当了傀儡——伪满皇帝。婉容也在日本女间谍川岛芳子的怂恿下去了大连，后来又到长春，住在伪执政府的缉熙楼中，成了执政夫人。婉容的居室铺有地毯，四壁用带有素色花纹图案的金黄色彩绸裱镶，玻璃窗上安着纱和绸的几层窗帘，整个布置富丽、典雅。但是她很快发现原来自己钻进了鸟笼，她在宫中的一举一动都受到日本侍女的监视和告密。她设法逃走，没能走成，在"满洲"过了漫长而又黑暗的14年。这时的溥仪对婉容越来越反感，由于婉容挤走了文绣，溥仪怪婉容不好，很少和她说话，也很少到婉容的卧室去。无限的空虚、冷寞和寂寥在婉容的内心郁结成疾，天长日久，她便得了精神失常的疾病。后来，溥仪发现了婉容和随侍私通有孕，非常气恼。婉容跪在溥仪面前，泪流满面地哀求他，希望能承认这个无罪的婴儿，但溥仪坚决不应。这个没有取得出生权利的女婴儿，生下来只半个小时便被送进内廷的锅炉里烧化了，而婉容这时还以为孩

子已被送到宫外找人抚养。

从此婉容被打入冷宫。她的神经病越犯越重，烟瘾越来越大。昔日美貌绝伦的皇后变成了骨瘦如柴、披头散发的"活鬼"。婉容在政治和生活的地狱中，挣扎了漫长的 14 年，死时身边没有一个亲人。那些当年受她皇恩润泽，享受荣华富贵的亲友，没有一个来照看她，也没有人去寻找她的尸骨。

文绣是我国历史上第一个敢于向封建皇帝提出离婚并诉诸法院获得成功的皇妃，摆脱了婉容那样的悲惨命运。文绣进宫那年尚不满 14 岁，还是一个天真烂漫的少女。可她一踏进那高大的围墙，便失去了一切自由。她在一篇短文中，把自己比做"悲鸣宛转"、"奄奄待毙"的"哀苑鹿"。皇后婉容欺侮文绣，皇帝总是偏袒皇后。有一天，文绣独自外出，回来后在院子里吐了一口唾沫，凑巧婉容正坐在旁边，便生了疑心。皇后要求皇帝对文绣当面斥责，文绣蒙受此不白之冤，感到十分委屈。从此，婉容和文绣之间的疙瘩便越结越深，以致发展到水火不容的地步。

文绣在外貌上确实不如婉容美丽：椭圆形的脸稍胖，眉毛浓重，眼睛缺乏神采，口角较大。但思想却远远超过婉容，她追求自由，也很有勇气。

1931 年 8 月 26 日，文绣在胞妹文珊的陪伴下，带一名随身太监外出"散心"。出门后，就指令司机一直开向国民饭店。进房坐定后，文珊正色告诉太监说："你先回去吧！淑妃留在这儿了，还要向法院控告皇上！"被此话震惊的太监，双腿长跪哀请淑妃回宫。文绣态度坚决，从袖中出示三封信，让他转交皇上。太监还想哀求，只听房门一响，三位西装革履的律师走进室内，太监只好登车而去。文绣的出走，犹如向封建统治阶级甩出了一枚炸弹，震荡了平津。溥仪焦急万分，召集遗老商议如何处理这件丑事。最后决定委托律师出面，争取和解，但因双方坚持

己见，差距太大，未能达成协议。

　　文绣出走，是在当时封建势力核心人物头上动了一把土，激怒了那顽固存在的旧世界。封建礼教的卫道士们如黑云压城般向这位不愿再当皇妃的青年女子压了过去。打前阵的不是别人，却正是文绣的族兄文绮！这位族兄在信中写道："惠心二妹鉴：顷闻汝将与逊帝请求离异，不胜骇诧。此等事件，岂是我守旧人家所可行者？我家受清室厚恩二百余载，我祖我宗四代官至一品。且漫云逊帝对汝并无虐待之事，即果然虐待，在汝亦应耐死忍受，以报清室之恩德。今竟出此，吾妹吾妹，汝实糊涂万分，荒谬万分矣！"文绣并不屈服，她给文绮复了一信："文绮族兄大鉴：妹与兄不同父，不同祖，素无来往，妹入宫九载未曾与兄相见一次，今我兄竟肯以族兄关系，不顾中华民国刑法第二百九十九条及三百二十五条之规定，而在各报纸上公然教妹耐死。又公然诽谤三妹，如此忠勇殊堪钦佩。查民国宪法第六条，民国国民无男女、种族、宗教、阶级之区别，在法律上一律平等。妹因九年独居，未受过平等待遇，故委托律师商榷别居办法，此不过要求逊帝根据民国法律施以人道之待遇，不使父母遗体受法外凌辱致死而已。不料我族兄竟一再诬妹逃亡也、离异也、诈财也……理合函请我兄嗣后多读法律书，向谨言慎行上作工夫，以免触犯民国法律，是为至盼……"

　　这封信写得有理有据，何等痛快！当时有人把淑妃出走叫做"妃子革命"。溥仪虽然采取多种办法调解，文绣断然拒绝，坚决向天津地方法院提出了诉状。文绣硬了，溥仪也就软了，让"皇帝"在法庭相见，简直是要他的命。经过双方律师两个月的磋商，终于签字和解，双方协议完全脱离关系。溥仪给文绣 5.5 万元的生活费，文绣永不再嫁，双方互不损害名誉。文绣用这笔经律师、中间人和家人克扣后所余甚少的赡养费办了一所小学，亲身任教，终身未嫁，直到 1950 年因病去世。她是我国历史上第一个当过教师的皇妃。

溥仪被逐出宫秘闻

1911年辛亥革命爆发后，满清王朝被推翻，建立了中华民国。大清皇帝辞位之后，暂居紫禁城，嗣后移居颐和园。辛亥革命虽然推翻了封建帝制，但在北京紫禁城中仍留有清室小朝廷，废帝溥仪依然保持着帝王气派。

当旅长时，冯玉祥就下决心驱逐溥仪出宫。在紫禁城内，溥仪的小朝廷照样发布"上谕"。北洋政府历届总统接替时，还循例派遣"专使"，以外国君主之礼前往清宫送国书。

冯玉祥是出名的爱国将领，从参加滦州起义时起，就一贯痛恨封建帝制。他认为，民国要与清朝决裂，不应该保留溥仪的小朝廷。1917年，张勋率辫子军入京，冯玉祥参加讨伐张勋复辟的战斗，收复北京后，他极力主张铲除祸根，驱逐溥仪出宫。但当时他只是一个旅长，人微言轻，没能实现这一愿望。

1922年12月，溥仪结婚时，民国的大批军警为其放哨布岗，恭敬护卫。有头脸的军阀，如黎元洪、张作霖、吴佩孚等都赠送了厚礼。这在当时引起了极大的轰动。

1924年10月，第二次直奉战争爆发，冯玉祥在去前线的途中突然回师北京，发动北京政变。他取得北京政权后，就决心驱逐溥仪出宫。在征得摄政内阁的同意后，便于11月4日召集北京警卫司令鹿钟麟、警

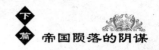

察总监张壁到他的总司令部。冯玉祥说：驱逐溥仪出宫的事，要马上办理，你们可同摄政内阁商量。张壁接到命令后，立即去找内阁总理黄郛，黄郛随即召开临时内阁会议，经过反复商讨，最后又将优待清室的条款做了修改：①大清宣统皇帝即日起永远废除皇帝尊号；②民国政府每年补助清室50万元，另拨200万元设立北京贫民工厂，尽先收容旗籍贫民；③清室即日移出宫禁，以后可自由选择住居；④清室之宗庙陵寝永远奉祀，由民国酌设卫兵妥为保护；⑤清室私产归清室完全享有，民国政府当特别保护，其一切公产应归民国政府所有。

紧急内阁会议将清室优待条款修改后，决定由北京警备总司令鹿钟麟、警察总监张壁会同社会知名人士李煜瀛前往故宫执行。

绍英和来人攀交情，碰了一鼻子灰。11月5日，鹿钟麟、张壁奉命率领20名精明强干的部属，乘汽车赴故宫。为了避免嫌疑起见，特请李煜瀛偕同入内。

驻在清宫及景山内的守卫兵士总数有1200余人，隶属京师卫戍司令部。自民国元年即在该处驻扎。国民军总司令部特于4日上午10时派员将该兵士缴械，调驻北苑，听候改编。同日，国民军接替了紫禁城内城守卫队的营地，神武门换上了国民军的岗哨。

鹿钟麟等人先将故宫外的军警布置妥当，并将电话线割断后，于上午9时即率军警各20名入神武门。鹿等三人直奔溥仪住处，经英华殿旁，绕春华门前，走向隆宗门。途中即遇到清室总管内务府大臣绍英等人前来接洽，鹿钟麟等随绍英等一同进室坐定，鹿首先宣布了来意。绍英要求查看公文，鹿当即出示公文一件，上面写的是："大总统指令：派鹿钟麟、张壁交涉清室优待条款修正事宜。此令。中华民国十三年十一月五日，国务院代行国务总理黄郛。"鹿向绍英宣布废除帝号，溥仪必须即日迁出故宫，首先请交出玉玺。同时将《修正清室优待条款》交给

绍英。

绍英故作镇静，指着李煜瀛说："你不是故相李鸿藻的公子吗？何忍出此？"又指着鹿钟麟说："你不是故相鹿传霖家的吗？为什么这样逼我们呢？"鹿钟麟说："我们来此是执行国务院的命令，是为了民国，同时也是为了清室，如果不是我们，就不会这样客气了。最近摄政内阁成立，各方又纷纷提出惩办复辟的祸首，群情激愤，想直接采取不利于清室的行动。现在宫内外已布满军警，气势汹汹，就要动手了。如果不是我劝阻他们稍等片刻，现在就会出乱子了。"绍英听说这些，无话可说，接过文件急忙转向宫内。

此时，溥仪正在储秀宫和皇后婉容吃着水果聊天，只见内务府的大臣们突然慌慌张张地跑了进来。为首的绍英手里拿着《修正清室优待条款》，气喘吁吁地说："皇上，皇上，冯玉祥派军队来了！还有李鸿藻的后人李石曾，说民国要废止原先的优待条款，拿来这个叫……叫签字。"溥仪一下跳了起来，刚咬了一口的苹果也滚到了地上。溥仪夺过绍英手上的《修正清室优待条款》，看了一遍，感到这些条款并没有原先想象的那么可怕。但当他听绍英说"他们说限三小时内全部搬出去"时，他急了。连忙令绍英再出去和鹿钟麟等人交涉。

溥仪随即在宫内召集了"御前会议"，讨论清室优待条款修改文件，会议认为，按照民国政府元年优待条款，清室本应移居颐和园，只因民国政府未令迁出，故迁延至今，因此表示同意迁出。但因时间仓促，来不及清点私产，遂由清室内务大臣绍英、朱益潘将这个意见再继续与鹿钟麟等交涉。双方磋商约三小时之久，最后决定将一切物品暂时保管起来，唯溥仪须即日离宫。

当时端康太妃刚死去不久，宫里只剩下敬懿和荣惠两位太妃，她们两人表示宁死也不肯离宫。绍英拿这个做理由，去和鹿钟麟等商量。鹿

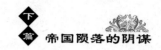

钟麟见事不能决，就故意大声告诉其他随从人员说："快去告诉外面，时间虽然到了，但事情还可商量，先不要开炮，再延长二十分钟。"绍英听后大惊，连忙跑回去对溥仪说："说再限二十分钟，不然的话景山上就要开炮啦……"溥仪赶忙答应了鹿钟麟即日出宫的要求。

溥仪随即传知各宫太监、宫女，要各人收拾细软物件，准备出宫。他又命人取出现洋，每个太监发洋 10 元，宫女发洋 8 元。当时宫内有太监 470 余人、宫女 100 余人，一片混乱。于是，溥仪又召开第二次"御前会议"，讨论移居地点问题，结果决定迁居德胜桥醇王府。溥仪在鹿钟麟等人的监视和保护下，离开了故宫。

车到北府门口，溥仪下车时，才和鹿钟麟见了面。鹿钟麟和溥仪握了手，问道："溥先生，你今后是打算做皇帝，还是要当个平民？"溥仪答道："我愿意从今天起就当个平民。"鹿钟麟笑着说："好！那么我就保护你。"

溥仪出宫后，他原来保存的历代帝王传国玉玺，即由警卫司令部鹿钟麟送到国务院，经由黄郛与李书城等，在后乐堂点收，交由第一科保管。有关点验宫内公私物品的手续，即由国务院下令组成清室善后委员会，设委员长 1 人，由李煜瀛担任，委员 14 人。他们是汪兆铭、蔡元培、鹿钟麟、张壁、绍英等。这个委员会的任务是对故宫保存的历代文物进行清点、登记、整理、保管，以防止遗失或毁损。故宫的警卫由鹿钟麟派兵担任，直至国民军撤离北京时，才交由内务部接管。

11 月 8 日，冯玉祥又以摄政内阁国务院通电全国的形式，向全国说明驱逐溥仪出宫的理由。

冯玉祥驱逐溥仪出宫的消息传出后，立即得到各界人士的赞许，孙中山先生曾致电冯玉祥，大为赞扬。11 月 6 日北京全城曾悬挂国旗，表示祝贺。

　　可是，冯的这一行动却遭到了段祺瑞和清室遗老旧臣们的反对。在溥仪出宫的第二天，段祺瑞即致电冯玉祥，说冯发动北京政变后的一切做法，他都以为很对，唯有驱逐溥仪之举，觉得有些欠妥。冯接电后，立即亲自拟一电稿答复说："此次班师回京，可说未办一事，只有驱逐溥仪，才真是对得住国家对得住人民，可告天下后世而无愧。"

　　溥仪生逢乱世是他的不幸，作为末代皇帝，国家的衰落和最后的大清覆亡与他确实没有太大瓜葛。后来他大搞复辟，甚至叛逃日本，充当日本人的傀儡，在民族大义上犯了很大的错误。不管怎样，随着清朝的覆灭，中国终于结束了两年多年的封建统治，开启了新的纪元。

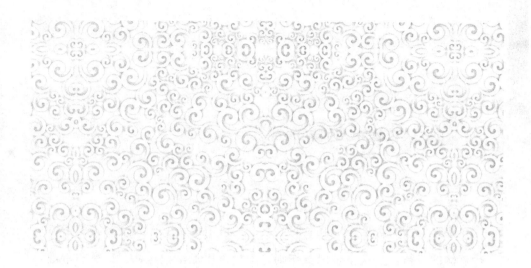

附 录

不收礼的嘉庆帝

嘉庆皇帝确实是一个节俭的帝王，史料中记录下了大量嘉庆皇帝厉行节俭的言行。嘉庆皇帝以身作则，不允许臣僚给他送礼，这是非常难能可贵的。

嘉庆四年正月十五，正是春节期间，官员之间互送礼品。嘉庆帝抓住这一有利时机，下了一道圣旨，严禁官员给自己送礼："所贡之物，朕视之如粪土也。所有如意、玉铜瓷、书画、挂屏、插屏等物，概不许进呈。"嘉庆帝把那些珍宝视若粪土，这令王公大臣们大吃一惊，大家拭目以待，但并没有真正认识到问题的严重性。于是，嘉庆帝又在这年的中秋节到来之际下旨："嗣后，中秋节贡，著永远停止。"干脆，把中秋节的大臣进宝也给挡回去了。但是，并不是所有人都听话，依然有人以为嘉庆帝是在做样子。所以，违禁向嘉庆帝送礼的事件，屡有发生。

一次是嘉庆四年。这年的八月十五来临之际，福州将军庆霖照例向嘉庆皇帝送宝物。嘉庆帝很重视，下旨严行申斥，并将其革职。嘉庆帝进一步阐明自己对珍宝的认识："珍宝玩品，饥不可食，寒不可衣，只属无用之物。"

第二次是嘉庆五年。这一年，嘉庆帝的皇三子绵恺按照宫中惯例开始入学读书。对于皇家来讲，这是一件大事，所以很重视。有的朝臣借机送礼。其中，肃亲王永锡就为此而送了玉器等珍宝。嘉庆皇帝闻报后，大发雷霆，严厉地质问永锡："三阿哥上学，与彼何干？"接着，嘉庆帝采取了两条最严厉的惩治措施：一是革职，革掉了永锡辛辛苦苦挣来的所有职务，并将他的两个儿子敬敏、敬叙的职务也一并革除；二是当着众王公的面，把永锡所进的珍宝"掷还"。永锡真的是太没有面子了。

嘉庆帝为什么不准官员向他送宝物呢？嘉庆帝认为官员送礼，大多要搜刮百姓。羊毛出在羊身上，百姓将苦不堪言。《清仁宗实录》中记录下了嘉庆帝的观点："所送宝物，岂皆出自己资，必下而取之州县，而州县又必取之百姓，稍不足数，敲扑随之。"这就是嘉庆帝严行禁止官员送礼的重要原因。

有福和无福的皇后

嘉庆帝最有福气的皇后，就是他的第二任皇后钮祜禄氏，即孝和皇后。孝和皇后生于乾隆四十一年十月初十日，礼部尚书恭阿拉之女。乾隆五十六年，入侍宗藩邸为侧福晋。嘉庆二十五年，仁宗卒于热河，道光帝登基，被尊为恭慈皇太后，居寿康宫。道光二十九年崩，年74岁。

孝和的福气之一，是她有一个好爸爸。孝和的父亲恭阿拉，宏毅公七世孙也，生于乾隆十八年，也可谓出身名门。但是，恭阿拉出身寒微，在自己的女儿入宫后，地位才得以一路飙升。嘉庆十五年，封工部尚书；嘉庆十六年，封兵部尚书；嘉庆十七年，封礼部尚书，晋三等承恩公，赠太子太保，荣誉满身。恭阿拉作为当朝皇帝的老丈人，谨小慎微，丝毫没有飞扬跋扈。《啸亭杂录》中说他："和平谦冲，虽居戚畹，无骄抗习态。"也正是由于恭阿拉的这种态度，使得他的皇后女儿在宫中很安心，免去了娘家人滋事的后顾之忧，在宫中尽享富贵快乐。

孝和的福气之二，是她得到了嘉庆帝的宠爱。这一点很关键。孝和入宫不久，于乾隆五十八年六月生下了第一个孩子，即皇七女，这一年她才18岁；乾隆六十年六月，她生育了皇三子绵恺；嘉庆十年二月，她生下了皇四子绵忻，这年她31岁，而嘉庆帝已经47岁了。

嘉庆帝一生之中只有皇子五人，而她就生育了两位，足见她是很得宠爱的。这是她的资本，也是她有福气的基础。

孝和的福气之三，是她很长寿。孝和身居宫中，不予外事，得以养尊处优。她活了74岁，历经乾隆、嘉庆、道光三朝，直到道光二十九年，才以高龄谢世，可谓有福之人。

孝和的福气之四，是她去世后，得以单建陵寝。孝和病逝于道光二十九年十二月，当时，道光皇帝并未给她建陵。

庆幸的是，道光帝为她在昌陵以西的望仙山选择了万年吉地，咸丰帝即位之后，在财政极为困难的情况之下，还为她修建了很有特色的昌西陵，使她得以安眠于地下，可谓死后冥间享福。

嘉庆皇帝的第一位皇后是喜塔腊氏，被封为孝淑睿皇后。这位皇后生于乾隆二十五年八月二十四日辰时，和嘉庆皇帝同年生，但比嘉庆皇帝大42天。父亲为总管内务府大臣、副都统、承恩公和尔经额。乾隆十九年四月二十七日，乾隆帝赐封喜塔腊氏为皇子颙琰的嫡福晋，时年15岁。喜塔腊氏生育的皇子曼宁，后来继承了皇位，喜塔腊氏也就成为清代所有皇后之中唯一诞育皇帝的皇后。尽管喜塔腊氏有此殊荣，她却是嘉庆帝后宫之中最没有福气的一位皇后。

其一是她很短寿。喜塔腊氏入宫时间并不算短，从15岁嫁给颙琰开始，到38岁病逝，也有二十几年的宫廷生活。可是，她实在是太倒霉了，从嘉庆元年正月，丈夫做了皇帝，自己被册立为皇后开始，到嘉庆二年二月初七，不幸病逝为止，她真正做皇后的时间也就只有一年，成为清代在位时间最短的皇后之一。其实，自己的儿子曼宁已经被太上皇、皇帝所属意，将来有可能成为皇位的继承人，可惜，她没有等到那一天。

其二是她的丧仪被大为减杀。古人认为，人死为大，所以，对于死去的皇后，会大办丧事。而且皇后之丧本属国丧，由礼部承办，有着严格的规定：皇帝辍朝五日，服缟素，日祭三次；大臣命妇服布素，朝夕临哭三日；百日内皇帝要躬亲致祭；军民摘冠缨，命妇去装饰等。但喜

塔腊氏的丧仪被大为减杀：皇帝辍朝五日，官民仅仅素服七日，不摘缨，不蓄发。皇帝停朝期内，各衙门章疏及引见官员等活动照常进行，只是王公大臣穿常服，不持朝珠而已，还将原来王公大臣、军民停嫁娶、辍音乐等规定日期大大缩短。太上皇乾隆帝说出自己的理由："所有应行典礼原当照例举行，但皇帝侍奉朕躬，而臣民等亦皆礼统于尊。"说白了，就是大办丧事，影响太上皇的心情。而嘉庆帝也说："皇后册立甫及一年，母仪未久。且昕夕承欢，取诸吉祥。"简直是强词夺理。

其三是病逝之后的奉安仪注出了大错，遭到嘉庆帝痛斥。嘉庆八年七月，大臣将所拟孝淑睿皇后"奉安仪注"呈上阅览，嘉庆帝看过震怒："王大臣具奏事宜折内，有'掩闭石门，大葬礼成'八字，殊属粗心疏忽，不经之极。试思石门岂可闭，既闭不可复开。此吉地乃皇考赐朕之地，非皇后之地，若关闭石门，欲朕另卜吉地乎？朕遵皇考之旨，断不敢更易。至'大葬礼成'更不成话。王大臣等又何忍诸口，形诸笔墨？"盛怒之下的嘉庆皇帝严厉惩处了相关官员。

其四是喜塔腊氏的娘家人贪赃枉法，遭到嘉庆帝的严惩。

后 记

　　我国自古以来，稗官野史就十分丰富。虽不为正人君子青睐，却也能与正史并行不悖，原因就在于它保存了丰富、真切的社会生活史料。这些史料虽不无荒诞之处，但它的鲜活、丰满却为正史所不及。

　　"路漫漫其修远兮，吾将上下而求索。"这是诗人对历史发出的嗟叹和咏叹。"探赜索隐，钩深致远，以定天下之吉凶。"这是智者对历史提出的要求和希望。"事因有难明于一时而有待于后世者。"这是史家对历史的遗憾与期待。中国历史源远流长，给我们留下了太多的谜案。虽然后人一直在不停地研究、探索，但由于种种原因，许多历史之谜至今仍然是众说纷纭、莫衷一是。本书汇集了清宫大量历史上悬而未决的悬疑谜案，在综合历史研究成果的基础上，还对诸多民间的秘闻传说进行了整理，在前人众说纷纭的观点中拨开一丝历史的迷雾，探究历史的真相。

　　本书以宏阔的视角，科学的历史观述载历史，将中外历史汇聚成见微知著、借古鉴今的智库。讲述一段历史，阐释内蕴的智谋，融知识性、故事性、趣味性、哲理性于一体，引导读者阅读一幕幕生动的清朝历史风云，了解一位位性格鲜明的历史人物，从浩如烟海的史学著作中深入

挖掘古人智慧精华，让读者轻松获取领悟历史智慧的捷径。

中国的知识分子历来有一种追根究底、弄清历史真相的"癖好"，这是一种历史责任感。多少年来，一代又一代的专家学者皓首穷经、披荆斩棘地去寻找解决那些"谜团"、"疑案"的踪迹，幸运的是功夫不负苦心人，许许多多的"谜团"、"疑案"已经在证据面前得到化解了，而更多的"谜团"和"疑案"恐怕是永远也难以破解的。

清朝是一个饱受争议的王朝。其前期入关，扬州七日、嘉定三屠，汉人纷纷抗争，历经三朝方才平息；其后期，外敌入侵、丧权辱国，将中国带进了一个多世纪的屈辱黑暗期……清朝又是一个神秘的时代。太后下嫁、顺治出家、雍正被刺、乾隆身世，这四大清宫谜案悬疑数百年，至今仍是坊间津津乐道的话题……

靠十三副铠甲起兵、崛起于白山黑水间而问鼎天下的满清王朝，以区区不足十万的八旗兵，竟然将泱泱中华收入囊中，统治了中国长达268年，不能不说是一个奇迹。和所有"靡不有初，鲜克有终"的封建王朝一样，清朝也是经历了升腾、绚烂之后，终难逃灰飞烟灭之命运。

读清朝，为其早期筚路蓝缕的崛起而感动，为其文治武功的康乾盛世叫好，为其同光中兴、奇才辈出、挽狂澜于将倾而敬佩，为其遭遇"三千年未有之历史大变局"而感慨，更为其末世时期自上而下的腐败无能而扼腕。这就是冰冷而又带有几分温情的历史，让你欢喜让你哭，让你热血沸腾，也让你惆怅莫名。

应该指出的是，由于时代的局限等原因，书中有些观点、用语等难免与今天的认识有所不同，尤其是编者注重搜奇猎艳，个别部分不无荒诞不经之传闻的采录。这些，读者在阅读和使用时，当有所鉴别。